Gottfried Wilhelm Leibniz zur Einführung

AF650589

Hans Poser

Gottfried Wilhelm Leibniz zur Einführung

JUNIUS

Junius Verlag GmbH
Stresemannstraße 375
22761 Hamburg
www.junius-verlag.de

© 2005 by Junius Verlag GmbH
Alle Rechte vorbehalten
Titelbild: Stahlstich um 1850
Bibliographisches Institut Hildburghausen
Satz: Junius Verlag GmbH
Printed in the EU 2021
ISBN 978-3-88506-613-2
4., ergänzte Auflage 2021

Bibliografische Information der Deutschen Nationalbibliothek
Die Deutsche Nationalbibliothek verzeichnet diese Publikation in der Deutschen Nationalbibliografie; detaillierte bibliografische Daten sind im Internet über http://dnb.dnb.de abrufbar.

Inhalt

Einleitung

Die mittelalterliche Bindung der Philosophie an die Theologie war in der Renaissance gelockert, wenn nicht gelöst worden.[1] René Descartes und Francis Bacon traten dafür ein, methodisch neue Wege zu beschreiten, neue Begründungsformen zu entwickeln und neue Ziele zu verfolgen. Gesicherte Erkenntnis sollte nicht mehr an Offenbarungsinhalte anknüpfen, sondern zweifelsresistent auf die Vernunft beziehungsweise unumstößlich auf die Erfahrung, auf das Experiment gegründet werden. Das Ziel des einen war es, von dort über die Wissenschaften bis zu einer wenn auch provisorischen Vernunft-Moral zu gelangen, während der andere ein auf Vernunft und die neuen Wissenschaften gegründetes Staatswesen anstrebte. So ist in Bacons *Novum Organum* von 1620 nicht nur der Beginn der neuen Erfahrungsmethodologie zu sehen, sondern ebenso die Verheißung, mit ihr durch Vermeidung von Vorurteilen menschliches Wissen und Können ungeahnt zu erweitern. Selber hat Bacon jedoch – anders als Galileo Galilei – fast keine Experimente gemacht und keine eigenen Theorien über die Natur entworfen. Gestützt auf Bacons verlockende Sicht blieb dies seinen Nachfolgern überlassen; und das nicht nur für die Detailforschung, sondern auch für die Zusammenführung zu einer neuen quantitativen Theorie der Natur.

Anders Descartes. Den methodischen Zweifel voranstellend, schlug er im »cogito ergo sum – ich denke, also bin ich«[2] seit seinem *Discours de la Méthode* von 1637 nicht nur einen gänzlich neuen Weg zur Philosophie des Subjekts ein; sondern mit gleicher Intensität machte er mechanische, optische und physiologische Beobachtungen und Experimente und strebte erstmals ansatzweise einen axiomatischen Aufbau der Naturgesetze an. Beide Elemente wurden schnell aufgegriffen; doch während seine Naturgesetzeshypothesen rasch verworfen wurden, blieb der systematische Grundgedanke erhalten. Vor allem aber gelangte seine neue Philosophie mit ihrer radikalen Trennung von res cogitans und res extensa (Denken und Ausdehnung) in kurzer Zeit zu großer Bedeutung auf dem Kontinent. Zugleich wurden jedoch systematische Defizite deutlich; denn wenn Geist und Körper so völlig getrennt werden – wie soll dann mein Wille meine Glieder oder ein Stich in meinen Körper mein seelisches Empfinden beeinflussen können? Wie soll das Individuum beschaffen sein, wenn es zu einer reinen res cogitans, zur denkenden Substanz, entleert ist? Und wieso vermag das Denken die Welt in allgemeinen Gesetzen zu erfassen, wenn beides doch ontologisch radikal und ohne jede Möglichkeit wechselseitiger Einflussnahme geschieden ist? Dass Ausdehnung geometrisch, Geometrie mathematisch und Mathematik im Denken erfassbar ist, reicht als Brücke nicht aus, weil sich die Körperwelt nicht auf Ausdehnung als ihre einzige Eigenschaft reduzieren lässt.

So kommt es in der mit Descartes eröffneten rationalistischen, vernunftbetonten Strömung zu einer regen Auseinandersetzung – man denke an den Occasionalismus Nicolas Malebranches, wonach die Vermittlung von Körper und Seele von occasio zu occasio, von Fall zu Fall, von Gott gewährleistet wird; oder an den Monismus Baruch de Spinozas, dem zufolge

Denken und Ausdehnung nur zwei Attribute des einen, alles umfassenden Gottes sind und einander deshalb stets entsprechen. In der mit Bacon beginnenden, die Erfahrung voranstellenden empiristischen Richtung findet sich in Thomas Hobbes ein Vertreter einer atomistisch-materialistischen Philosophie, die ein grundsätzlich anderes Bild zeichnet und von dort her Descartes angreift. Die beiden seit der Systematisierung der Philosophiegeschichte im 19. Jahrhundert als Rationalismus und Empirismus bezeichneten neuen Begründungsansätze suchen je auf ihre Weise nach einer umfassenden Fundierung allen Wissens.

Dies alles gehört zum Hintergrund der Leibnizschen Philosophie. Doch es genügt nicht, eine geistige Landkarte zu skizzieren, um Leibniz zu verorten; eine Besinnung auf die äußeren Lebensgegebenheiten ist gleichermaßen geboten: Der Dreißigjährige Krieg hatte Deutschland nicht nur mit Schrecken überzogen und zu unsagbarem Leid geführt – die Hälfte seiner Bewohner war dahingerafft. Vor allem aber war er ein Beleg dafür, dass sich Glaubensfragen nicht mit Waffengewalt lösen lassen. Deshalb mussten Formen des wechselseitigen Tolerierens im Rechtsraum gefunden und im Westfälischen Frieden festgeschrieben werden. Überdies galt es, die politischen Kräfte in eine Balance zu bringen und die Rechtssicherheit wieder herzustellen, womöglich auf der Grundlage einer Neufassung des tradierten römischen und germanischen Rechts, wie dies erst viel später im *Code civile* und im *Bürgerlichen Gesetzbuch* seinen Niederschlag finden sollte. Deutlich wird dabei der Gedanke, dass dem Leiden des Individuums durch eine Verpflichtung zur Harmonie begegnet werden müsse. All diese Aufgaben gehen Hand in Hand mit der Positivierung des Diesseits und der Wertschätzung des Individuums, mit dem Vertrauen auf die neuen Begründungsformen Vernunft und Erfahrung und der Hoffnung auf die Leistungskraft der neuen Wissenschaften.

Im Leibnizschen Denken kommen alle diese Elemente zusammen, und in allen sucht er nach neuen, ausgleichenden und zukunftweisenden Problemlösungen. Dennoch – jener Mann, den Friedrich der Große »eine ganze Akademie für sich« nennen sollte, hat eine Metaphysik vertreten, die uns heute fremd ist, gar ungereimt zu sein scheint: Der Mensch – eine fensterlose Monade? Diese Welt voller Kriege, Terrorismus und Naturkatastrophen – die beste aller möglichen Welten? Eine Theodizee als Verteidigung der Güte Gottes gegen alle doch so offensichtliche Schlechtigkeit? Angesichts von Gehirnwäsche, Psychopharmaka, Drogenkonsum – eine prästabilierte Harmonie von Körper und Seele? Gewiss und zugestanden – der Geheime Hofrat hat die Infinitesimalrechnung erfunden, zwar später, aber unabhängig von Newton, wenngleich mit einer Symbolik, die heute noch verwendet wird; er hat die Binärzahlen erdacht, ohne die kein Computer laufen würde; er hat den Gedanken einer vollkommenen Digitalisierung allen Wissens systematisch verfolgt und damit jedem Computerfreund die Grundlage seiner Überzeugungen geliefert; ihm verdanken wir, als erster die Bedeutung des Energieerhaltungssatzes für die Mechanik erkannt zu haben; und auf ihn gehen systematische Gründe dafür zurück, warum Leben etwas anderes als tote Materie sei. Doch hat nicht schon Voltaire in seinem *Candide* jene Art von Philosophie ad absurdum geführt? Ist nicht Schopenhauers Sarkasmus viel sachgerechter, diese sei die schlechteste aller möglichen Welten, denn wäre sie auch nur um ein weniges schlechter, könnte sie gar keinen Bestand haben? Dagegen steht nicht nur Leibniz' Einfluss auf die wirkmächtige Wolffsche Schule, die fast ein halbes Jahrhundert die deutsche Philosophie bestimmen sollte, sondern ebenso die Wertschätzung durch Denis Diderot und den größten Teil der französischen Enzyklopädisten, die Sicht Kants, der bei aller Kritik doch vom »großen Leibniz« sprach, die Rückwendung zum originären Leibniz über die Wolffsche Schule hinweg etwa bei Schelling – und schließlich ein seit den sechziger Jahren des vergangenen Jahrhunderts zu verzeichnendes wiedererwachtes nicht nur historisches, sondern auch systematisch geleitetes Interesse an Leibniz, ablesbar an der geradezu überwältigenden Fülle der seither erschienenen Literatur. So gibt es gute Gründe, was uns fremd geworden ist, nachzuzeichnen und aus dem Rahmen der Probleme seiner Zeit zu verstehen, um sagen zu können, ob und gegebenenfalls was uns geblieben ist.

Leben und Wirken

Leibniz' Werk ist ungemein vielseitig, berührt es doch so gut wie jedes Wissensgebiet des 17. und beginnenden 18. Jahrhunderts; es betrifft ebenso technische Entwürfe wie politische, religiöse und rechtliche Probleme seiner Zeit. Er hat zu ihnen mit Gutachten, Entwürfen und weitreichenden Plänen Stellung bezogen oder im Auftrag der Höfe diplomatisch Einfluss genommen. Reisen führten ihn durch weite Teile Europas; mit zahlreichen Fürsten, mit zwei deutschen Kaisern und mit Zar Peter dem Großen finden wir ihn ebenso im direkten Gespräch wie im weltweiten Briefwechsel vor allem mit den Gelehrten (über 15 000 Briefe an über 1 100 Adressaten). Dies alles wäre nachzuzeichnen, weil Leibniz' philosophisches Denken stets auch eine Synthese aus all dem ist. Das aber wäre kaum zu leisten; stattdessen soll zunächst sehr gedrängt ein problemorientierter Überblick gegeben werden, der die weitgespannten Zusammenhänge wenigstens andeutet, um anschließend das philosophische Werk ins Zentrum zu rücken.

Leipzig, Jena und Altdorf: Der erwachende Geist

Vier Jahre vor Descartes' Tod und zwei Jahre vor dem Ende des Dreißigjährigen Krieges wurde Gottfried Wilhelm Leibniz am 1. Juli (21. Juni alten Stils) 1646 in Leipzig geboren.[3] Sein Vater war Jurist und zuletzt Professor der Moralphilosophie in Leipzig, seine Mutter die Tochter eines angesehenen Rechtswissenschaftlers. Leibniz' Vater verstarb früh und hinterließ eine umfangreiche Bibliothek, die dem Achtjährigen zugänglich gemacht wurde, nachdem er ohne fremde Hilfe Latein gelernt hatte.[4] Als Zwölfjähriger begann er über Probleme der Logik nachzudenken. Schon damals beschäftigte ihn ein Plan, eine »Art Alphabet der menschlichen Gedanken« aus Grundbegriffen und Grundaussagen allen Denkens zu entwickeln, bei dem sich »durch Verknüpfung seiner Buchstaben und der Analyse der Worte, die sich aus ihnen zusammensetzen, alles andere entdecken und beurteilen lässt«[5]. Was sich hier abzeichnet, ist der sein ganzes Lebenswerk begleitende Gedanke eines umfassenden Zeichensystems, einer *Characteristica universalis* auf kombinatorischer Grundlage.

In Leipzig begann Leibniz 1661 noch nicht fünfzehnjährig ein allgemeines, vorwiegend philosophisches Studium. Anregungen und eine gründliche Einführung in die Probleme der Schultradition erhielt er von dem Theologen Adam Scherzer und vor allem von dem Philosophen Jakob Thomasius, dem Vater des Frühaufklärers Christian Thomasius. Das Baccalaureat erwarb er 1663 mit der *Dissertatio metaphysica de principio individui* (*Über das Individuenprinzip*), seiner ersten Publikation; deren Fragestellung, das Verhältnis von Sein, Individuum und Einheit, sollten zu den Grundproblemen seines Philosophierens werden. Damals kam Leibniz erstmals mit den Ideen Bacons, Keplers, Galileis und Descartes' in Berührung. Sein erwachtes Interesse ließ ihn für ein Semester nach Jena zu dem Mathematiker, Astronomen und Physiker Erhard Weigel wechseln. Der Pythagoreer Weigel vermittelte ihm den Gedanken einer umfassenden, durch Zahlen charakterisierbaren Harmonie der Welt – eine Vorstellung, die sich als »Harmonia universalis« durch das ganze Leibnizsche Werk ziehen sollte. Wieder nach Leipzig zurückgekehrt, wandte sich Leibniz dem Jurastudium zu und legte 1664 seine Magisterprüfung ab; für Philosophie habilitierte er sich 1666 mit dem Anfangsteil seiner *Dissertatio de arte combinatoria (Abhandlung über die Kombinatorik)*, die den logischen Grundlagen einer solchen Kunst gewidmet ist und im gleichen Jahr erschien. Wenngleich Leibniz das Werk später in seiner Bedeutung eher herabstufte, enthält es doch den systematischen Ansatz für seine Begriffstheorie. – Weil er seines jugendlichen Alters wegen nicht zur Promotion zugelassen wurde, wechselte Leibniz an die Universität Altdorf bei Nürnberg. Dort wurde der Einundzwanzigjährige 1667 mit der *Dissertatio de casibus perplexis in jure* (*Über scheinbar unlösbare Rechtsfälle*) mit einer so hervorragenden Leistung zum Doktor beiderlei Rechte promoviert, dass man ihm eine Professur anbot, die er jedoch ausschlug: Die unbewegliche, verkrustete Struktur deutscher Universitäten schreckte ihn ab. Stattdessen wirkte er in Nürnberg zeitweilig als Sekretär der Rosenkreuzer, um deren Experimente kennen zu lernen und Zugang zu deren Kunst zu finden, zu jener *Ars magna* des Raimundus Lullus, über deren Möglichkeit er als Jugendlicher gegrübelt hatte und in der der Logos zugleich als Geist, Wort und Zeichen die Synthese der Dinge erfassen sollte.

Mainz: Projekte zur Rechtsreform, der Reunion der Konfessionen und zu den Akademien

Eine kleine Schrift zur Reform des Rechtswesens, die *Nova methodus discendae docendaeque jurisprudentiae* (*Neue Methode, die Rechtswissenschaft zu lernen und zu lehren*), widmete Leibniz 1667 wohl auf Empfehlung des Barons Johann Christian von Boineburg dem Kurfürsten Johann Philipp von Schönborn in

Mainz.[6] Dieser nahm ihn daraufhin in seine Dienste: Leibniz, der eine »Jurisprudentia rationalis« als vernunftgegründete Naturrechtslehre entworfen hatte, sollte an einer Umarbeitung des *Corpus juris* zu einem Gesetzeswerk für alle christlichen Nationen mitwirken. Bereits 1670 wurde der Protestant Leibniz im katholischen Kurmainz zum Rat am Oberappellationsgericht ernannt, einem der wichtigsten Gerichte des Reiches. Doch Leibniz setzt sich nicht nur mit Fragen des Naturrechts auseinander – er liest und diskutiert mit Boineburg Spinozas anonym erschienenen *Tractatus theologico-politicus* und beschäftigt sich mit theologisch-philosophischen Problemen, veranlasst durch die von Boineburg und dem Kurfürsten gestützten Reunionsbemühungen der christlichen Konfessionen. Diese Verhandlungen sollte Leibniz im Auftrage des Hannoverschen Hofes mit den Bischöfen Rojas y Spinola und Jacques Bénigne Bossuet von 1679 mit Unterbrechungen bis 1702 ergebnislos fortführen, ebenso ergebnislos wie die von 1697 bis 1706 dauernden Bemühungen um einen Zusammenschluss wenigstens der evangelischen Konfessionen. Doch zeugt nicht nur der Briefwechsel mit Bossuet, sondern die große Zahl von Schriften zu den kontroversen Punkten über Jahrzehnte hin von der Intensität, mit der Leibniz dieses Ziel verfolgte. Als ein Beispiel sei nur auf das *Examen religionis christianae* verwiesen, das 1686 entstand und später unter dem Titel *Systema theologicum* bekannt werden sollte.[7] Darin entwickelt Leibniz eine systematische Darstellung der Theologie aus katholischer Sicht. – Weiter entstanden in Mainz erste Entwürfe zu einer deutschen Akademie entsprechend dem französischen und englischen Vorbild. Dabei muss man die für die Wissensmehrung geplanten Akademien zugleich in einem Dreiecksverhältnis sehen: Ihnen korrespondieren auf der einen Seite Bibliotheksentwürfe zur materialen Ordnung des gewonnenen Wissens (in Wolfenbüttel verwirklichte Leibniz den ersten neuzeitlichen Bibliotheks-Zweckbau), während auf der anderen Seite die Wissenssystematisierung mit den von ihm zeitlebens vorangetriebenen Entwürfen zur *Scientia generalis* als Universalwissenschaft steht, überwölbt von der *Characteristica universalis* als universeller Logik und Zeichentheorie. Auch in zwei weiteren Punkten zeigen die Akademiepläne einen charakteristischen Zug des Leibnizschen Denkens. Der eine betrifft die Einbeziehung der Praxis; »Theoria cum praxi«, sein Wahlspruch für die Berliner Akademie, bringt dies zum Ausdruck. Der zweite wird nur indirekt deutlich; er besteht in der Zuweisung von politischen Entscheidungen und deren Durchsetzung an die Akademie – etwa die Einrichtung eines Feuerspritzensystems und einer allgemeinen Feuerversicherung, einer Bücherzensur (weil neun von zehn Büchern überflüssig seien oder Falsches enthielten), des Schulsystems und der Wirtschaftsförderung. So geht die erste zutreffende Formel zur Berechnung einer Rentenversicherung auf Leibniz zurück; darin bestand die theoretische Vorbedingung der praktischen organisatorischen Leistung[8], deren Ziel es war, durch Feuer- und Rentenversicherungen Unschuldige vor Not zu bewahren und so der Gesellschaft zu dienen. Doch mehr noch, mit der Übertragung solcher ministerieller Aufgaben an die Akademien würden wissenschaftsbasierte Entscheidungen das allgemeine Wohl fördern. (Dieses Modell wurde nach Leibniz' Tod in St. Petersburg verwirklicht; dass das in der Sowjetunion, wo die Akademien tatsächlich den Rang von Ministerien hatten, zur ideologischen Indienstnahme der Wissenschaften führen sollte, war fraglos das genaue Gegenteil des Leibnizschen Vorhabens.)

Paris und London: Der Weg in die Wissenschaften

In geheimer Mission reiste Leibniz 1672 mit seinem *Consilium Aegyptiacum* (*Ägyptischer Plan*) nach Paris, um Ludwig XIV. zu einem Krieg gegen Ägypten zu bewegen. Das Vorhaben zielte darauf, die Türkengefahr für Europa zu bannen und zugleich eine Beendigung der europäischen Eroberungskriege des Sonnenkönigs zu bewirken. Der Plan war jedoch ebenso erfolglos wie eine frühere Denkschrift Leibnizens zur polnischen Königswahl. (Erst Napoleon sollte Ägypten besetzen – ohne Kenntnis des Leibnizschen Entwurfes, der in den französischen Archiven lag.) Auch hier wird eine Denkweise sichtbar, die sich durch das ganze Lebenswerk zieht – Leibniz' Perspektive reicht stets über das nahe Umfeld hinaus und wird später nicht nur Russland, sondern auch China in seine politischen wie wissenschaftlichen Überlegungen einschließen.

Schon vor seiner Abreise hatte Leibniz in seiner *Theoria motus abstracti* (*Allgemeine Bewegungslehre*) und der zugehörigen konkreten Bewegungslehre *Hypothesis physica nova* (*Neue physikalische Hypothese*) den Versuch unternommen, in Auseinandersetzung u.a. mit Hobbes eine Bewegungslehre zu schaffen; doch in Paris sah er bald, wie wenig er in die moderne Mathematik und Physik eingedrungen war. Angeleitet von Christiaan Huygens, im Umgang mit Mitgliedern der Académie des sciences und durch die Lektüre unveröffentlichter Manuskripte von Blaise Pascal und Descartes gelang es ihm nicht nur, die Lücken zu schließen, sondern selbst wesentlich zum Fortschritt der Mathematik beizutragen: Über die Summation unendlicher Reihen wurde er zur Entwicklung der Differential- und Integralrechnung geführt. (Der Leibnizens Alter überschattende Prioritätenstreit hierüber mit dem Plagiatsvorwurf seitens der Newton-Anhänger wurde erst 1690 entfacht und 1712 zu Leibniz' Ungunsten von der Royal Society entschieden.) Bereits zuvor hatte Leibniz eine Rechenmaschine für alle vier Grundrechnungsarten entwickelt; der Bau zweier großer, 8-stelliger Maschinen sollte allerdings noch Jahrzehnte in Anspruch nehmen. Die beiden von ihm erdachten Grundprinzipien zur Übertragung, Staffelwalze und Sprossenrad, sollten bis in die Mitte des 20. Jahrhunderts in mechanischen Rechenmaschinen Verwendung finden. Als Leibniz sein erstes Modell 1673 der Royal Society anlässlich einer diplomatischen Londonreise vorführte, wurde er zu deren Mitglied gewählt.

Auch philosophischen Fragen widmete sich Leibniz in Paris. Die *Confessio philosophi* (*Bekenntnis des Philosophen*) von 1673 ist Beleg für die Grundlegung seiner Lösung des Theodizeeproblems. Es geht dabei um die Rechtfertigung des Übels in der Welt angesichts der Güte Gottes; Leibniz sucht eine Lösung durch den Gedanken der unvermeidlichen Zulassung des Übels, wenn Gott unter unendlich vielen möglichen Welten die beste wählt und erschafft. Seine populären *Essais de Théodicée sur la bonté de Dieu, la liberté de l'homme et l'origine du mal* (*Versuche über die Theodizee, über die göttliche Gerechtigkeit, die Freiheit des Menschen und den Ursprung des Übels*) von 1710 entfalteten diesen Gedanken zugleich als Versöhnung von Vernunft und Glauben auf dem Hintergrund des ausgebildeten Systems.

Die Begegnung mit Männern wie Huygens, den Philosophen und Theologen Nicolas Malebranche und Antoine Arnauld in Paris, mit dem Sekretär der Royal Society Heinrich Oldenburg, dem Chemiker Robert Boyle und Männern aus dem Newton-Kreis in London ließ Leibniz den Anschluss an die Gelehrtenrepublik finden. In diese Zeit fällt schließlich die grundsätzliche Klärung der eigenen philosophischen und naturwissenschaftlichen Position. Gegen Ende des Parisaufenthaltes liegen für Leibniz so entscheidende Auffassungen fest wie die Ablehnung des Atomismus (Hobbes, Gassendi) und die Zurückweisung des Substanzcharakters des Ausgedehnten (Descartes' res extensa); weiter finden wir die Vorstellung von der Substantialität des Individuums und von dessen dynamischem, die Welt spiegelnden Charakter wie auch die Lösung des Theodizeeproblems angelegt. Die Durchgestaltung zu einem Ganzen findet sich allerdings in einem ersten Entwurf erst 1686 im *Discours de Métaphysique* (*Metaphysische Abhandlung*) und hinsichtlich der begriffstheoretischen Fundierung in den parallel entstandenen *Generales Inquisitiones de analysi notionum et veritatum* (*Allgemeine Untersuchungen über die Analyse der Begriffe und Wahrheiten*). Ein Jahrzehnt später, im *Système nouveau de la nature et de la communication des substances, aussi bien que de l'union, qu'il y a entre l'âme et le corps* (*Neues System der Natur und der Gemeinschaft der Substanzen, wie der Vereinigung zwischen Körper und Seele*) von 1695, veröffentlichte Leibniz erstmals eine Gesamtdarstellung seiner Metaphysik. Kurz darauf verwendet er die Bezeichnungen »Monade« und »prästabilierte Harmonie«, die Schlüsselbegriffe der späten Zusammenfassungen seines metaphysischen Denkens in der sogenannten *Monadologie* und in den damit inhaltlich übereinstimmenden *Principes de la Nature et de la Grâce, fondés en raison* (*Die Vernunftprinzipien der Natur und der Gnade*) von 1714.

Hannover und Rom: Hofrat, Techniker, Historiker

Leibniz' politische Mission in Paris und London wurde durch den plötzlichen Tod Boineburgs und Johann Philipps von Schönborn (1673/4) hinfällig. Mittellos und ohne die erhoffte, mit Bezügen verbundene Wahl zum Mitglied der Académie des sciences (sie erfolgt erst 1700) trat er als Hofrat und Bibliothekar in Hannover in die Dienste Johann Friedrichs von Braunschweig-Lüneburg, eines allseits aufgeschlossenen Herzogs. Der Weg dort hin führte ihn über London und Amsterdam weiter nach Den Haag, wo er mit Spinoza zusammentraf. Nach einem Besuch des Zoologen Antonie van Leeuwenhoek, bekannt für seine Untersuchungen mit dem Mikroskop, gelangte Leibniz Ende 1676 nach Hannover. Wenngleich unterbrochen durch zahlreiche Reisen, sollte die Leinestadt seine Wirkungsstätte bis zu seinem Lebensende bleiben. Dort diente er drei Herzögen: nach dem Tode Johann Friedrichs (1679) dessen Bruder Ernst August und ab 1698 Georg Ludwig (dem späteren König Georg I. von England), die beide wenig Verständnis für das Genie an ihrem Hofe hatten – oder aus der Sicht Georg Ludwigs: für einen Hofrat, der immer dann höchst eigenwillig auf nicht genehmigten Reisen war, wenn man seiner bedurft hätte. Im Gegensatz hierzu verband Leibniz eine tiefe freundschaftliche Wertschätzung mit der Schwester Elisabeths von der Pfalz, der Herzogin Sophie, Gemahlin Ernst Augusts, und mit deren Tochter Sophie Charlotte, der preußischen Königin. Beide schätzten Leibnizens scharfen Geist, seinen geschliffenen Stil und seinen Ideenreichtum; so fand er bei ihnen vielfach Ermutigung und Protektion. Die Gespräche mit Sophie und Sophie Charlotte waren die Grundlage der beiden großen populären Werke Leibnizens, der *Théodicée* und der Auseinandersetzung mit John Lockes *Essay concerning human understanding*, den *Nouveaux Essais sur l'entendement humain* (*Neue Abhandlungen über den menschlichen Verstand*). Als Leibniz 1705 vom Tod Sophie Charlottes erfuhr, brach er die Arbeit an den *Nouveaux Essais* ab – ein Zeichen für die tiefe Erschütterung, die er beim Tod seiner geistesverwandten Förderin empfunden haben muss. Erst 1765 wurde das Werk veröffentlicht.

Zurück zu den Anfängen in Hannover. Dort erwarteten Leibniz Aufgaben als Bibliothekar und als juristisch sachverständigen Hofrat, der in einer Denkschrift unter dem Pseudonym *Caesarinus Fürstenerius* das Gesandtschaftsrecht des Hauses Hannover auf dem Friedenskongress von Nimwegen 1679 gegen kaiserliche und kurfürstliche Alleinvertretungsansprüche begründen wollte.[9] Er erweiterte die herzogliche Bibliothek und fand Zeit zu eigenen mathematischen und logischen Untersuchungen wie auch zu philosophischen Überlegungen, er entwarf unzählige Reformpläne und verfasste Denkschriften, wenngleich mit geringem Erfolg. Einzig seine Vorschläge zum Harzbergbau nahm der Hof an: Es kam zu einem Vertrag zwischen dem Herzog, seinem Hofrat und dem Bergamt, der Leibniz an Gewinn und Verlust des Projektes beteiligen sollte. So wurden ab 1679 zahlreiche kleine technische Verbesserungen vorgenommen, von denen manche sich bis weit ins 19. Jahrhundert halten sollten; vor allem aber ging es um Vorschläge zur Entwässerung der Stollen durch eine »Windkunst«, die im Zuge zahlreicher Harzreisen umgesetzt wurden.[10] Bemerkenswert, weil kennzeichnend für Leibniz, ist sein Plan: Im Harz herrschte Mangel an Oberflächenwasser zum Betreiben der Entwässerungspumpen. Darum sah er vor, wie bis dahin üblich mit dem wenigen vorhandenen Wasser aus einem oberen Teich über Wasserräder die Pumpen anzutreiben, um es dann in einem unteren Teich aufzufangen und über Windräder bei ausreichendem Wind wieder nach oben zu pumpen. Dazu erfand er eine neue Horizontalwindkunst, die bei einem Wechsel der Windrichtung keine Justierung verlangte, und automatische Steuerungselemente für die Pumpen: Es handelte sich um ein geschlossenes selbstregelndes System – und damit um eine völlig neue Weise des Technikverständnisses. Eine Weile lief die Anlage auch; doch als ein Defekt auftrat, erklärte das Bergamt, das von Anbeginn äußerst misstrauisch war, es könne des Herrn Leibniz Maschinen nicht reparieren, da man sie nicht verstehe. Ein Denken im Systemzusammenhang, für uns heute eine Selbstverständlichkeit und für Leibniz charakteristisch, war für die durchaus erfahrenen Bergamtsfachleute nicht nachvollziehbar.

Natürlich gab es neben menschlichen Spannungen auch technische Schwierigkeiten. Beispielsweise hatte Leibniz für die schweren Horizontalwindräder zur Reduzierung der Reibung Walzenlager erfunden; aber es gelang nicht, Stahl der nötigen Stabilität herzustellen, so dass man zu traditionellen Lagern mit gefettetem Leder zurückkehren musste. Das aber bedeutete eine drastische Reduzierung des Wirkungsgrades. Das Scheitern dieser Harz-Projekte führte 1685 zu deren Abbruch. Eine Wiederaufnahme der Betreuung des Bergbaus, wenn auch mit anderen Zielen, erfolgte jedoch 1692-96.[11]

Von seinem neuen Herrn wurde Leibniz nun beauftragt, als Hofhistoriograph die Geschichte des Welfenhauses zu schreiben. Intendiert war eine Huldigung des Herzogshauses, verbunden zwar mit der Klärung von Rechtsansprüchen. Leibniz hingegen ging es um eine methodisch durch Quellen gesicherte Geschichtsschreibung – eine neue Sichtweise, die das Entstehen der Geschichtswissenschaft anstelle bloßer Chronistik vorbereiten sollte.[12] So unternahm er 1687 bis 1690 eine ausgedehnte Reise über Süddeutschland und Wien nach Ferrara, Rom und Neapel. In Wien erläuterte Leibniz Kaiser Leopold seine Pläne von der Stadtbeleuchtung bis zu kaiserlichen wissenschaftlichen Gesellschaften, in Rom fand er schnell Zugang zu den bedeutendsten Wissenschaftlern Italiens.[13] Ihm wurde die Stelle eines Kustos der Vatikanischen Bibliothek mit der Aussicht auf die Kardinalswürde angetragen; doch da dies an eine Konversion gebunden gewesen wäre, lehnte er ab. Der formale Hauptzweck der Reise wurde erreicht: Es gelang Leibniz, den gemeinsamen Ursprung der Welfen und des Hauses Este nachzuweisen und umfangreiches Quellenmaterial sicherzustellen. 1693 veröffentlichte er eine Sammlung völkerrechtlicher Verträge vornehmlich des 12. bis 15. Jahrhunderts als *Codex Juris Gentium Diplomaticus*; im Vorwort stellte er seine Naturrechtskonzeption dar. Die Welfengeschichte jedoch hat er nie zu Ende geführt, eine Quelle ständigen Verdrusses für den Herzog; erst nach Leibniz' Tod erfolgte mit einiger Verzögerung ein Druck. Dennoch fand sich Leibniz nach der Reise auf dem Höhepunkt seiner Erfolge am Hofe: Es kam zu einer neuerlichen Verbindung der beiden Adelshäuser; seine staatspolitischen Schriften, seine historische Forschung und seine Gutachten führten zur Verleihung der neunten Kurwürde an das Haus Hannover und zur Anerkennung der Erbfolge in Sachsen-Lauenburg.

In Italien entstand – gestützt auf Material aus den Harzbergwerken und aus italienischen Gruben, vom Vesuv und von den Phlegräischen Feldern – eine Naturgeschichte der Erde, die *Protogaea*, die Leibniz der Welfengeschichte voranstellen wollte. Ebenso konzipierte er 1689 eine Bewegungslehre, die *Dynamica*, von der nur ein kurzer Auszug veröffentlicht wurde. Kurz vor seinem Tode stellte Leibniz seine physikalisch-philosophischen Auffassungen noch einmal im Briefwechsel mit Samuel Clarke dar, dessen Antworten von Newton gebilligt waren. Leibniz' Auffassungen der Relativität von Raum und Zeit, der Notwendigkeit einer Voraussetzung des Prinzips des zureichenden Grundes bei aller erfahrungswissenschaftlichen Forschung und schließlich einer dynamischen Begründung der Physik haben dabei über die Physik hinaus Bedeutung für seine Philosophie.

Berlin und Wien: Akademiepläne und Universalgelehrter

Seit seiner Mainzer Zeit hatte Leibniz zahlreiche Pläne für Akademien oder Sozietäten entworfen – Aufgaben, die er den Universitäten seiner Zeit wohl nicht zutraute. Probleme der Wissenschaftsorganisation und der Wissenschaftssystematik beschäftigten ihn zeit seines Lebens bis zu den ausgereiften Plänen der Berliner Akademie (1700), einer sächsischen Akademie in Dresden (1704), einer zaristischen in St. Petersburg (1711) und einer kaiserlichen in Wien (1713). Von ihnen sollte nur die Berliner Societät verwirklicht werden[14]: 1700 wurde sie gestiftet und Leibniz zum Präsidenten auf Lebenszeit ernannt – um doch als unerwünscht 1711 an der Eröffnung nicht teilzunehmen. Pläne für die sächsische wie für die kaiserliche Akademie zerschlugen sich aus finanziellen Gründen; die in Gesprächen mit Zar Peter dem Großen angeregte russische Akademie wurde erst nach Leibniz' Tod eingerichtet. Dennoch – 1712 wird er, der Geheime Justizrat des Preußenkönigs, von Peter dem Großen zum Russischen Geheimen Justizrat ernannt, und 1713 erhält er die Ernennungsurkunde zum Reichshofrat, zurückdatiert auf 1712; eine Erhebung in den Adelsstand und zum Freiherrn ist nie erfolgt, wenngleich es Entwürfe gibt, die von ihm mit »GW von Leibniz« gezeichnet sind. – In diesen Jahren war Leibniz ständig auf Reisen. Als er 1712 ohne Erlaubnis zu erfragen nach Wien gefahren war, sperrte Georg Ludwig seine Bezüge und verbot dem 1714 Zurückgekehrten, dem kurz zuvor nach London verlegten Hof zu folgen, solange die Welfengeschichte nicht abgeschlossen sei. Leibniz, der Hannoversche und Russische Geheime Rat und Reichshofrat, starb am 14. November 1716 in Hannover; das Begräbnis fand ohne einen Vertreter des Hofes statt.

Leibniz hinterließ zwischen 200 000 und 300 000 Seiten und Zettel, darunter viele weitgehend abgeschlossene Manuskripte, die er nie veröffentlicht hatte. Sie spiegeln ein halbes Jahrhundert in allen wissenschaftlichen und politischen Facetten in der Perspektive eines umfassenden Geistes. Wenn uns dieser in weiten Teilen noch immer unerschlossene Schatz überkommen ist, so deshalb, weil der Hof am Ende doch tätig wurde: Er beschlagnahmte die Leibnizschen Papiere, damit sie nicht in alle Winde zerstreut würden – allerdings nicht um des Denkers willen, sondern weil man darin »secreta domus«, Geheimnisse des Hofes, vermutete; schließlich gibt es einen Brief der Preußenkönigin, der endet: »Bitte zeigen Sie niemandem diesen Brief, denn ich schreibe Ihnen wie ein Freund ohne Zurückhaltung.«[15]

Der Harmoniegedanke

Die Vielfalt Leibnizscher Tätigkeiten, die Mannigfaltigkeit zahlloser Entwürfe, die thematische Vielgestalt der Ansätze jener abertausend Manuskriptseiten, die in Hannover bewahrt werden, widersetzen sich einer einsinnigen, geradlinigen Darstellung, auch wenn man sie auf die Philosophie beschränkt. Nun ist jede Darstellung zugleich eine Deutung; doch deren Möglichkeiten und Zugangsweisen sind gerade so zahlreich wie die von Leibniz beackerten Wissenschaftsfelder. So stand im 19. Jahrhundert eine *metaphysisch-idealistische* Deutung im Vordergrund, etwa durch Kuno Fischer vertreten, die bis heute wirkmächtig ist und die Substanzmetaphysik ins Zentrum rückt. Sie wurde an der Wende zum 20. Jahrhundert ergänzt, zeitweilig gar abgelöst durch eine *logisch-begriffstheoretische* Deutung, vorgetragen von Bertrand Russell, Ernst Cassirer und Louis Couturat. Sie versteht Leibniz' Metaphysik als ableitbar aus seiner Begriffs- und Urteilslehre und kann dabei auf eine Vielzahl von Manuskripten – von der *Ars combinatoria* bis hin in die späten Lebensjahre Leibnizens – verweisen, die erst 1903 durch Couturat erschlossen wurden und die eine entscheidende Umorientierung des Leibniz-Verständnisses zur Folge gehabt haben. Kurz zuvor hatte Eduard Dillmann eine von der Leibnizschen Physik, insbesondere von der Dynamik als eigentlicher Quelle seines metaphysischen Denkens ausgehende *mechanistische* Deutung entwickelt, die ihre Fortsetzung bei Martial Gueroult und Pierre Costabel finden sollte; hier wird die Monadenlehre als die späte philosophische Überhöhung einer in der *Hypothesis physica nova* angelegten und in der *Dynamica* ausgearbeiteten physikalischen Auffassung verstanden: Der Dynamismus der Monadenwelt entspringt der Übertragung dynamischer Modelle aus der Physik in die Metaphysik. Die *mathematische* Deutung Dietrich Mahnkes oder Michel Serres' sieht in der Monadenlehre (und ihrer Darstellung einer unendlichen Vielheit der Welt in der Einheit der Monade) die metaphysische Ausprägung der Integralrechnung. Joachim Christian Horn rückte in seinem Verständnis das Unbewusste in den Vordergrund; man mag hier von einer *psychoanalytischen* Deutung sprechen. Gaston Grua hingegen entwickelte eine *rechtsphilosophische* Deutung; sie sah das Zentrum des Leibnizschen Denkens in einer Justitia universalis, der sich auch die Monadenlehre einordnet.

All diese Zugangsweisen haben ihre Berechtigung, denn sie können sich durchweg auf ein breites Quellenmaterial stützen. Historisch-genetisch betrachtet ist es unmöglich, einem der Interpretationsansätze den Vorrang zu geben, weil entscheidende Leibnizsche Schritte zeitlich parallel erfolgten. Vielmehr wird man sagen müssen, dass alle Themenkomplexe, einander wechselseitig stützend und vorantreibend, von Leibniz gleichzeitig verfolgt wurden. Er besaß die Eigenschaft, Anregungen der entlegensten Bereiche aufeinander zu beziehen und zu synthetisieren. Da überdies keiner der Ansätze je für sich ausreicht, die Monadenlehre insgesamt zu begründen, stellt sich allein die Frage nach dem geeignetsten Zugang.

Nun lassen sich einige grundlegende Sichtweisen ausmachen, die das ganze Werk durchziehen und die sich deshalb als ein Ariadnefaden durch das Labyrinth anbieten. Dies darf wiederum nicht so verstanden werden, als könne man eine Reduktion vornehmen – denn dabei würde fraglos die überwältigende Problemoffenheit und die oft genug neu und anders ansetzende

Gedankenarbeit auch nur des Metaphysikers Leibniz verfehlt. Vielmehr geht es um ordnende Perspektiven, die ihrerseits geradeso wie das Leibnizsche Denken insgesamt über Jahrzehnte hinweg entfaltet, genauer umrissen, differenzierter gefasst und durch Neues ergänzt worden sind. Wie im Abriss seines Lebens schon deutlich wurde, gehörten hierzu

- der Gedanke einer universellen Harmonie bis hin zur prästabilierten Harmonie,
- die Vorstellung von einer logisch-kombinatorischen Struktur alles Seienden einschließlich der sie regierenden Prinzipien,
- die Betonung der Einzigartigkeit des Individuums als Monade.

Alle drei Elemente sind fraglos miteinander verflochten; dennoch lassen sie sich je für sich so weit verfolgen, dass sie eine Grundlage abgeben und die Themen in ihrem wechselseitigen Bezug durchsichtig werden lassen.

Die Universalharmonie

Früh schon findet sich im griechischen Denken die Vorstellung einer hinter allem stehenden Harmonie. Die Pythagoreer sahen sie als Grundprinzip, gegeben in Zahlenproportionen, die in der musikalischen Harmonie hörbar sind und in Übertragung auf die Wandelsterne als Sphärenharmonie verstanden wurden. Schon die musikalische Harmonie verdeutlicht zweierlei, zum einen, dass stets mehreres zugleich gegeben und zu einer harmonischen Einheit verbunden sein muss – die Einzeltöne im Akkord –, zum zweiten, dass es bei der Harmonie um eine Ordnung geht, die sich in Proportionen ausdrücken lässt, welche geometrisch oder in Zahlen oder allgemein auf eine formale Weise fassbar werden. Dies findet sich aufgenommen und zu einer »Panharmonia« geweitet bei dem sonst wenig bekannten Johannes Henricus Biesterfeld, den Leibniz sehr früh, schon vor seinem Wechsel zu Erhard Weigel in Jena, gelesen und geradezu überschwänglich kommentiert hat.[16] Der dort zu findende, von der mathematisch strukturierten Welt bis in den Bereich der Trinität reichende Harmoniegedanke wird von Leibniz in neuer und umfassender Weise verstanden und mit der neuzeitlichen Vorstellung von der Bedeutung des Individuums verknüpft. So steht hinter seinem ganzen Denken ein holistisch-organisches Verständnis des Verhältnisses von Gott, Welt und Mensch. Es wird geleitet von der Vorstellung der Vielheit, die in Harmonie zu einer Einheit verbunden ist, wenn er definiert: »Harmonie ist Einheit in der Vielheit.«[17] Diesen wirkmächtigen Gedanken gilt es zu entfalten und fruchtbar zu machen.

Harmonie als das Verhältnis von Einheit und Vielheit erweist sich als ein Angelpunkt der Leibnizdeutung, wenn der seit den Jugendschriften durchgehaltene Gedanke einer *Universalharmonie* der von Gott geschaffenen Welt mit der späteren Monadenmetaphysik verknüpft werden soll, die in der *prästabilierten Harmonie von Leib und Seele* eben diese Universalharmonie aufnimmt; dabei wird jedoch die Einheit in das Individuum, in die Monade verlegt, während doch die Harmonie der Welt den ursprünglichen Leitgedanken ausmacht. Harmonie als Einheit in der Vielheit, diese knappe Formel birgt deshalb bei Leibniz die Aufgabe, herauszuarbeiten, worin die jeweils einheitsstiftende Bedingung besteht. Dies verlangt einen Zugang einerseits von der Einheit her, andererseits von der Vielheit und der in ihr wirksamen Einheitsbedingung. So führt die Darstellung des Harmoniekonzepts von der Universalharmonie der Schöpfung über die Harmonie in der Einheit des Ich als prästabilierte Harmonie zur Harmonie im Denken und

Empfinden, weiter zur Harmonie als Gottesbeweis, um in der Verwirklichung der Harmonie als moralische und politische Aufgabe zu münden.

Die Vorstellung einer universellen Harmonie durchzieht das Leibnizsche Werk von den frühen Schriften wie der *Dissertatio de arte combinatoria* und der *Confessio philosophi* bis in die *Monadologie*, wobei Vollkommenheit auf allen Ebenen die Leitschnur bildet. Immer wieder betont Leibniz: »Gott schuf alles gemäß der größtmöglichen Harmonie und Schönheit.«[18] Die Harmonie ist dabei durchweg mit dem Gedanken des Ganzen verbunden, nicht nur, weil vom Universum die Rede ist, sondern vor allem, weil die Harmonie und Schönheit als *größtmögliche* verstanden wird: sie ist also von solcher Art, dass ihr nichts mehr hinzugefügt werden kann[19]; das aber ist eines der traditionellen Bestimmungsstücke der Einheit als Ganzheit.

In der *Confessio philosophi* geht Leibniz von einer sehr allgemeinen Definition aus, nämlich »Harmonie ist Ähnlichkeit in der Mannigfaltigkeit oder durch Identität ausgeglichene Verschiedenheit«[20]; inhaltlich wird durchgängig von der »Universalharmonie« als »harmonia rerum« der göttlichen Schöpfung gesprochen. Gelegentlich findet sich statt des Begriffs der Einheit auch jener der Identität oder Einfachheit. Ebenso ist statt von Verschiedenheit auch von Vielheit und Mannigfaltigkeit die Rede, ohne dass sich hierdurch an der Grundlinie etwas änderte: Das Verschiedene, Mannigfaltige, Disparate muss durch Ähnlichkeit als partielle Identität, durch Regelhaftigkeit, Gesetzmäßigkeit oder allgemein durch eine Ordnung zur Einheit zusammengefügt werden. Damit gilt ganz grundsätzlich: »Wo Vielheit ohne Ordnung, ohne Proportion, ohne Einklang ist, gibt es keine Harmonie. Daraus folgt: je größer sowohl die Vielfalt als auch die Einheit in der Vielfalt, desto größer ist die Harmonie.«[21]

Nun bleibt allerdings offen, worin die Ordnung oder Proportionalität bestehen soll. Zwar gibt der Begriff der Proportionalität den Hinweis auf eine mathematische Ordnung, die mit dem Begriff des Einklangs auf das pythagoreische mathematisch-musikalische Harmonieverständnis verweist, eine einleitende Anspielung auf Horaz schließt die Dichtung ein, und einige Zeilen weiter werden »Harmonie« und »Vollkommenheit« zusammengebracht. Dennoch bleibt die Offenheit des Ordnungsbegriffs bestehen, sie wird im Gegenteil anhand der Beispiele sogar besonders augenfällig. Es handelt sich also nicht etwa um einen Mangel an begrifflicher Präzision, sondern um eine von Leibniz gewollte Weite des Anwendungsbereiches des Harmoniebegriffs. Dies gilt es festzuhalten.

Harmonie wird von Leibniz nicht so verstanden, als sei jede Disharmonie ausgeschlossen – im Gegenteil: Wie wir das Licht erst durch den Schatten zu erkennen vermögen (weshalb die Malerei Schatten verwendet), ist die musikalische Harmonie mit Dissonanzen durchsetzt.[22] Diese haben nicht nur in der Musik die Aufgabe, die beste Harmonie zu ermöglichen und für uns Menschen erkennbar zu machen; bestünde nämlich die Musik nur aus harmonischen Akkorden, würden wir ihren Wohlklang nicht mehr wahrnehmen.[23] So erläutert Leibniz: »Die Universalharmonie [...] beruht nicht auf den Teilen, sondern auf der ganzen Reihe der Dinge«, wobei »diese Harmonie des Gesamten durch die in sie eingefügten Dissonanzen und den dadurch auf wunderbare Weise entstandenen Ausgleich Freude bereitet«[24].

Damit kann Leibniz zusammenfassen: »Allein das Ganze ist harmonisch, allein gleichsam die Gestaltung des Ganzen ist Harmonie.«[25] Deshalb besagt »Universalharmonie« eine Form des Ganzen, welche Vielheit verlangt, jedoch keineswegs eine Gleichheit der Teile (des Geschaffenen) hinsichtlich der Schönheit und Harmonie: »Die Vollkommenheit oder Harmonie des Universums bedeutet nicht, dass alle Geister gleich vollkommen sind.«[26]

Die Einheit des Ich und die prästabilierte Harmonie

Die universelle Harmonie hat nun eine weit über das eben Gesagte hinausgehende Bedeutung; denn während sie für das ganze Universum gilt, ist jedes Ich, von Leibniz als Substanz verstanden und als Monade bezeichnet, als zur Einheit gebrachte Verschiedenheit für ihn die Grundlage aller Individualität. Der wie immer beschaffenen Einheit des Universums steht als wahre Einheit die der Monade gegenüber, sie bildet als *Einheit des Ich* das Zentrum und den Kulminationspunkt der Leibnizschen Metaphysik. Schon bevor er dafür den Begriff »Monade« prägt und als das griechische Wort für Einheit erläutert[27], hebt er die Bedeutung des Ich als »wahre Einheit« hervor und macht es zum Kernpunkt seines *Système nouveau*, das er 1695 in Frankreich erscheinen lässt. Der Titel der Schrift ist Programm, geht es doch um »die Natur und die Gemeinschaft der Substanzen sowie die Vereinigung zwischen Körper und Seele«: Das Ich, die eigentliche Einheit, ist ideeller Natur und »spiegelt« in ihren Wahrnehmungen, den »Perzeptionen«, das ganze Universum. Dies wird bei der Darstellung der Monadenlehre näher zu behandeln sein; doch ist so schon sichtbar, dass jede Monade mit dem Universum auch die Universalharmonie spiegelt – und zwar auf je individuelle Weise. Zugleich besteht aber das Universum aus nichts anderem als den Monaden, so dass beide Formen von Harmonie, die des Individuums als Einheit der Perzeptionen und die der Welt als Einheit der geschaffenen Substanzen, sich wechselseitig konstituieren.

Zunächst soll es aber um Einheit in anderer Hinsicht gehen, denn die Monade hat sowohl einen Geist wie einen Körper, wobei sie immer in die Gemeinschaft der anderen Individuen eingebunden ist. Diese Einheit von Leib und Seele muss deshalb hochkomplex als eine Vielheit in mannigfachen Bezügen zu sich und zu den anderen Individuen gedacht werden. Wie aber soll das gelingen? Hierzu ist es erforderlich, über die monadische Einheit als individuelle Seele hinauszugehen und den Zusammenhang zunächst zwischen Seele und Leib, dann zwischen den verschiedenen Monaden als Individuen dieser Welt zu betrachten. Um hier eine Verbindung zu stiften, bildet Leibniz mit der Monadenlehre einen neuen Harmoniebegriff aus, den der *prästabilierten Harmonie*. Er wird zum Zentralbegriff der Folgeschriften des *Système nouveau*, den *Essais de Théodicée* geradeso wie der *Monadologie*. Er ist Kennzeichen des Leibnizschen Grundverständnisses, spricht Leibniz doch von 1696 an stets von »meinem System der prästabilierten Harmonie«: Die Monaden stehen untereinander und mit der von ihnen gespiegelten Welt, also insbesondere bezüglich ihrer Körper, in prästabilierter Harmonie[28], denn im göttlichen Schöpfungsplan für diese Welt sind alle Monaden so aufeinander abgestimmt, dass sowohl alle ihre Lebensläufe vollkommen zueinander passen, als auch Seele und Körper jeder Einzelmonade. Gerade dieser letzte Zusammenhang war mit der cartesischen Trennung von res cogitans und res extensa zerrissen worden und bedurfte einer anderen Verknüpfung als in der Theorie der Gelegenheitsursachen, wie sie die Occasionalisten vertreten, oder in Spinozas Monismus. Die These von der prästabilierten Harmonie löst, so Leibniz, das bei Descartes und Malebranche gänzlich ungeklärte Leib-Seele-Problem.

Dass dieser neue Harmoniebegriff unmittelbar mit der Universalharmonie zusammenhängt, zeigt schon das *Système nou-*

veau, das zwar noch nicht von »prästabilierter Harmonie« spricht, wohl aber von der »Hypothese der Übereinstimmung« von Leib und Seele. Leibniz betont, dass sich dank dieser Hypothese »eine wunderbare Vorstellung von der Harmonie des Universums und der Vollkommenheit der Werke Gottes«[29] ergebe. Die prästabilierte Harmonie ist also als ein besonderer Fall der Universalharmonie zu sehen.

Damit lässt sich zusammenfassend sagen, dass die ursprüngliche Einheit der Monade in ihrer umfassenden Fülle einen Mikrokosmos darstellt, der dank der mannigfaltigen Spiegelungen den Makrokosmos des Universums geradeso in sich trägt, wie der Makrokosmos durch seine Individuen, also durch die wechselseitigen Spiegelungen der Monaden konstituiert ist. Auf diese Weise wird zwar der Makrokosmos selbst nicht zu einer echten Einheit einer Substanz, wohl aber zu dem, was in jeder Einheit gespiegelt ein Ganzes ergibt, das nicht erweiterbar ist, weil es alles überhaupt mit diesem Weltlauf Verträgliche bereits in sich schließt. So durchwaltet alles Sein ein ontologischer, auf Einheit gegründeter Harmoniegedanke: Die Universalharmonie findet ihren Ausdruck in der prästabilierten Harmonie der Monaden.

Das Denken und Empfinden der Harmonie

Bei diesem ontologischen Gedanken der Einheit bleibt Leibniz nicht stehen, sondern nimmt eine unerwartete Weiterung vor. Aus der Definition, Harmonie sei Einheit in der Vielheit, folgert er: »Harmonie ist die Vollkommenheit des Denkbaren (cogitabilitas).«[30] Der Hintergrund dieser Aussage erschließt sich bereits in der *Confessio philosophi*, wo er ergänzt, die Harmonie sei am größten, »wenn sie die meisten scheinbar ungeordneten

Elemente vereint und durch einen wunderbaren Beziehungszusammenhang wider Erwarten zu höchstem Einklang bringt«[31]. Die Erläuterung trifft den gesuchten Beziehungszusammenhang zwischen Harmonie und Denken, denn von »scheinbar ungeordnet« und von »unerwartet« lässt sich nur sprechen, wenn es um einen Denkinhalt geht. So führt der Weg zum Denken von der Feststellung »Jedes Glück ist harmonisch oder schön« weiter zu »Glück gibt es nur im Geist« und im Umkehrschluss zu »Niemand ist glücklich, der nicht ein geistiges Wesen ist«. Im nächsten Schritt tritt das Empfinden hinzu, denn »dem Geist ist nichts angenehmer als Harmonie«. Daraus wird am Ende im Hinblick auf das Denken gefolgert: »Glück beruht also auf einem Geisteszustand höchstmöglicher Harmonie. Die Natur des Geistes ist Denken; die Harmonie des Geistes beruht demnach auf dem Denken der Harmonie; die höchste Harmonie des Geistes oder das Glück schließlich auf der Konzentrierung der Universalharmonie, d.h. Gottes in den Geist.«[32]

Stellen wir das Element des Empfindens noch etwas zurück und betrachten zunächst die These von der Harmonie als Vollkommenheit des Denkens etwas genauer. »Denkbarkeit«, also die Möglichkeit, etwas zu denken, verweist auf die Bedingung, dass Widersprüchliches nicht gedacht werden kann. Leibniz wiederholt zunächst, Harmonie liege vor, wenn Vieles zu einer gewissen Einheit gebracht werde; eine Vielheit ohne Ordnung, ohne Proportionalität und ohne Symmetrie sei dagegen keine Harmonie; diese aber sei um so größer, je größer sowohl die Vielfalt als auch die Einheit in der Vielfalt ist.[33] Damit sind alle entscheidenden Elemente genannt; doch sie müssen jetzt mit Bezug auf das Denkens wieder zusammengefügt werden. Im Denken, konstatiert Leibniz, bringen wir Unterschiedlichstes zur Einheit. Genau hierauf gründet sich seine Erkenntnis- und Sprachtheorie, vermögen wir doch Allgemeinbegriffe zu bilden und dadurch Unterschiedliches ordnend zusammenzufassen und zu denken, wobei wir die Begriffe wiederum zur Einheit einer Aussage verknüpfen. Das Werkzeug hierzu sieht Leibniz in der Sprache, allgemein in jedem Zeichensystem. Das Denken trägt also auf seine Weise zur Harmonie entscheidend bei, weil »Harmonie in der Vollkommenheit des Denkbaren« besteht; denn erstens besitzt auch Denkbares eine Wirklichkeit (realitas), die um so größer ist, je mehr die Dinge durch Denken vervielfacht werden, wenn sie in den einzelnen Geistern repräsentiert werden.[34] Zweitens ist die Vollkommenheit des Denkmodus – und damit die Harmonie – um so größer, je mehr in einem einzelnen Denkakt eine Vielzahl von Gegenständen zusammengefasst wird: So ist im Denken eine Einheit in der Vielheit und damit Harmonie verwirklicht! Obgleich die *Elementa pietatis*, die hier gerade herangezogen wurden, fast zwei Jahrzehnte vor der ersten Darstellung des Leibnizschen *Système nouveau* und gar vier Jahrzehnte vor der *Monadologie* liegen, stützen sie sich auf denselben Grundgedanken der Spiegelung oder Repräsentation der Dinge im denkenden Subjekt und auf die Einheit des Subjekts als Einheit seines Denkens.

Eine Harmonie erscheint bis hier als etwas gänzlich Rationales, das sich im Denken von Proportionalität und Ordnung zeigt. Bliebe es dabei, wäre Kants Vorwurf berechtigt, Leibniz intellektuiere die Erfahrung. Doch gilt es, auch das zweite Element, das der Empfindung, aufzugreifen, denn immer wieder berührt Leibniz jenes »sentire harmoniam«[35] – das Empfinden des Harmonischen: Die Ausrichtung auf Harmonie hat ihre praktischen Wurzeln nicht erst in der Reflexion über die Welt und über ihren Schöpfer, sondern in Affekten und deren Klärung, denn »die Freuden der Sinne, die sich sehr den Freuden des Geistes nähern und die überaus rein und zuverlässig sind, sind die der Musik und die der Symmetrie, die einen für die

Ohren, die anderen für die Augen, weil es leicht ist, den Grund der Harmonie zu erkennen«[36]. Ganz allgemein gilt, »dass die ienige Lustbarkeiten allein zur glueckseeligkeit leiten, die der verstand selbst empfindet«, denn erst dadurch gelangen wir zum freien Handeln.[37] Doch schon an viel elementarerer Stelle ist der Anfang zu machen; denn »Harmonien erfreuen uns«[38], mehr noch, sie sind der eigentliche Antrieb all unseres Tuns. Wenn nämlich »Freude [...] ein Empfinden von Harmonie ist«, so »wollen wir nur das, was harmonisch erscheint«. Hier aber steht uns im Gegensatz zum allwissenden und weisen Gott die menschliche Schwäche im Wege; denn »was harmonisch *erscheint*, hängt von der Beschaffenheit des Empfindenden, des Objekts und des Mittels ab. Deshalb [...] steht [nur] in unserer Macht, zu wollen, was wir als angenehm empfinden oder was wir für gut befinden.«[39] Menschliche Harmonievorstellungen und auf sie gegründetes Wollen und Handeln können deshalb irrig sein; die Wissenschaften haben darum die Aufgabe, uns so weit als möglich vor Irrtümern zu bewahren, und die Vernunft hat die Aufgabe, unser Handeln auf das Gute zu lenken.

In der Musik und in der Malerei wird die Harmonie der Töne und Farben primär empfunden. Ohne solches Empfinden würde es nie gelingen, deren Ordnung im Denken als harmonisch zu erkennen. So stehen das Empfinden und das Denken der Harmonie in ständiger Wechselwirkung; denn das Erkennen einer Ordnung – sei es der Aufbau einer musikalischen Fuge, sei es die Naturgesetzlichkeit eines Bewegungsvorgangs – verändert und erhöht das Harmonieempfinden und hebt es sowohl im Denken wie im Empfinden auf eine höhere Stufe. Dieses Ineinandergreifen der scheinbar getrennten Bereiche von Affekt und Erkenntnis zeigt sich unmittelbar in der Dichtung, denn diese beruht nicht auf Informationsübermittlung, sondern auf dem Auslösen von Empfindungen. Wenn, wie Johann

Christoph Gottsched dies fordern wird, das zu Vermittelnde in eine moralische Fabel gekleidet ist, die anrührt, so erlaubt das Empfinden der Harmonie auf diesem Weg eine Einsicht in moralische Grundsätze und bewirkt darüber die moralische Besserung der Menschen. Auch wenn Leibniz selbst nicht so weit geht, wird sich in seinen Überlegungen zur natürlichen Sprache wie zur Ethik zeigen, dass am Anfang Empfindungen stehen, die nachfolgend mit dem Erkennen verbunden werden.

Die eben vorgeführte Argumentation ist höchst charakteristisch für Leibniz, zeigt sie doch, dass er den Einheits- und Harmoniebegriff nicht auf die innere Harmonie der Monaden beschränkt oder bei einer Harmonie der physischen Dinge stehen bleibt, sondern die einende Verknüpfung von Verschiedenem, wie sie in den Wissenschaften im Besonderen und im Empfinden, Denken und Erkennen im Allgemeinen geleistet wird, in die Betrachtung einbezieht: Die Empfindung der Harmonie des Denkbaren ist umso größer, je weiter die einheitsstiftende Leistung des Denkens durch die erkennende und ordnende Verbindung von Verschiedenstem ausgreift.

Die Erkenntnis Gottes als Erkenntnis der Harmonie

Die Erkenntnisbemühungen des Menschen gipfeln in der Gotteserkenntnis – dieser Leitgedanke zieht sich durch das ganze Leibnizsche Schaffen. Fast ein halbes Jahrhundert vor der *Monadologie* heißt es in der *Confessio naturae contra atheistos* (*Naturbekenntnis gegen die Atheisten*) von 1668, die »Erscheinungen der Körperwelt ließen sich nicht begründen ohne ein unkörperliches Prinzip, d.h. ohne Gott«, nämlich »wegen der Harmonie der Dinge untereinander«[40]. Sehr charakteristisch schreibt Leibniz 1685 in einem Brief: »Die Existenz der Dinge folgt nicht aus ihrer Essenz, sondern aus dem Willen Gottes, oder was auf dasselbe hinausläuft, aus der allgemeinen Harmonie der Dinge.«[41] All diese Hinweise oder Argumentationen skizzieren einen Gottesbeweis, in dem von der Ordnung und Harmonie in der Welt auf die Existenz eines weisen Schöpfers als letzte Ursache zurückgeschlossen wird.

Nun kann es hier nicht um die Leibnizschen Gottesbeweise gehen; vielmehr soll die sinnvermittelnde Bedeutung des Harmoniebegriffes sichtbar gemacht werden. Im *Dicours de Métaphysique* lesen wir: »Es ist nicht zu bezweifeln, dass Gottes Hauptziel [in der Schöpfung] das Glück aller Geister [also der mit Bewusstsein begabten Substanzen] ist und dass er dieses zur Ausführung bringt, soweit es die allgemeine Harmonie gestattet.«[42] Etwas später betont er bezüglich der Vollkommenheit, Gott sei auf das Wohl der Geister bedacht und werde ihnen »nicht nur im allgemeinen, sondern jedem einzelnen im besonderen das höchste Maß an Vollkommenheit geben, das die universelle Harmonie erlauben kann«[43]. Gerade diese Formulierung, die in vielen Variationen Parallelen zum Infinitesimalkalkül zeigt, belegt die innere systematische Verflechtung des Leibnizschen Denkens; denn die Infinitesimalrechnung erlaubt es, der Formulierung, Gott wähle den »vollkommensten« möglichen Weltlauf, um ihn zu erschaffen[44], einen genauen Sinn zu geben und damit den Harmoniebegriff in die Nähe der Mathematik zu rücken. Leibniz verbindet dies mit einer Bemerkung über die Gerechtigkeit als die von den denkenden Wesen zu beachtende Ordnung des Guten und Bösen als Teil der göttlichen universellen Ordnung. Die Gerechtigkeit ist also ebenfalls Inhalt der Universalharmonie:

»Solchem zu folge ist ferner zu bedencken, daß Ordnung und Einstimmung, oder harmoni, auch etwas mathematisches oder wißkünstliches seyn, weil sie in proportionen, oder vergleichung bestehen. Und weil die gerechtigkeit nichts anderes ist als eine ordnung betreffend das guthe und böse so den vernünfftigen Substanzen zukomt; so folget das Gott als die Höchste und höchst verständige Substanz, die gerechtigkeit und bestmügligste ordnung ohnbeweglich beobachte.«[45]

Damit gewinnt Leibnizens Skizze seiner Dyadik für Herzog Rudolf August besonderes Gewicht, wo er auf dem Hintergrund seiner Begriffstheorie eine Darstellung mit Binärzahlen andeutet, mit der man mit *»1 = das Eine = Gott«* und *»0 = Nichts«* ein »Bild der Schöpfung« angeben könne. Aus der Darstellung ergebe sich »nicht nur, daß Gott alles aus nichts gemacht, sondern auch, daß Gott alles wohl gemacht, und daß alles was er geschaffen, guth gewesen«, denn so erweise sich »eine wunderbare schöhne ordnung und einstimmung« – eben die Universalharmonie, die in der Verwendung der Ziffer 1 zugleich auf Gott als die eigentliche und ursprüngliche Einheit in einem geradezu neoplatonistischen Verständnis des Ureinen verweist.[46]

Damit schließt sich der Bogen, denn Vollkommenheit und Harmonie in dieser umfassenden Bedeutung bilden für Leibniz den entscheidenden Sinn einer Weltschöpfung, in der alles aufeinander abgestimmt ist – von den Individuen über die Gerechtigkeit bis zur Körperwelt und ihren Naturgesetzen.

Die Vervollkommnung der Welt

Ganz anders als in einigen mittelalterlichen Deutungen der Welt als eines irdischen Jammertals zeichnet Leibniz ein positives Bild von der Welt, wenn er sie die »beste aller möglichen Welten« nennt und ihren Sinn in Vollkommenheit und Harmonie sieht, auch wenn wir Menschen diesen göttlichen Plan nicht im Einzelnen nachzuvollziehen vermögen. Diese Positivierung der Welt, die Betonung des Vernunftvermögens des Menschen und die mit dem Selbstbewusstsein der Geister (also der menschlichen Monaden) verbundene Freiheit und Selbstbestimmung, vor allem aber die damit gegebene Möglichkeit, als Mensch moralischen Prinzipien zu folgen – all dies findet nun einen neuartigen Niederschlag in der Weise, wie der Mensch handeln soll: Wenn für Gott die größtmögliche Vollkommenheit und Harmonie das oberste Handlungsziel ist, so muss dies für menschliches Handeln grundsätzlich in gleicher Weise gelten. Allein die begrenzte Reichweite menschlicher Vernunft verringert das Maß der Möglichkeit, denn wir können irren. Uns ist aufgegeben, in unserem Tun und Lassen den göttlichen Schöpfungsplan einer steten Vervollkommnung der Welt fortzuführen und auf die Verwirklichung der Harmonie in so universeller Weise wie möglich abzuzielen.

Theorie ist das eine, praktisches Handeln ein anderes – auch im Verhältnis von Harmonie und Einheit. Doch Leibniz will gerade Wissenschaft *und* Praxis, Theorie der Harmonie *und* deren Verwirklichung. Dies sei an zwei Beispielen verdeutlicht.

Für die *christlichen Konfessionen* fordert Leibniz eine religiöse Harmonie und Toleranz durch die Ausarbeitung und Einführung von Konkordienformeln.[47] Hinter dieser kleinen Bemerkung verbirgt sich ein politisches Programm, das ihm zeitlebens ein äußerst wichtiges Anliegen war, nämlich die Vereinigung der Konfessionen, und zwar *aller* christlichen Glaubensrichtungen unter Einschluss der griechisch- und der russisch-orthodoxen Kirche. Dabei finden sich alle Elemente des Harmoniegedankens wieder, geht es doch auch hier um eine Einheit in der Vielheit. Denn Leibniz meint nicht eine Nivellierung der Konfessionen, nicht eine Unterordnung aller unter eine einzige, sondern er tritt ein für eine Einheit des Glaubens aufgrund gemeinsamer letzter Grundsätze höchst abstrakter Grundwahrheiten bei einer Vielheit der Konfessionen in ihren Riten, Traditionen und Gebräuchen. Die Grundsätze ihrerseits basieren für ihn weniger auf Dogmen als vielmehr auf der Vernunft oder doch zumindest bei Offenbarungsinhalten auf der Verträglichkeit mit ihr. Den Gedanken einer so verstandenen Einheit der christlichen Konfessionen hat Leibniz nicht nur theoretisch durchgestaltet und vertreten, sondern, wie oben skizziert, auch praktisch im Auftrage verschiedener Höfe umzusetzen und zu verwirklichen gesucht.

Das Konzept der Einheit der Konfessionen enthält noch ein weiteres politisches Element – das der *Einheit Europas* unter Wahrung der nationalen und regionalen Verschiedenheit: Ein Gutteil der politischen Gutachten und Stellungnahmen Leibnizens – man denke nur an den *Ägyptischen Plan* – lässt sich auf der Folie der Verwirklichung einer harmonischen Einheit Europas sehen. Das Einende beruhte für Leibniz vor allem auf der griechisch-römischen Rechtstradition und dem christlichen Glauben, die er beide in besonderem Maße als vernunftgegründet ansah. Die Verschiedenheit hingegen, die es bei gleichzeitigem Austausch bewährten Wissens zu bewahren galt, sah er in den spezifischen Traditionen von Regionen und Nationen als Ausdruck ihrer Geschichte, gespiegelt in den jeweiligen Sprachen und Dialekten.

Dass Leibniz die christliche Religion nicht nur für mit der Vernunft vereinbar, sondern geradezu für vernünftig hält, hindert ihn nicht, seine Überlegungen auf alle monotheistischen Religionen auszudehnen, eingeschlossen den Konfuzianismus, verstanden als Form der natürlichen Theologie, weil er hier Elemente sieht, die ihm eine Verbindung der Religionen jenseits eines Herrschaftsanspruchs und jenseits von Intoleranz auf der Grundlage der Vernunft möglich und wünschenswert erscheinen lassen. So nennt er China »das Europa des Ostens«: Aus dem Harmoniegedanken ist dergestalt eine weltpolitische Idee erwachsen, die ihr Gewicht auch heute nicht verloren hat.

Die großen Prinzipien

Harmonie als Einheit in der Vielheit verlangt Ordnung. Diese mag in allgemeinen Prinzipien, in Regularität, Proportionalität, Symmetrie und vielem mehr bestehen. Aus der Grundüberzeugung, alles Geschaffene genüge einer universellen Harmonie, folgt für Leibniz, dass es alles durchwaltende, letztlich in Gott gegründete Prinzipien geben müsse, die diese Ordnung konstituieren – von der mathematisch-logischen Struktur über Naturgesetze bis hin in das Denken, Erkennen und Handeln. Sie sichern damit zugleich die Vernünftigkeit und Erkennbarkeit der Schöpfung und darüber hinaus die Möglichkeit zum Rückschluss auf ein vernünftiges Wesen als deren Schöpfer. So sind es zwei Prinzipien, die Leibniz zugrunde legt, eines, das der Tradition wohlvertraut war, das Prinzip des zu vermeidenden Widerspruchs oder in Leibnizscher Sprechweise: das *Prinzip der Identität und des Widerspruchs*; das andere, das bei aller im Nachhinein benennbarer Vorgängerschaft auf Leibniz zurückgeht, ist das *Prinzip des zureichenden Grundes*: Nichts ist oder geschieht ohne Grund. Beide dulden keine Ausnahme – und dennoch haben sie eine unterschiedliche Reichweite und zeitigen verschiedenartige Folgen.

Das Prinzip der Identität und des Widerspruchs

Als Inbegriff der Logik scheint das Prinzip der Identität und des Widerspruchs zunächst trivial zu sein – natürlich könnte man geneigt sein zu sagen, die Logik und mit ihr die Forderung nach Widerspruchsfreiheit sei eine völlig selbstverständliche Voraussetzung, und zwar sowohl unseres Denkens als auch der Ontologie – galt doch seit Aristoteles unwidersprochen eine Identität $a = a$ als immer wahr und verbunden mit der ontologischen Deutung »Jedes Ding ist sich selbst gleich«[48]. Tatsächlich stehen jedoch am Beginn des neuzeitlichen Argumentierens zwei drastische Kritiken an der scholastischen Logik:

Bacon verwirft die aristotelische Logik, das *Organon* (Werkzeug), zugunsten seines *Novum Organum*, denn, so argumentiert er, mit Hilfe der Logik gewinnen wir überhaupt keine Erkenntnis. Wenn wir etwa schließen: »Alle Menschen sind sterblich. Sokrates ist ein Mensch. Also: Sokrates ist sterblich«, so haben wir das Resultat schon vorher gewusst, der logische Schluss erweitert unsere Kenntnis in keiner Weise – im Gegensatz zu induktiven Schlüssen, die verallgemeinernd verfahren.

Descartes formuliert in seinem methodischen Zweifel eine viel radikalere Kritik: Die Aussagen der Logik und der Mathematik sind bezweifelbar, denn Gott hätte sie auch anders festsetzen können. Diese Kritik beruht auf der Voraussetzung, dass Gott nicht allmächtig wäre, wenn es etwas gäbe, an das er sich halten müsste. Bei Descartes ist der Grund jedoch komplexer, weil aus seiner Sicht auch Aussagen der Mathematik und Logik etwas abbilden, ähnlich wie dies die Aussagen über die Welt tun, gibt es außer der von Gott nach seinem Willen geschaffenen raumzeitlichen, ausgedehnten Welt auch eine von ihm geschaffene unausgedehnte, nur dem Reich des Denkens zugehörige mathematisch-logische Welt. Dann aber werden Logik und Mathematik von Gottes Willen abhängig (wie übrigens einer solchen Argumentation folgend auch das Gute und Böse), sie könnten – wenn auch für menschliches Denken unbegreifbar – gänzlich anderer Art sein. Jedenfalls fehlt ihnen eine unumstößliche unmittelbare Evidenz. Im Übrigen hat Descartes ähnlich wie Bacon für die aristotelische Logik in ihrer scholastischen Gestalt nichts als Spott übrig.

Beide Kritiken weist Leibniz vollkommen zurück. Ihm liegt vielmehr an einer modernen Weiterführung des in der Logiktradition Geleisteten. Gegen Descartes gewendet betont er, dass das Problem einer Beschneidung der göttlichen Allmacht durch die Logik gegenstandslos ist, weil Gott nicht etwa die Logik *will*, sondern weil er sie *verkörpert*: Da er der Inbegriff höchster Vernunft ist, ist sein Denken aufgrund seines Wesens logisch. Gegen Bacons Vorwurf der Nutzlosigkeit verweist Leibniz auf die Mathematik, die sich nach seiner Auffassung auf die Logik allein aufbauen lässt – ein Programm, das später von Gottlob Frege und Bertrand Russell aufgenommen und fortgeführt werden sollte und dessen Begrenztheit wir heute kennen. Die Fruchtbarkeit der Mathematik aber wird damals wie heute von niemandem bestritten. Was nun die Fruchtbarkeit der Logik selbst anlangt, so kommt es für Leibniz darauf an, sie in zwei Richtungen auszubauen, nämlich zum einen zu einer *Ars judicandi*, also zu einer Beweistheorie, die uns, so sein Ziel, von jeder Aussage einer Theorie zu ermitteln gestattet, ob sie (im Rahmen des Formalismus der jeweiligen Theorie) wahr oder falsch ist, und zum anderen zu einer *Ars inveniendi*, einer Erfindungskunst, die es erlaubt, aus gegebenen wahren Aussagen eines jeweiligen Wissensbereichs mit formalen Mitteln *neue* Erkenntnisse abzuleiten.

All dies macht sichtbar, welche Bedeutung Leibniz seinem Prinzip der Identität und des Widerspruchs zumisst. Doch es wird sich zeigen, dass es noch viel tiefer liegende Gründe gibt. Leibniz formuliert dies unterschiedlich, mal im Sinne des Satzes vom ausgeschlossenen Dritten, des sogenannten Bivalenzprinzips: *Jede Aussage ist entweder wahr oder falsch*[49], mal als

»Prinzip des Widerspruchs, kraft dessen wir alles als falsch beurteilen, was einen Widerspruch einschließt, und als wahr alles das, was dem Falschen kontradiktorisch entgegengesetzt ist«[50]. Schließlich in ontologischer Form: *Etwas kann nicht zugleich sein und nicht sein.*[51]

Die erste Fassung gilt für alle Aussagen schlechthin, reicht aber nicht aus festzustellen, dass eine Aussage wahr ist – es wird nur Unsinniges ausgeschlossen. In der zweiten Fassung ergibt sich darüber hinaus für bestimmte Fälle der Wahrheitswert einer Aussage: Falsch sind alle Aussagen, die einen Widerspruch implizieren; wahr sind hingegen alle Aussagen, deren Negation einen Widerspruch impliziert, was insbesondere für alle Identitäten und auf Identitäten zurückführbare Aussagen gilt: sie sind »absolut wahr« und »unbeweisbar«[52] und deshalb für Leibniz von fundamentaler Bedeutung. Damit wird auch der Name des Prinzips verständlich – und ebenso, weshalb sich bei Leibniz (und in der Sekundärliteratur) auch die Kurzbezeichnungen *Identitätsprinzip* und *Prinzip des Widerspruchs* finden.

Nun verwendet Leibniz die zweite Fassung zugleich als Definition der Notwendigkeit:

Notwendig ist das, dessen Negation einen Widerspruch enthält.

Leibniz nennt diese Art von Notwendigkeit auch »absolute«, »metaphysische« oder »geometrische« Notwendigkeit (Letzteres wegen der damals als unausweichlich und unumstößlich geltenden Axiomatik der Euklidischen Geometrie). Im Folgenden soll stets die Bezeichnung *absolute Notwendigkeit* Verwendung finden. Weiter führt Leibniz für die notwendigen Wahrheiten die wirkmächtige Bezeichnung *Vernunftwahrheiten* ein, denen er, wie wir sehen werden, die *Tatsachenwahrheiten* gegenübergestellt[53]:

Eine *Vernunftwahrheit* ist eine Aussage, die allein aufgrund des Widerspruchsprinzips wahr ist.

Zu den Vernunftwahrheiten zählen alle mathematischen, geometrischen und logischen Aussagen, von denen Leibniz (fälschlich) annimmt, sie seien durch eine Rückführung auf identische Aussagen beweisbar. In der Tat hat Leibniz viel Arbeit darauf verwandt, Logikkalküle auf die unterschiedlichste Weise aufzubauen, er hat nach einer Rückführung der Mathematik auf Identitätsaussagen ebenso gesucht wie nach einer Mathematisierung logischer Strukturen, und über Jahrzehnte hin bemühte er sich um eine Fundierung der (euklidischen) Geometrie in seiner wesentlich allgemeiner angelegten *Analysis situs*.

Die dritte Fassung, die Leibniz auch als erstes der »Principia prima a priori« nennt[54], zeigt, dass er jede logische Aussage ganz aristotelisch *zugleich* als ontologische Aussage sieht: Der Bereich aller widerspruchsfreien Aussagen – Leibniz nennt dies das *Reich der Ideen* – hat eine Struktur, die als mathematisch-logische Struktur auch in der geschaffenen Welt nicht anders sein kann. Die Welt besitzt also eine mathematisch-logische Grundstruktur. Das mag uns heute ungewohnt erscheinen, aber in Ludwig Wittgensteins *Tractatus* wird genauso vorgegangen, wenn der »logische Raum« als Raum des logischen Zusammenhangs aller Elementarsätze in Sachverhaltsaussagen gesehen wird.

Da das Prinzip des Widerspruchs als Grundprinzip des Denkens eine fundamentale Eigenschaft aller, insbesondere der notwendigen Wahrheiten ausdrückt (nämlich die Widerspruchsfreiheit beziehungsweise die Widersprüchlichkeit, also Falschheit ihrer Negation), kann es nicht auf göttlicher Willkür beruhen. Gott ist darum für Leibniz kein Deus absconditus, kein für uns überhaupt nicht fassbares Wesen, vor allem auch kein Willkürgott. Im Bereich notwendiger Wahrheiten handelt es sich vielmehr um Strukturen, die dem göttlichen und dem menschlichem Denken gemeinsam sind und deshalb einem göttlichen Schöpfungsplan ebenso innewohnen müssen wie jedem menschlichen Denken, solange es frei von Fehlern ist: Die universelle Harmonie, die sich durch alles hindurchzieht, wird deshalb immer zugleich insoweit vernünftig sein, als sie den Vernunftwahrheiten nicht widersprechen kann. Damit dürfte deutlich geworden sein, warum Leibniz der Logik und mit ihr allen Vernunftwahrheiten ein ungleich größeres Gewicht zumisst als etwa Bacon oder Descartes.

Das Prinzip des zureichenden Grundes

Mit dem Widerspruchsprinzip allein lässt sich über mathematisch-logische Strukturaussagen hinaus keine Aussage über die Welt begründen – es bedarf hierzu einer weiteren Voraussetzung, die uns dieses Universum erschließt, eines Prinzips, das ihm zugrunde liegen muss, damit Erkenntnis überhaupt möglich und die Welt mit der Vernunft erfassbar ist. Leibniz führt hierzu sein »großes Prinzip« ein:

Nichts ist ohne zureichenden Grund.[55]

Dieses *Prinzip des zureichenden Grundes* zählt ebenfalls zu den »Principia prima a priori«[56]. Es ist seinerseits nicht weiter begründbar, weil eine Begründung zirkulär wäre. Vor allem ist es nicht auf das Prinzip des Widerspruchs zurückführbar; es ist deshalb ein unverzichtbares zusätzliches Prinzip, das keine Vernunftwahrheit ist. Auch wenn es nicht beweisbar ist, so lässt es sich doch plausibel machen, denn würde es nicht gelten, könnte Gott etwas ohne Grund schaffen, er müsste also etwas Unbegründetes denken und wollen – was dem Wesen Gottes widersprechen würde. Ebenso wären wir ohne die Gültigkeit dieses Prinzips nicht in der Lage, die Welt zu erkennen.

Nun gibt es fraglos Aussagen, deren Negation keinen logischen Widerspruch enthält, beispielsweise »Ich höre jetzt einen Ton«. Dieses sind die *kontingenten* Aussagen.[57] Die wahren kontingenten Aussagen zählen gewiss nicht zu den Vernunftwahrheiten, vielmehr sind sie die jenen gegenüberstehenden *Tatsachenwahrheiten*:

> Eine *Tatsachenwahrheit* ist eine wahre Aussage, deren Negation keinen Widerspruch impliziert.

Tatsachenwahrheiten genügen alle dem Prinzip des zureichenden Grundes. Da das Prinzip des zureichenden Grundes geradeso wie die Tatsachenwahrheiten nicht auf das Prinzip des Widerspruchs rückführbar ist, ist es nicht absolut notwendig, sondern kontingent. Damit aber ergibt sich eine gänzlich neue Konstellation, geht es doch bei ihm um eine apriorische, unverzichtbare, aber nicht absolut notwendige Voraussetzung aller Tatsachenerkenntnis. Mit Nachdruck betont Leibniz, man könne nicht aufgrund von Experimenten feststellen, dass die Natur gesetzmäßig sei. Vielmehr setzt jede Beobachtung und jedes Experiment deren Gesetzmäßigkeit und damit das Prinzip des zureichenden Grundes bereits voraus! Kants Auffassung, der Verstand schreibe der Natur die Gesetze (eigentlich: die Gesetzesform) vor, hat hier ihre Wurzeln.

Das Prinzip des zureichenden Grundes bezieht sich auf mehreres, denn es gilt erstens für alle Sachverhalte dieser Welt, indem es ausspricht, dass jeder Sachverhalt eine *kausale Ursache* und damit eine nicht abreißende unendliche Kausalkette besitzt. Hier geht es um die jeweilige *causa*. Zweitens gilt das Prinzip für das Handeln Gottes, denn Gott handelt nie aus Willkür. Entsprechend verlangt das Prinzip *finale Gründe* göttlichen Handelns. Dabei geht es um die jeweilige ratio. Es gilt schließlich für menschliche Handlungen. Dann spricht es aus, dass es zu jedem Handeln eine vollständige Kette der Gründe gibt, die auch die inneren Zustände und vernünftige Überlegungen einschließt: Im menschlichen Handeln kommen also causa und ratio zusammen, wenn wir mit Gründen so handeln, wie wir handeln. Das aber gilt selbstverständlich für die ganze Schöpfung, denn in ihr wird göttliche ratio zur naturhaften causa; deshalb gibt es für jeden Sachverhalt stets eine Kausalursache, die wir in den Wissenschaften zu ergründen und in Aussagen zu formulieren trachten, und einen göttlichen Zweck, der uns allerdings bis auf wenige Ausnahmen verschlossen ist, der sich aber in der Universalharmonie erkennen lässt.

Wenn das Prinzip des zureichenden Grundes einmal Ursachen (causae), ein andermal Gründe (rationes) bezeichnet, könnte man meinen, man habe es der Sache nach mit zwei Prinzipien zu tun. Doch damit würde eine entscheidende Intention Leibnizens verfehlt: Jedes Ereignis dieser Welt, ausgedrückt in einer Tatsachenwahrheit, ist *zugleich* sowohl Teil einer Kausalkette als auch Ausdruck des Willens Gottes als Schöpfer dieser Welt, also Element einer auf Zwecken ruhenden Begründung: causae sind eigentlich rationes. Eben darum ist die Welt für den Menschen verstehbar, obwohl er die unendlichen Begründungsketten nicht zu überschauen vermag.

Damit ist die Bedeutung der Prinzipien jedoch noch nicht ausgeschöpft. Das Prinzip des Widerspruchs verlangt, dass die Negation einer wahren Aussage falsch ist. Die Negation einer Tatsachenwahrheit ist also falsch, aber sie enthält keineswegs einen Widerspruch, sonst wäre sie eine Vernunftwahrheit. So gesehen begrenzt das Prinzip des Widerspruchs nicht nur die Vernunftwahrheiten, sondern strukturiert über logische Verknüpfungen hinaus auch den Bereich der *möglichen* Aussagen, das »Reich der Möglichkeiten« oder »Reich der Ideen«, weil Leibniz Möglichkeit im Sinne des scholastischen »possibile logicum« als Widerspruchsfreiheit definiert.

Die Prinzipien der Identität des Ununterscheidbaren, der Kontinuität und des Besten

Aus den beiden Grundprinzipien entwickelt Leibniz eine Reihe weiterer Grundsätze, von denen hier nur drei wegen ihrer besonderen Bedeutung herausgegriffen werden sollen, das *Prinzip der Identität des Ununterscheidbaren*, das der *Kontinuität* und das *Prinzip des Besten.*

Das *Prinzip der Identität des Ununterscheidbaren* wird von Leibniz als Folgerung aus dem Prinzip des zureichenden Grundes so formuliert: »In der Natur kann es keine nur der Zahl nach verschiedenen Einzeldinge geben; überall nämlich muss ein Grund angebbar sein, warum sie verschieden sind, und der muss in einem Unterschied in ihnen selbst liegen.«[58]

In den Herrenhäuser Gärten hat Leibniz die Hofgesellschaft damit belustigt, sie vergebens nach zwei vollkommen identischen Blättern suchen zu lassen.[59] Eine vollständige Ähnlichkeit kann es für Einzeldinge wie für Individuen wie für ganze Spiegelwelten nicht geben, sondern nur für Allgemeingebriffe. Nun stellt sich die Frage, warum dieses Prinzip Gültigkeit haben soll. Hierüber gibt es bis heute differierende Sichtweisen, die von der Überflüssigkeit (weil es sich um ein Gesetz der Logik handele) über die Annahme einer Zusatzforderung an die Logik (Monadische Prädikatenlogik erster Stufe ohne bzw. mit Identität) bis zu Leibniz' eigener Begründung mit dem Prinzip des Grundes reichen. Leibniz selbst macht deutlich, dass es ihm um den letztgenannten Zusammenhang geht, also um ein über die Logik hinausgehendes ontologisches Bestimmungsverhältnis. So erläutert er, dass man in der Geometrie mit »abstrakten Begriffen« über zwei vollkommen ähnliche Dreiecke sprechen kann, während in der raumzeitlichen Wirklichkeit zwei Dreiecke stets voneinander verschieden sein müssen[60] –

und zwar aufgrund innerer Bestimmungen, nicht nur, weil eines weiter rechts auf dem Papier gezeichnet ist als das andere, was nur ein Unterschied der Zahl nach wäre, sondern beispielsweise, weil beide eine unterschiedliche Vorgeschichte haben: das eine mag früher gezeichnet worden sein als das andere. Es handelt sich also nicht um ein rein logisches Prinzip. Auch der Gebrauch, den Leibniz von seinem Prinzip macht, schließt sich dem an. Denn es geht ihm darum, dass, wenn zwei mögliche Weltläufe vollkommen identisch wären, Gott keinen Grund hätte, den einen dem anderen für die Schöpfung vorzuziehen – er würde also gar nichts schaffen, weil er nichts ohne Grund erschafft. Doch auch eine zweite Form der Verwendung ist bedeutsam: Zwei verschiedene individuelle Dinge können schon der Möglichkeit nach nicht identisch sein, weil alles auch in einer bloß möglichen Welt mit allem anderen zusammenhängt, so dass jedes wahrhaft individuelle Ding nur in einer möglichen Welt Platz hat. So heißt es in der *Monadologie*: »Jede Monade muss von jeder anderen verschieden sein; denn es gibt in der Natur niemals zwei Wesen, die vollkommen gleich wären und bei denen sich nicht ein innerer oder auf eine innere Bestimmung gründender Unterschied finden ließe.«[61] Eben deshalb kann es weder in den Herrenhäuser Gärten noch sonst im Kosmos zwei vollkommen gleiche, aber voneinander verschiedene Blätter geben.

Etwas anders liegen die Dinge beim zweiten, dem *Kontinuitätsprinzip*, das Leibniz in einer Liste der »Wahrheitsprinzipien« nach jenen des Widerspruchs und des Grundes noch vor dem Prinzip des Besten nennt.[62] Als Ordnungsprinzip für die geschaffene Welt ist es aber dem des Grundes, wenn nicht gar dem des Besten, untergeordnet. Allerdings: »In der Geometrie ist es von absoluter Notwendigkeit, bewährt sich aber auch in der Physik, weil die höchste Weisheit, die die Quelle aller

Dinge ist, wie der vollkommenste Geometer handelt und die Harmonie beachtet, deren Schönheit nichts nahe kommt.«[63] Damit ist nicht gemeint, es handele sich auch in der Physik bei Aussagen über tatsächlich gezeichnete geometrische Figuren um absolute Notwendigkeit, sondern dass die Wahl der Ordnung dieser Welt dazu führt, dass alle Bewegungsvorgänge in ihr kontinuierlich verlaufen. Leibniz formuliert die Kernaussage des Prinzips in Anlehnung an seine Konvergenz- und Stetigkeitsaussagen in der Arithmetik und Infinitesimalrechnung folgendermaßen:

Kontinuitätsprinzip: »Wenn sich zwei Fälle (oder ihre Größen) einander stetig nähern, so dass schließlich der eine in den anderen übergeht, muss notwendig bei den abgeleiteten bzw. abhängigen (gesuchten) Größen dasselbe geschehen. Oder allgemeiner: Einer Ordnung im Gegebenen entspricht eine Ordnung im Gesuchten.«[64]

Damit wird deutlich, dass es Leibniz um eine grundsätzliche Entsprechung von Seinsordnung und Sinnzusammenhang geht. Ohne die Übertragung dieses Prinzips als Ordnungsprinzip von der Mathematik und Geometrie auf die Welt könnten »Lücken«[65] im Bewegungsablauf auftreten. Das aber weist Leibniz zurück, weil das Prinzip vom zureichenden Grund verletzt wäre. So folgert er aus ihm die Kontinuität aller Bewegungen – sei es von scheinbarer Ruhe in die Lageveränderung, sei es vom Zünden des Pulvers zur Explosion. Ebenso gibt es einen kontinuierlichen Übergang vom Schlafen zum Wachen, also in unseren psychischen Zuständen, den Perzeptionen, denn:

»*Die Natur macht keine Sprünge.*«[66]

Doch damit nicht genug, Leibniz verwendet das Prinzip zur Zurückweisung des Atomismus ebenso wie im Bereich der *Formen* im aristotelischen Sinne der inneren Bestimmungen der Individuen[67]: Zwischen je zwei Individuen gibt es im Ideenreich angesiedelte mögliche Individuen, die einen kontinuierlichen Übergang bilden.

Wenden wir uns nun der wichtigsten der drei Folgerungen zu, dem *Prinzip des Besten* als Sonderfall des Prinzips des zureichenden Grundes.[68] Gottes Schöpfungshandeln beruht auf einer *Wahl* unter Möglichkeiten, dem *Willen*, das Gewählte zu erschaffen, und der *Kraft*, dieses zu verwirklichen. Bei der Wahl wird nun das Prinzip des zureichenden Grundes bedeutsam; und da Gott nur das Beste will, nennt Leibniz das Prinzip des zureichenden Grundes in dieser Gestalt das *Prinzip des Besten.* Es gibt den zureichenden Grund für die Wahl und die Verwirklichung, also die *Existenz* dieser Welt an – und mit ihr eines jeden einzelnen Dinges. Es besagt, dass Gott von den logisch möglichen Welten die »beste« ausgewählt und geschaffen hat, nämlich diejenige, welche die reichste an Erscheinungen und zugleich die geordnetste ist.[69] Das dahinter stehende Prinzip lässt sich so formulieren:

Gott wählt stets das Beste.[70]

Nun gilt dies nicht nur für Gott, sondern gleichermaßen für vernünftige Wesen; deshalb kann man allgemein sagen:

Alles Handeln richtet sich stets auf das Beste.[71]

In dieser Fassung kommt der zureichende Grund allen Wollens zum Ausdruck – nur können wir Menschen uns in unserem Wollen darin täuschen, was das Beste sei.

Am Prinzip des Besten wird deutlich, dass schon das Prinzip des zureichenden Grundes auch moralische Gründe einschließt; hier werden sie nun explizit gemacht. Zugleich zeigt sich, dass das Prinzip des Besten wie das des zureichenden Grundes kontingent ist. (Dies ist im Sinne von »nicht absolut notwendig« zu verstehen. Deshalb ist eine deutsche Übersetzung von »contingentia« mit »Zufall« völlig irreführend – Leibniz würde die Auffassung, ethische Prinzipien seien »zufällig«, als vollkommen unsinnig zurückweisen: Aus dem Prinzip des Besten fließende moralische Gesetze sind selbstverständlich ewig, a priori und moralisch verpflichtend, aber ihre Negation enthält keinen logischen Widerspruch. Um es in der Sprache des 17. Jahrhunderts auszudrücken: Wir können sündigen, aber wir haben die Pflicht, nicht zu sündigen.) So folgt Gott diesem Prinzip nicht im Sinne einer absoluten Notwendigkeit, sondern willentlich und im Sinne einer *moralischen Notwendigkeit.* Hierbei setzt Leibniz voraus, dass etwas nicht deshalb gut ist, weil Gott es will, sondern dass Gott etwas will, weil es gut ist: Gott legt das, was gut ist, ebenso wenig fest wie das, was logisch wahr ist. Vielmehr gehört beides zu seinem »ewigen Wesen«[72].

Auf eine besondere Schwierigkeit muss in diesem Zusammenhang aufmerksam gemacht werden: Als Kriterium dafür, dass eine Welt die beste, nämlich die vollkommenste sei, werden von Leibniz zunächst ontologische Eigenschaften angegeben – nämlich ein Maximum an Erscheinungen bei größtmöglicher Ordnung. Der Verweis auf zwei miteinander zum Ausgleich zu bringende Maxima stellt dabei in Leibniz' Sicht kein Problem dar, weil mit der Infinitesimalrechnung ein Modell gegeben ist, wie mit der Verknüpfung zweier Funktionen (naturgesetzliche Ordnung einerseits, Reichhaltigkeit der Schöpfung an Geschöpfen andererseits) umzugehen ist. Nein – die eigentliche Herausforderung besteht darin, ob und wie von einer solchen Charakterisierung der besten Welt darauf geschlossen werden soll, dass es sich um die im ethischen Sinn beste Welt handelt. Dies kann nur gelingen, wenn die Ordnung nicht nur als naturgesetzlich, sondern zugleich als harmonisch und vollkommen und deshalb als ethisch im Bereiche vernünftiger Wesen verstanden wird: Der Begriff der Ordnung schließt moralische Ordnungsgesetze ein.

Auch wenn Leibniz in allen eben entwickelten Prinzipien keine Einschränkung der Allmacht Gottes sieht, sondern nur eine Feststellung über das Wesen Gottes, wird damit ein Schritt in Richtung des Deismus und einer Loslösung der Philosophie von der Bindung an den Gottesbegriff getan. Denn erstens unterscheiden sich menschliche und göttliche Vernunft nur graduell, nicht aber prinzipiell; zweitens fungiert Gott in diesem Zusammenhang als Bezeichnung für das logisch und moralisch Vernünftige. Was bleibt, ist der die Welt schaffende und in ihrer Existenz erhaltende Gott.

Für den denkenden, reflektierenden Menschen bedeutet die Geltung der großen Prinzipien, dass uns die Fähigkeit gegeben ist,

– die geschaffene Welt in ihrer Ordnung und Harmonie zu erkennen und die Ordnung in Mathematik, Logik und Naturgesetzen, kurz, in den *Wissenschaften* zu erfassen;

– von dieser Erkenntnis der Ordnung und Harmonie der Welt auf ihren Urheber, also auf Gott zurückzuschließen und über die Ordnung der Welt hinaus eine *Erkenntnis von Gott* zu gewinnen; und schließlich

– in unserem eigenen Handeln die *Vervollkommnung dieser Welt als unsere Aufgabe* zu begreifen.

Unser Erkennen wie unser Handeln stehen also unter dem Einheits- und Harmoniegedanken, der der Welt zugrunde liegt.

Status und Bedeutung der Prinzipien

Fragt man abschließend, wie sich die Leibnizschen Prinzipien zueinander und zu den Wissenschaften verhalten, so zeigt sich Folgendes: Weder lassen sich die spezifischeren Prinzipien der Identität des Ununterscheidbaren, der Kontinuität und des Besten aus dem Prinzip des Grundes herleiten, noch würde es gelingen, eine Wissenschaft unmittelbar auf sie aufzubauen.

Selbst das Prinzip des Widerspruchs reicht nicht aus, um mit ihm die Logik zu fundieren, von der Mathematik zu schweigen. Zwar hat Leibniz umfangreiche Kalkülentwürfe zu diesen Disziplinen ausgearbeitet – doch selbst dort bedient er sich je spezifischer Axiome als Grundlegung. Die Zusammenhänge müssen darum anders gesehen werden: Die Prinzipien liegen alle auf einer Ebene oberhalb derjenigen der Wissenschaftssprachen, sie stellen die Architekturprinzipien dar, die den Gesamthintergrund des Seins ausmachen und die deshalb zugleich auch die Bedingungen sind, die allererst erlauben, im Denken argumentativ etwas zu begründen und die Welt zu erkennen. Sie gehören einer Ersten Philosophie an, wie Aristoteles sie in seiner *Metaphysik* suchte und wie Descartes sie in seinen *Meditationes de Prima philosophia* zu entwickeln trachtete. Als Architekturprinzipien sollen sie das Gebäude der Leibnizschen Philosophie tragen – nämlich dergestalt, dass sich die Wissenschaftsresultate ihnen geradeso ein- und unterordnen lassen, wie die drei spezifischen Prinzipien sich dem Prinzip des Grundes zu- und unterordnen lassen. Insgesamt haben die Prinzipien damit die Aufgabe, die ungeheure Mannigfaltigkeit des Seins von Gott und dem Reich der Ideen über die individuellen Substanzen, ihre Perzeptionen und Kräfte, bis hinab in die Körperwelt mit ihrem raum-zeitlichen Erscheinungsbild und ihren dynamischen Bewegungsvorgängen fassbar zu machen. Zugleich und vor allem aber kommt ihnen die Aufgabe zu, das kausale *Reich der Natur* mit dem *Reich der Zwecke* so zu verweben, dass eine Antwort auf die Leitfrage möglich wird, wie diese Welt als Schöpfung eines weisen Gottes angesichts der Übel gedacht werden kann, wie die Freiheit des Individuums angesichts der kausalen Abläufe in der Natur möglich sein soll und wie dieses alles sich zu einer universellen Harmonie zu fügen vermag.

Begriffs- und Wahrheitstheorie: Die Theorie der einfachen Begriffe

Der alles durchwaltende Harmoniegedanke und die durchgängige Gültigkeit der dargestellten Prinzipien genügen durchaus nicht, um sicherzustellen, dass die Welt in einem prägnanten Sinne vernünftig und erkennbar ist. Denn wenn etwa im Prinzip der Identität und des Widerspruchs von »Identität« und von »Widerspruch«, vom »Enthaltensein« und »Implizieren« eines Widerspruchs die Rede ist, so reicht ein intuitives Verständnis, was damit gemeint sei, keineswegs aus, um darauf ein metaphysisches Gedankengebäude zu errichten. Das wiederholt sich beim Prinzip des zureichenden Grundes; denn was eine Begründung ist, verlangt zumindest eine Klärung dessen, was eine Argumentationsstruktur ist, die als Begründung anerkannt wird – noch bevor man vertiefend weitergeht und nach den Spezifika einer Finalbegründung oder einer Kausalursache fragt. Es fehlt darum ein weiteres Grundlagenelement – Leibniz' Theorie der Begriffe und Aussagen einschließlich ihrer logischen Struktur.

Dabei zeigen sich zwei Voraussetzungen des Leibnizschen Denkens. Die erste besteht in der Annahme, dass all unsere Begriffe kombinatorisch aus einfachen Begriffen zusammengesetzt sind, denen wiederum absolut einfache Ideen zugrunde liegen. Eine zweite ist die Annahme, im Grundsatz lasse sich die Welt mit wahren kategorischen Aussagen vollständig erfassen. Beides gilt es näher zu erläutern.

Zunächst stellt sich die Frage, ob es absolut einfache Begriffe oder Ideen überhaupt gibt. Dass dem so sei, hatte bereits Descartes behauptet und einige »summarisch aufgezählt«[73]. Leibniz führt nun einen indirekten Existenzbeweis, dem jener für die Existenz der Monaden als unteilbare Einheiten ganz analog ist und der später in Russells und Wittgensteins logischem Atomismus die Existenz unzerlegbarer Elementarsätze begründen sollte: Es muss solche elementaren, unzerlegbaren, absolut einfachen Termini (termini primitivi) geben, »denn wenn wir nichts durch sich selbst begreifen, begreifen wir überhaupt nichts. Es wäre dann nämlich so, wie wenn ich einem mich Fragenden stets mit Worten antworte, die er nicht versteht, und dem, der mich nach der Erklärung dieser Worte fragte, wieder mit anderen Worten, die er nicht versteht; und so mag ich immer weiter gehen: er wird nichts verstehen.«[74] Ein Terminus ist »nicht der Name, durch den etwas bezeichnet wird, sondern der Gedanke, man könnte auch sagen: der Begriff, die Idee«[75]. Leibniz verwendet in seinen Notizen unterschiedliche Bezeichnungen. Wichtig ist auch seine Sprechweise von *prima possibilia* (erste Möglichkeiten), weil darin die ontologische Seite mitschwingt. Um der Klarheit willen sollen im Folgenden diese absolut fundamentalen Termini als *einfache Ideen* bezeichnet werden, um sie von Begriffsbildungen im menschlichen Denken abheben zu können.

Die Leibnizschen einfachen Ideen sind etwas grundsätzlich anderes als Lockes »simple ideas«, die der Wahrnehmung entstammen (wie »gelb« oder »heiß«); sie sind vielmehr die gänzlich von der Erfahrung unabhängigen Atome des Denkens, also so fundamentale Begriffe wie die aristotelischen Kategorien. Beispiele, die Leibniz nennt, sind etwa »existens«, »ens«, »possibile« und »identitas«, doch auch »Individuum« und »Ich«.[76] Tatsächlich lassen sie sich nicht definieren und auch nicht durch Abstraktion aus Erfahrungsgegebenem gewinnen – sie müssen also entsprechend der Argumentation Platons in der Seele oder im Denken vorgegeben sein, um, wie Leibniz sich ausdrückt, »durch sich selbst begriffen«[77] zu werden. Descartes hatte in diesem Zusammenhang von »eingeborenen Ideen« gesprochen, und Leibniz wird ihm darin folgen. Wie man sich dies vorzustellen hat, soll später noch genauer betrachtet werden.

Der Inhalt einer einfachen Idee kann nur unmittelbar erkannt werden; denn wäre er definierbar, wäre die vermeintlich einfache Idee weiter zerlegbar. Daraus folgert Leibniz, dass die einfachen Ideen logisch voneinander unabhängig sind, dass also eine beliebige Konjunktion von ihnen niemals einen Widerspruch enthält. Tatsächlich ist dies nicht zwingend, sondern ein Zusatzpostulat.

Die Gesamtheit der einfachen Ideen nennt Leibniz das »Gedankenalphabet«. Dahinter steht die Vorstellung, alle Begriffe seien aus den einfachen Ideen allein mit logischen Verknüpfungen zusammengesetzt, geradeso, wie alle Wörter aus Buchstaben zusammengesetzt sind. Nun legt dieses Bild vom Alphabet nahe, es müsse sich um nur einige wenige Grundbegriffe oder zumindest um eine endliche Anzahl handeln, die man durch fortgesetzte Definitionsketten in einer Begriffsanalyse würde freilegen können. Doch Leibniz erkannte dies bald als eine Illusion. Vielmehr könnten die einfachen Ideen ihre Zahl nach unendlich sein, so dass allenfalls einige für uns erkennbar sind.[78] Darum ging er dazu über, vom *menschlichen Gedankenalphabet* zu sprechen – nämlich dem Verzeichnis der für unser Denken elementaren, also »durch keinerlei Definition auf klarere zurückführbaren Begriffe«[79]. Hatte er die absolut einfachen Termini auch »ideae« genannt, so geht es hier um »notiones«, genauer: um relativ einfache statt absolut einfacher Begriffe, die Verwendung finden, wenn eine Wissenschaftssprache eines bestimmten Wissensgebietes aufgebaut werden soll. So lässt sich Newtons Mechanik – einmal von der Leibnizschen Kritik abgesehen – als ein Beispiel für ein solches Vorgehen sehen, weil sie ausschließlich mit den drei Fundamentalbegriffen Länge, Zeit und Masse aufgebaut wird.

Nun führt der Weg vom menschlichen Gedankenalphabet weiter zur Zeichentheorie und in den Aufbau der Wissenschaften; auch das soll noch zurückgestellt werden. Doch gilt es festzuhalten, dass Leibniz trotz der mit dem menschlichen Denken verbundenen Einschränkungen festhält an der Struktur des Ideenatomismus als Grundelement des göttlichen Denkens, weshalb diese Basis, ontologisch gedeutet, sowohl dem Ideenreich zugrunde liegt als auch der geschaffenen Welt. Immer also steht hinter dem Geschaffenen eine kombinatorische Begriffsstruktur, die letztlich auch die begrenzte menschliche Erkenntnis trägt.

Die analytische Wahrheitstheorie

Die zweite zu klärende Voraussetzung besteht in der Annahme, im Grundsatz lasse sich die Welt mit wahren kategorischen Aussagen vollständig erfassen. Im Grundsatz – das heißt für Gott oder für ein unendliches Denken, also im Bereich der Ideenstruktur. Kategorisch sind Aussagen des Typs *A ist B* im Gegensatz zu hypothetischen Aussagen der Form *Wenn A, dann B*, zu disjunktiven der Form *A ist B oder C* und zu relationalen Aussagen der Form *A steht zu B in der Relation R*. Dabei sind *A* und *B* Begriffe, die kombinatorisch aus einfachen Begriffen zusammengesetzt sind.

Die Ausdrückbarkeit der Welt in wahren Aussagen ist aus Leibniz' Sicht gewährleistet, weil die geschaffene Welt die Verwirklichung einer im Reiche der Ideen rein gedanklich, also begrifflich in Gestalt von Aussagen bestehenden möglichen Welt ist. Hypothetische Aussagen sind von großer Bedeutung für die menschliche Erkenntnis. So sind alle Naturgesetzesaussagen, die wir durch induktive Verallgemeinerung finden, geradeso wie metaphysische Systeme für Leibniz Hypothesen – aber sie sind naturgemäß nur dann eine wertvolle Erkenntnis, falls die Wenn-Klausel erfüllt ist. Das jedoch verlangt wiederum kategorische Aussagen. Deshalb scheiden hypothetische Aussagen in der Grundsatzperspektive aus. Schwieriger gestaltet sich die Ausgliederung von Relationsaussagen. Dieser Schritt stellt eine einschneidende Einschränkung dar, weil sich nach heutigem Verständnis Relationsaussagen nicht auf kategorische Aussagen zurückführen lassen. Leibniz versucht denn auch keine völlige Rückführung, sondern eine Darstellung, die äußerlich auf eine kategorische Aussage hinausläuft, während er der Sache nach betont, dass eine Relation ein »ens rationis« als Ausdruck einer gedachten Ordnung ist.[80] Betrachten wir ein Beispiel: Die Relationsaussage *A ist Vater von B* behandelt Leibniz so, als gehe es nicht um eine zweistellige Relation, sondern um eine komplexe Eigenschaft *Vater von B*, so dass die zu betrachtende Aussage *A ist* (*Vater von B*) die Form der kategorischen Aussage *A ist* C erhält. Dass dabei im Prädikat C ein Name auftritt, der selbst für einen unendlich komplexen Begriff steht, ist für Leibniz in dieser Grundsatzperspektive kein Einwand.

Die Frage, wann eine kategorische Aussage wahr ist, beantwortet Leibniz mit seinem *Wahrheitsprinzip*, das der Unterscheidung von Vernunft- und Tatsachenwahrheiten vorgeordnet ist und für beide gelten soll:

> *»A ist B« ist wahr genau dann, wenn der Begriff B im Begriff A enthalten ist.*[81]

Da dieses Prinzip in der Terminologie Kants die analytischen Wahrheiten betrifft (die allerdings bei Kant im Gegensatz zu Leibniz nur einen Teil der wahren Aussagen ausmachen), nennt man Leibniz' Wahrheitstheorie heute vielfach auch »analytische Wahrheitstheorie«. Sie ist die gemeinsame Basis für Vernunft- und Tatsachenwahrheiten.

Das Wahrheitsprinzip stützt sich auf das Enthaltensein von Begriffen. Dieses »inesse«, das auch schon in der Formulierung des Prinzips des Widerspruchs auftrat, hat für Leibniz einen ganz genau angebbaren Sinn, der sich aus seiner Begriffstheorie ergibt: Die Bildung komplexer Begriffe aus den einfachen versteht Leibniz als Kombination im Sinne seiner *Ars combinatoria*, und zwar zunächst als Konjunktion, die er durch Nebeneinanderschreiben darstellt. Leibniz symbolisiert also *a und b* in der Regel durch Zusammenschreiben: *ab*. Angenommen, *B*, *C*, *D* seien die Begriffe, aus denen der Begriff *A* zusammengesetzt ist, so dass gilt *A* = *BCD*; dann sind *A ist B*, *A ist C*, *A ist D*, *A ist BC*, *A ist BD*, *A ist CD*, *A ist BCD* sämtliche wahren Aussagen über *A*, die ersichtlich alle kombinatorisch gewonnen wurden. Um zu prüfen, ob eine Aussage *A ist B* wahr ist, müssen wir also nur feststellen, ob der Begriff A in eine Konjunktion von *B* mit einem Rest *X* zerlegt werden kann:

»A ist B« ist wahr genau dann, wenn A = XB.[82]

Ein einfaches Beispiel: Der Begriff »Schimmel« ist zusammengesetzt aus den Begriffen »weiß« und »Pferd«. Betrachten wir die Aussage »Der Schimmel ist weiß«, so können wir durch eine Analyse des Begriffs »Schimmel« als »Pferd und weiß« feststellen, dass »Pferd und weiß = X und weiß« erfüllt ist.

Dies lässt sich durch logische Umformung auch so ausdrücken, dass das unbestimmte X entfällt:

»A ist B« ist wahr genau dann, wenn A = AB.[83]

Diese Umformung ist, wie Leibniz anmerkt, redundant;[84] ihre Bedeutung liege darin, »dass man keinen neuen Buchstaben einführen muss«. Hier zeigt sich Leibniz' Denkweise in formalen Kalkülstrukturen, die darauf abzielt, Beweise formal durch Rückführung auf Axiome zu führen[85] – bis hin zu dem Idealfall, einen wissenschaftlichen Streit durch Rechnen zu entscheiden.

Damit ist die Frage der Wahrheit einer kategorischen Aussage auf die Struktur von Begriffen zurückgeführt. Aussagen machen nur explizit, was in einem Begriff enthalten ist. Die in-esse-Relation hat ihre Begründung erfahren. Zugleich ist ablesbar, wieso Leibniz Identitäten ein so großes Gewicht beimisst und in immer neuen Ansätzen Identitätskalküle der Logik entwickelt.

Die Rückführung der Wahrheitsfrage auf die Struktur von Begriffen wirft eine Reihe von Problemen auf.[86] Sosehr die dargestellte Auffassung unter den Leibnizschen Prämissen für Vernunftwahrheiten gelten mag, sowenig einleuchtend scheint sie für Tatsachenwahrheiten zu sein. Denn wie sollte ich durch Begriffsanalyse feststellen können, dass »Ich lese jetzt« wahr ist? Tatsächlich meint Leibniz das auch nicht, im Gegenteil: Tatsachenwahrheiten unterscheiden sich von Vernunftwahrheiten gerade darin, dass ihre Analyse ins Unendliche führt und deshalb dem menschlichen Denken nicht im Begrifflichen allein zu gelingen vermag, während die Analyse (die ja in der Umkehrung zugleich ein Beweis ist) bei Vernunftwahrheiten stets in endlich vielen Schritten zum Erfolg führt. Darum sind Vernunftwahrheiten mit der Vernunft beweisbar in einer *demonstratio*, während in die Begründung von Tatsachenwahrheiten in dieser Welt, eine *probatio*, unumgänglich Erfahrung eingehen muss.[87] (Leibniz ist hier terminologisch nicht immer konsequent; doch wenn beides mit »beweisen« übersetzt wird, bleibt seine Unterscheidung unverständlich.)

Zu den Prinzipien der Vernunfterkenntnis müssen also solche der Tatsachenerkenntnis hinzutreten. Wenn Leibniz von Kant und Hegel der Vorwurf gemacht wird, als Erkenntnis nur Vernunfterkenntnis gelten zu lassen, so ist das angesichts dieser Sachlage unberechtigt. Vielmehr stellt die Erfahrung eine unverzichtbare Quelle menschlicher Erkenntnis dar. Grundlage der Erfahrungserkenntnis sind die elementaren Tatsachenwahrheiten. Sie sind als Bewusstseinsinhalte unmittelbar gegeben und ebenso wenig weiter zerlegbar wie die Identitäten als elementare Vernunftwahrheiten. Zu den elementaren Tatsachenwahrheiten rechnet Leibniz sowohl die Wahrnehmungen als auch das cartesische »cogito ergo sum«[88]. Allerdings schreibt er: »Eine wahre kontingente Aussage kann nicht auf identische Aussagen zurückgeführt werden, sie wird aber trotzdem begründet (probatur), indem gezeigt wird, dass sie sich durch eine immer weiter fortgesetzte Analyse den identischen Aussagen ständig nähert, jedoch niemals zu diesen gelangt. So vermag einzig Gott, der in seinem Geist das gesamte Unendliche umgreift, die Gewissheit aller kontingenten Wahrheiten zu erkennen.«[89]

Dies zeigt, wie sehr Leibniz seine mathematischen Methoden von Asymptotenberechnungen und Konvergenzkriterien als Hintergrund seiner Kalkülisierung der Wissenschaften versteht. Zugleich werfen seine Bemerkungen ein Licht auf das Wahrheitsprinzip: Es ist in der Perspektive einer unendlichen Vernunft gegründet und bringt eine bis in die letzten Fundamente rational-begriffliche Struktur des Universums zum Ausdruck.

Absolute Notwendigkeit und mögliche Welten

»Was heist denn *Mügligkeit*, oder was heist: *können seyn*« fragt Leibniz in seiner Jugendschrift *Von der Allmacht und Allwissenheit Gottes und der Freiheit des Menschen* und fährt fort: »Was verstehen wir Menschen unter diesen worthen, sie werden ja etwas zu bedeüten haben.«[90] In der Tat gehören Modalbegriffe zu tragenden Elementen des Leibnizschen Systems.

Formen und Bestimmungen der Modalitäten

Unsere Umgangssprache bedient sich in großem Umfang solcher Redewendungen, die etwas als möglich, notwendig, zufällig oder unmöglich kennzeichnen. Daneben sprechen wir davon, etwas zu können oder nicht zu können, womit wir meinen, es sei uns möglich (oder unmöglich), eine bestimmte Handlung auszuführen. Ebenso verbirgt sich hinter vielen Adjektiva auf »-lich« und »-bar« wie »erkennbar«, »beweisbar« oder »erforderlich« eine Kurzform für »es ist möglich, das und das zu erkennen« bzw. »zu beweisen« oder »es ist notwendig, dies und jenes zu tun«; all diese Ausdrücke gehören ebenfalls zu den Modalbegriffen. Im Gegensatz zu den erstgenannten, die man *klassische Modalbegriffe* nennen könnte, weil es im Wesentlichen diese sind, die seit Aristoteles Gegenstand philosophischer Reflexion waren, lassen sich diejenigen Sprachausdrücke, die aus einem inhaltlichen Teil und einem klassischen Modalbegriff bestehen, als *inhaltliche Modalbegriffe* bezeichnen. So ist »können« als »es ist möglich, zu tun« oder »beweisbar« als »es ist möglich, zu beweisen« darstellbar; »können« und »beweisbar« sind damit Beispiele für inhaltliche Modalbegriffe.

Nachfolgend kann es nur um diejenigen Modalitäten gehen, denen bei Leibniz ein besonderes Gewicht zukommt. Dieses sind:

- *ontologische Modalitäten* zur Kennzeichnung des Seinsmodus
- *logische (oder alethische) Modalitäten* zur Kennzeichnung des Wahrheitsmodus
- *epistemische Modalitäten* zur Kennzeichnung des Modus des Erkennens
- *deontische Modalitäten* zur Kennzeichnung des Modus des Handelns

Während zwischen den ersten drei Bereichen ein enger Zusammenhang beseht, stellt der vierte eine Übertragung dar, die vor allem wegen der formalen Analogie bedeutsam ist, von der Leibniz Gebrauch macht. In der jeweiligen Verklammerung logischer, ontologischer, epistemischer und ethischer Bereiche äußert sich die Besonderheit der Modalbegriffe, die ihnen in vielen philosophischen Gedankengebäuden die Schlüsselstellung verschafft. Deshalb sind sie geradezu als »systembildend« charakterisiert worden.[91] So ist, um es an einem Beispiel zu verdeutlichen, für Kant die Bindung der ontologischen Möglichkeit der Erscheinungen an die Erkenntnismöglichkeit in der zentralen These von der Übereinstimmung der Bedingungen der Möglichkeit der Erfahrung mit den Bedingungen der Möglichkeit der Gegenstände der Erfahrung greifbar.[92]

Ein weiteres Kennzeichen der Modalbegriffe von nicht minderer Relevanz ist ihr Vermögen, etwas *über* Sachverhalte, Aussagen, Erkenntnisse oder Handlungen auszusagen. Dieser reflexive Charakter macht sie zum unerlässlichen Ausdrucksmittel gerade der Wissenschaften, die ihre Objektsprache, ihre Kalküle von ihnen gereinigt haben. Die Begriffe »Axiomatisierbarkeit«, »Beweisbarkeit«, »Berechenbarkeit« der Mathematik sind lauter inhaltliche Modalbegriffe. So sind es stets Modalbegriffe, mit denen wir unser Verständnis von der Wirklichkeit zum Ausdruck bringen, wenn wir etwas Wirkliches als zwar möglich, aber nicht notwendig bezeichnen und von etwas abheben, das zwar möglich, aber nicht wirklich ist, um wiederum anderes als unmöglich oder als notwendig zu klassifizieren – und dieses alles jenseits des rein Empirischen, denn nicht nur eine bloße Möglichkeit ist unbeobachtbar – auch eine Notwendigkeit kann nicht aus der Erfahrung abgezogen werden. Damit erweisen sich Modalbegriffe als ein unverzichtbares Element der rationalen Erfassung der Welt, und es ist nicht verwunderlich, dass sie bei Leibniz eine wichtige Stellung sowohl im Systemaufbau wie in der Deutung des Verhältnisses von Gott, Welt und Mensch einnehmen.[93]

In einem Leibnizschen Text der Mainzer Zeit, den *Elementa juris naturalis*, wird in sehr durchsichtiger Form eine Entsprechung der eben gekennzeichneten Bereiche modaler Bestimmungen zum Ausdruck gebracht. Die Entwürfe haben eine Analyse der »modalia juris« zum Gegenstand und enthalten zwei Schemata, in denen insgesamt vier verschiedene Bestimmungen des Quadrupels der Modalbegriffe möglich/notwendig /unmöglich/kontingent getroffen werden. Von ihnen sei hier die Möglichkeit herausgegriffen:

»Möglich ist,		
was sein kann	[ontologische Möglichkeit]	oder
was in irgendeinem Fall wahr ist	[logische Möglichkeit]	oder
was klar und deutlich (distincte)		
erkannt werden kann.«	[epistemische Möglichkeit]	

»*Gerecht*, *Erlaubt* ist, was einem guten Menschen zu tun möglich ist.«[94]

Die übrigen Modalitäten werden entsprechend eingeführt. – Die erste Bestimmung erfolgt durch das, was *seinsmöglich* ist. Was hier definiert wird, sind ontologische Modalitäten. Die zweite Bestimmung geschieht im Rückgang auf den Wahrheitswert bezogen auf Quantifizierungen (für einige ..., für alle ...), sie drückt aus, was *logisch* möglich ist und entspringt der bis zu Aristoteles zurückzuverfolgenden Entsprechung zwischen Modalitäten und Quantifizierungen. Drittens werden die Modalbegriffe als epistemische Modalitäten, als das, was *erkennbar* ist, durch die Weise des Erkennens definiert. Dies geschieht in einer für Leibniz charakteristischen Umdeutung des cartesischen Wahrheitskriteriums (wahr ist, was klar und deutlich erkennbar ist) zum Möglichkeitskriterium (möglich ist, was klar und deutlich erkennbar ist). Diese drei Bestimmungen sind gleichwertig nebeneinander gestellt und geben die Definitionsbasis der vierten Bestimmung, nämlich der deontischen Modalitäten des zweiten Schemas ab. Damit enthält das erste Schema die Behauptung, ontologische, logische und epistemische Modalitäten stimmten überein, denn das »oder« (sive) steht für ein logisches »gleichwie«: Dasjenige, was seinsmöglich ist, sei auch logisch möglich und erkennbar und umgekehrt. Darüber hinaus dient es zur Bestimmung des moralisch Zulässigen und Gerechten. Hier wird also ein inhaltlicher Zusammenhang zwischen den Modalitäten verschiedener Bereiche in Form einer Äquivalenz behauptet. Damit ist – zumindest für dieses Schema – Leibniz' Antwort auf die eingangs gestellte zentrale Frage wiedergegeben. Eine Begründung allerdings, gar ein Beweis der behaupteten Äquivalenz, fehlt und ist in dieser Schrift über juridische Probleme wohl unterdrückbar. Doch wird sich zeigen, dass Leibniz auch später eine derartige Entsprechung der modalen Bestimmungen vertrat, ja dass sie für seine Metaphysik von zentraler Bedeutung werden sollte.

Betrachtet man die Grundlagen, auf denen die Bestimmungen in den drei Bereichen ruhen, so stellt man fest, dass in der ersten »seinsmöglich« als undefinierter Grundbegriff vorausgesetzt werden muss. Die Basis der zweiten Bestimmung ist ein Bereich, über den quantifiziert wird. Dieser Bereich kann nicht zusammenfallen mit der Menge aller wahren Aussagen (also auch nicht mit den Aussagen über die Wirklichkeit), denn Aussagen wie »Caesar überschritt den Rubikon nicht« sind für Leibniz zwar falsch, aber möglich. Da diese Aussagen nun »in irgendeinem Fall« wahr sein sollen, muss der Bereich, über den quantifiziert wird, aus möglichen Aussagen bestehen. Die dritte Bestimmung enthält den inhaltlichen Modalbegriff »erkennbar«. Als Definitionen wären alle diese Bestimmungen unzureichend. Deshalb entwickelt Leibniz späterhin weitere Bestimmungen, die aber den gleichen Grundgedanken aufnehmen. Dies gilt sowohl für die Zusammenführung der inhaltlichen Bestimmungen als auch für die logischen Zusammenhänge zwischen den Modalbegriffen. Letztere lassen sich am Schema selbst, das hier nur für den Begriff »möglich« wiedergegeben wurde, unmittelbar ablesen. Sie kehren in allen drei Bestimmungen identisch wieder. Wählt man M für »möglich« als Grundbegriff, so lassen sie sich formal so ausdrücken:

$Ua = \neg Ma$	(*U*: Unmöglichkeit – das, was nicht möglich ist)
$Na = \neg M \neg a$	(*N*: Notwendigkeit – das, dessen Negation nicht möglich ist)
$Ka = M \neg a$	(*K*: Kontingenz – das, dessen Negation möglich ist).

Als eine weitere Implikation tritt hinzu: $a \rightarrow Ma$, was äquivalent ist mit $Na \rightarrow a$. Zusammengesetzt ergibt sich (mit a im Sinne des Bestehens oder der Wirklichkeit von a) das Modalgefälle $Na \rightarrow a \rightarrow Ma$.

Die Formen zeigen, dass es stets genügt, einen Modalbegriff eines Bereiches zu definieren, um zugleich die anderen desselben Bereiches definiert oder analysiert zu haben. Insofern sind diese logischen Zusammenhänge ein unverzichtbares Hilfsmittel – aber sie sagen nichts aus über die inhaltlichen Zusammenhänge zwischen den verschiedenen Bereichen.

Obgleich Leibniz später keine der drei eben genannten inhaltlichen Bestimmungen der Modalbegriffe zum Ausgangspunkt wählt, wird nicht nur an den im betrachteten Schema ausgesprochenen logischen Zusammenhängen festgehalten, sondern auch an dem inhaltlichen Zusammenhang, der in der Entsprechung von ontologischen, logischen und epistemischen Modalitäten wie auch in der Analogie zu den deontischen Modalitäten zum Ausdruck kommt. In groben Umrissen sei dies vorgreifend am Beispiel des Theodizee-Problems angedeutet.

Die Rechtfertigung Gottes angesichts der Übel in der Welt beruht darauf, dass Leibniz eine Unendlichkeit *möglicher* Welten annimmt, die im göttlichen Verstand existieren. Möglich sind diese Welten erstens im Sinne logischer Möglichkeit: sie sind je für sich widerspruchsfrei; zweitens im Sinne der Seinsmöglichkeit: sie könnten (je für sich) existieren, wenn Gott es wollte. Diese Vielfalt möglicher Welten steht Gott zur Wahl. Da er ein guter Gott ist – modal ausgedrückt: da er in seinem Handeln einer moralischen Notwendigkeit folgt –, kann er von diesen möglichen Welten nur die beste erschaffen haben. Also ist diese Welt – mit allen ihren Übeln – die bestmögliche. – Man sieht, wie hier durch Verbindung logischer, ontologischer und deontischer Modalitäten eine Rechtfertigung Gottes intendiert wird. Zugleich verbirgt sich hinter der Bestimmung dieser Welt als der besten möglichen Welt die These einer Entsprechung der Maxima an moralischer Qualität und an Ordnung in der Realität, denn die moralisch beste soll zugleich die geordnetste, vernünftigste Welt sein. Diese Entsprechung beruht darauf, dass derjenige, der vernunftgemäß handelt, auch moralisch gut handelt und umgekehrt. Die notwendige Voraussetzung des vernunftgemäßen – also des guten – Handelns ist aber die Erkennbarkeit sowohl der Sachlage als auch der Folgen der Handlung, also letztlich die Erkennbarkeit und Rationalität der Welt als Ganzes. Damit aber werden die deontischen Modalitäten vermittels der epistemischen mit den logischen Modalitäten verknüpft. So zeigt sich, dass Leibniz den inneren Zusammenhang zwischen den Bereichen modaler Kennzeichnungen gewahrt sehen möchte. Während nun die Beziehungen des herangezogenen Schemas keinesfalls ausreichen, eine solche Entsprechung oder Verkopplung darzulegen, ist zu prüfen, wie weit der behauptete Zusammenhang auf der Basis von Leibniz' späteren Definitionen der Modalbegriffe statthat.

Untersucht man die auf die *Elementa juris naturalis* folgenden Schriften, so kann man in ihnen immer wieder Ansätze für Definitionen der Modalbegriffe finden. Dabei rückt eine Rückführung auf Widerspruchsfreiheit ins Zentrum, um schließlich zur durchgängigen Grundlage gewählt zu werden. Dies ist bis 1686, bis zum *Discours de Métaphysique*, abgeschlossen.

Nun gilt es, den Begriff »Widerspruchsfreiheit« im Hinblick auf eine Definition der Modalbegriffe so zu fixieren, dass er strengeren Anforderungen genügt. Auch dieser Definitionsansatz ist nicht neu, sondern eine Aufnahme des possibile logicum von Duns Scotus, das sich der Sache nach mindestens schon bei Thomas von Aquin findet. Dort bleibt der Begriff des Widerspruchs weitgehend auf sich inhaltlich Widersprechendes bezogen, so etwa in Thomas' Beispiel für einen Widerspruch: »Ein Mann ist ein Esel«.[95] Damit entbehrt jedoch die Kennzeichnung durch Widerspruchsfreiheit der Schärfe und Nachprüfbarkeit. Sucht man nun nach einer genaueren Bestimmung der Modalbegriffe durch Leibniz, so wird man in den Schriften zur Metaphysik wenig Erfolg haben. Dort werden Modalbegriffe zumeist vorausgesetzt, um den weiteren Aufbau, beispielsweise die Unterscheidung von Vernunft- und Tatsachenwahrheiten, die Rechtfertigung Gottes in der Theodizee, die Kritik am ontologischen Gottesbeweis und vieles mehr mit ihnen und durch sie zu leisten: Das ist bereits im *Discours de Métaphysique* so. Doch in den gleichzeitig entstandenen *Generales Inquisitiones* findet man eine ausführliche Untersuchung der Modalbegriffe – und insbesondere die gesuchte Präzisierung der Widerspruchsfreiheit. In diesem Werk definiert Leibniz:

$a \wedge \neg a$ ist der Widerspruch	(›*A nicht-A* ist der Widerspruch‹)
Ma genau dann, wenn gilt:	
a enthält keinen Widerspruch	(›*Möglich* ist, was keinen Widerspruch oder *A nicht-A* enthält‹)[96]

Dabei kann *a* ein Begriff oder auch eine Aussage sein. Die Definitionen zeigen, dass wir es mit logischen Modalbegriffen zu tun haben. Sie sind es, die von Leibniz zum Ausgangspunkt gewählt werden. Doch um diese Bestimmung in vollem Umfang verstehen zu können, muss man nicht nur wissen, was mit »Widerspruch« gemeint ist, sondern ebenso, wie er in etwas enthalten sein kann. Das aber ist durch Leibnizens Auffassung von der Struktur der Begriffe und ihrer Zusammensetzung aus absolut einfachen Begriffen gegeben. So lässt sich eine befriedigende und konsistente Bestimmung der Möglichkeit und Unmöglichkeit von *Begriffen* wie auch der Möglichkeit und Unmöglichkeit, Notwendigkeit und Kontingenz von *Aussagen* vornehmen, wobei Leibniz die dargestellten logischen Abhängigkeiten zugrunde legt.

Wenden wir uns jetzt dem Zusammenhang zu, in dem die so bestimmten logischen zu den ontologischen Modalitäten stehen. Er eröffnet sich, wenn man beachtet, dass die auf Widerspruchsfreiheit basierenden logischen Modalbegriffe die Grundlage der Konstruktion der möglichen Welten darstellen. Diese kann man als möglichst umfassende Mengen von *kompossiblen*, nämlich logisch widerspruchsfrei miteinander verträglichen Aussagen auffassen. »Es ist mein Prinzip«, schreibt Leibniz schon 1676, »dass das, was existieren kann und mit dem übrigen verträglich ist, existiert.«[97] Der Begriff der Kompossibilität erlaubt es, über Einzelbegriffe und Einzelaussagen hinauszugehen und die logische Widerspruchsfreiheit auf das Zusammenbestehen von Begriffs- und Aussagenmengen schlechthin auszudehnen.

Eine dieser kompossiblen Mengen, dieser möglichen Welten – und zwar die beste – wird von Gott verwirklicht. Damit wird im Schöpfungsakt eine Verbindung zwischen logischen und ontologischen Modalitäten sichtbar: Eine Aussage, die widerspruchsfrei, also logisch möglich ist, muss zugleich seinsmöglich sein, weil ihr Gültigkeit in mindestens einer möglichen Welt zukommt, die ihrerseits seinsmöglich ist, weil Gott sie hätte verwirklichen können. Leibniz begründet dieses mit dem Hinweis, Gott hätte sie realisieren können, weil seine Allmacht alles vermag, was »keine contradictionem implicieret«[98]. Doch dass die logisch möglichen zugleich verwirklichungsfähige Welten sind, gründet bei Leibniz letztlich darin, dass er bereits die Logik nicht von der Ontologie ablöst, wie sich dies schon am Prinzip des Widerspruchs zeigte und dort für Identitäten vorausgesetzt wurde. So ist auch alles logisch Mögliche zugleich ontologisch möglich. Diese Auffassung findet ihren Niederschlag in der These »Alles Mögliche strebt nach Existenz«[99], die ein bildhafter Ausdruck des inhaltlichen Zusammenhangs zwischen logischer und ontologischer Bestimmung der Modalbegriffe ist.

Damit sind die zentralen Fragen erstens nach dem Bestimmungsgrund und zweitens nach dem inhaltlichen Zusammenhang modaler Kennzeichnungen für die logischen und ontologischen Modalbegriffe innerhalb des Leibnizschen Gedankengebäudes beantwortet. Wie aber sollen epistemische Modalitäten angesetzt werden? Hier bietet es sich an, diejenigen Aussagen epistemisch-notwendig zu nennen, die im Sinne einer demonstratio beweisbar sind, denn damit wird ein weiteres Definitionsschema der *Generales Inquisitiones* getroffen:

> N_b *a* genau dann wenn *a* ist beweisbar[100] (mit N_b für eine Notwendigkeit im Sinne der Beweisbarkeit durch eine demonstratio).

Der inhaltliche Modalbegriff »beweisbar« hat dabei, wie schon erwähnt, den ganz präzisen Sinn, dass es ein endliches logisches Schlussverfahren gibt, das eine Rückführung der Aussage *a* auf Identitäten leistet, oder aber, was logisch äquivalent ist und von Leibniz gleich hinzugefügt wird, eine Rückführung der Negation der Aussage auf eine Kontradiktion (ebenfalls in endlich vielen Schritten). Alles, was in diesem Sinne beweisbar ist, ist als notwendig erkennbar. So ist es gerechtfertigt, in der Begründung auf Beweisbarkeit eine Präzisierung der epistemischen Modalitäten zu sehen.

Insbesondere folgt aus der Beweisbarkeit einer Aussage ihre Notwendigkeit im Sinne einer Begründung durch Widerspruchsfreiheit und umgekehrt:

$$N_b a \Leftrightarrow Na$$

Leibniz betont das mehrfach und sagt ausgehend von logischen Modalitäten, auf deren Definition in der *Théodicée* hingewiesen wird, in der *Monadologie*: »Wenn eine Aussage notwendig [i. S. der logischen Modalitäten] ist, so kann man ihren Grund durch

Analyse finden, indem man sie auflöst, [...] bis man zu den Grundwahrheiten gelangt. [...] Dieses sind die identischen Aussagen.«[101] Damit ist vertieft, was im Zusammenhang mit dem Prinzip des Widerspruchs schon gesagt wurde: Den aufgrund dieses Prinzips beweisbaren Aussagen, den Vernunftwahrheiten – und nur ihnen – kommt absolute Notwendigkeit zu.

Logik, Ontologie und Erkenntnis sind so bei Leibniz zu einer Grundlage verwoben, die das Gebäude seiner Metaphysik zu tragen vermag.

Möglichkeit und Existenz Gottes

Leibniz hat mehrfach Gottesbeweise skizziert. Welchen Gebrauch er dabei von den Modalbegriffen macht, zeigt seine Weiterführung des ontologischen, rein begrifflichen Gottesbeweises Descartes': Nach Leibniz' Auffassung könnte nämlich von Gottes Vollkommenheit nur dann auf seine Existenz geschlossen werden, wenn die Widerspruchsfreiheit und damit die Möglichkeit des Gottesbegriffs als »vollkommenstes Wesen« bewiesen ist. Er geht deshalb modaltheoretisch vor und spricht von Gott als »notwendigem Wesen«, das allein das Vorrecht besitzen müsse, »zu existieren, wenn es möglich ist«[102]: Aus der Möglichkeit eines notwendigen Wesens, das ja »keine Schranken, keine Verneinung und infolgedessen keinen Widerspruch einschließt«, soll sich also dessen Existenz folgern lassen. Diese Argumentation ist immer wieder als Leibniz' ontologischer Gottesbeweis verstanden worden; doch genügt das für einen Gottesbeweis, wenn man bedenkt, dass Leibniz, der Erfinder der Infinitesimalrechnung, der formalen Logik und der Modallogik, sehr hohe Anforderungen an einen Beweis stellt? Wohl kaum – es handelt sich eher um eine Beweisskizze, denn ein Beweis würde nur gelingen, wenn man »Gott« innerhalb der Leibniz'schen Begriffstheorie und Logik beispielsweise durch alle absolut einfachen, eine Vollkommenheit ausdrückenden Prädikate definiert, diese in ihrer Quantität ins Unendliche steigert und sowohl die Widerspruchsfreiheit solcher Maximalbegriffe als auch deren widerspruchsfreie Kombinierbarkeit zeigt; beides aber bleibt offen. Nun könnte man nach Kants Kritik aller Gottesbeweise derartige Ansätze als bloßes historisches Faktum stehen lassen, wenn nicht Kurt Gödel, einer der größten Logiker des 20. Jahrhunderts, einen an Leibniz anschließenden, überaus komplexen Gottesbeweis hinterlassen hätte,[103] der formal widerspruchsfrei ist; doch wie schon bei Leibniz lässt er uns mit der Frage zurück, ob mit den formalen Voraussetzungen das getroffen wird, was unter »Gott« verstanden wird. So bleibt der Gedankengang Leibnizens aufschlussreich, zeigt er doch die enge Verflechtung logischer, modal- wie begriffstheoretischer und metaphysischer Fragestellungen.

Mögliche Welten und wirkliche Welt

Mit dem Begriff der möglichen Welten hat Leibniz eine Öffnung des geistigen Horizonts ermöglicht, die bis heute nachwirkt, geht es doch nicht um diese oder jene kleine Variante in unserm Handeln, sondern um eine Perspektive, in der – in Welten geordnet – ganze Strukturen von der Naturgesetzlichkeit über Formen des Materiellen und des Lebens bis hin zu Geschichtsverläufen und Sozialstrukturen zum Gegenstand gemacht werden. Doch was ist eine mögliche Welt?

Mögliche Welten, so wurde schon angedeutet, stehen Gott zur Wahl. In den *Essais de Théodicée* erscheint der Begriff umgangssprachlich und an ein intuitives Verständnis appellierend.

Tatsächlich aber hat Leibniz hierfür eine ganz präzise Bestimmung. Zunächst sei daran erinnert, dass alle Begriffe logisch-kombinatorisch aus einfachen Begriffen aufgebaut sind. Betrachtet man nun alle durch Verknüpfung dieser Begriffe überhaupt möglichen widerspruchsfreien Aussagen, so lassen sich jeweils diejenigen Aussagen in Mengen zusammenfassen, die untereinander kompossibel sind. Wenn diese Mengen maximal sind, nämlich dergestalt, dass keine weitere Aussage hinzugenommen werden kann, ohne dass die Kompossibilität verletzt wird, so enthält jede solche Menge *alle* Aussagen, die jeweils ohne Auftreten eines Widerspruchs zugleich wahr sein können. Nun sind alle Vernunftwahrheiten miteinander und mit jeder kontingenten Aussage, ob sie nun wahr oder falsch ist, verträglich; deshalb sind die Vernunftwahrheiten in jeder der so gebildeten Menge enthalten. Diese allein auf das Prinzip des Widerspruchs gegründeten, rein begriffstheoretisch gewonnenen maximal konsistenten Mengen sind es, die Leibniz *mögliche Welten* nennt.[104]

Sicherlich sind unter den so gewonnenen Welten recht chaotische Gebilde. Leibniz schließt solche Gebilde von vornherein aus, vielmehr »steht in jeder möglichen Welt alles miteinander in Verbindung«[105]. Doch wenn man nur diejenigen betrachtet, die in sich geordnet sind und insofern in ihren Abläufen dem Prinzip des zureichenden Grundes genügen (man denke an Welten, die andere Naturgesetze haben – was Leibniz in Erwägung zieht – oder genau dieselben Naturgesetze wie die unsere, aber, wie er sich bildhaft ausdrückt, »einen anderen Adam«), so ergeben sich im Reiche der Ideen diejenigen möglichen Weltläufe, die Gott als Kandidaten für die Schöpfung zur engeren Wahl stehen. In solchen geordneten Weltläufen hängt alles mit allem zusammen. Insbesondere ist jedes Einzelschicksal eines jeden Individuums mit jedem anderen Einzelschicksal von vornherein – aus logischen Gründen – abgestimmt: Ein bestimmtes mögliches Individuum mit all seinen Eigenschaften und Handlungen gehört also genau einer bestimmten möglichen Welt an. Hätte es nur ein Haar weniger, müsste die ganze Welt in unendlich vielen Punkten anders beschaffen sein. Dieses Aufeinander-Abgestimmtsein aller Individuen – nicht nur der Menschen, sondern auch der Tiere, Pflanzen, mikroskopisch kleinen Lebewesen, möglicherweise Engel oder anderer Wesen – ist Grundlage der Leibnizschen prästabilierten Harmonie, die damit ebenfalls eine begriffstheoretische Fundierung besitzt.

All dies sind Überlegungen, die sich auf den Raum der Möglichkeiten beziehen. Aber wie gelangt Leibniz von dort zur wirklichen Welt, wie ordnet er den göttlichen Schöpferakt ein, von dem bislang nur gesagt wurde, er folge dem Prinzip des Besten? Dieses Prinzip bestimmt die Wahl, nicht das Schöpfungshandeln. Es geht also, modal ausgedrückt, um den Weg von der Möglichkeit zur Wirklichkeit. Während dem Reich der Ideen als Reich der Möglichkeiten nur Essentia, Wesenheiten, angehören, unter denen es weder Raum noch Zeit noch Bewegung noch Kausalität noch Kraft gibt, muss all dieses im Schöpfungsakt hinzutreten.

Leibniz zeichnet zwei Wege auf, um hier eine Lösung für den Brückenschlag vom Reich der Ideen zur Monadenwelt und zur raum-zeitlichen Welt der Phänomene zu entwickeln. Der erste besteht darin, schon den Ideen und damit den Möglichkeiten eine Kraft zuzuschreiben, aus der sich eine *Ideendynamik* ergibt. Hier wird den Möglichkeiten eine Aktivität zugesprochen. Leibniz schreibt: »*Alles Mögliche strebt nach Existenz* und existiert daher, wenn nicht etwas, das auch nach Existenz strebt, es daran hindert, weil es mit dem ersteren unverträglich ist«. Dies bezeichnet er als »allgemeinen Wesens- oder Möglichkeitsgrund«[106].

Er prägt den Ausdruck »existiturire« im Sinne von »nach Existenz streben« als eine Art Druck der logischen Möglichkeiten, verwirklicht zu werden, und beschreibt Möglichkeiten als etwas, das sich dank eines »conatus« auf dem Weg von der logischen Möglichkeit zur Wirklichkeit befindet; oder auch als etwas mit dem Drang zu existieren, und zwar in Übereinstimmung mit dem jeweiligen Grad von Vollkommenheit (*perfectio*) im Sinne des Prinzips des Besten.[107] Damit spricht er der logischen Möglichkeit eine Art von *entelecheia* als zielgerichtete vorantreibende innewohnende Kraft im aristotelischen Sinne zu, welche die Elemente des Reichs der Ideen als Möglichkeiten zu existierenden aktiven substantiellen Formen vorantreibt.

Der zweite Weg stützt sich darauf, dass Ideen niemals von sich aus tätig sind. Er verwirft also die Identifikation logischer Möglichkeit mit entelechialer, zielgerichteter Potentialität. Spinoza kritisierend, notiert Leibniz: »Ideen handeln nicht. Der Geist handelt.«[108] Ähnliche Bemerkungen finden sich bei Leibniz mehrfach. So schreibt er zwei Jahrzehnte später an de Volder: »Eine Idee ist sozusagen etwas Totes und in sich Unveränderliches wie die Form, während die Seele etwas Lebendiges und Aktives ist, und in diesem Sinne sage ich nicht, dass es eine Idee ist, die von sich aus zur Veränderung strebt.«[109] Die gesuchte Aktivität beruht also nicht auf der Idee, sondern auf dem Geist, und das bedeutet bezüglich möglicher Welten, auf dem Geist Gottes: »Der göttliche Geist ist die Ursache der Welt.«[110] Das Drängen der Möglichkeiten nach Existenz kann man dann deuten als eine Sicht, in der sich Gott, wie wir uns umgangssprachlich auszudrücken pflegen, das Beste als das zu Wählende »aufdrängt«, obwohl es gerade nicht die Möglichkeiten sind, die da drängeln. Diese zweite Lösung erlaubt es, eine ursprüngliche göttliche Kraft als dasjenige anzunehmen, was zur reinen Ideenwelt hinzutritt, um sowohl in der Monadenwelt als auch in der raum-zeitlichen Natur als Dynamik in Erscheinung zu treten.

Das Prinzip des zureichenden Grundes regiert die Tatsachenwahrheiten, es gilt mithin in dieser Welt. Das Prinzip selbst wie auch alle Tatsachenwahrheiten sind nicht absolut notwendig, sondern kontingent, weil ihre Negation keinen logischen Widerspruch impliziert. Das scheint nun mit der analytischen Wahrheitstheorie schwer verträglich. Zugleich mag man fragen, ob nicht gerade die kausalgesetzliche Ordnung der Natur wiederum Notwendigkeit erzwingt. Und schließlich kann man fragen, ob Gott gemäß seinem Wesen, nur das Beste zu wollen und zu schaffen, denn notwendigerweise genau diese und keine andere Welt habe schaffen müssen, so dass der Kontingenzbegriff fehl am Platz sei. Leibniz sieht all dieses sehr wohl. Um den Einwänden zu begegnen, führt er einen weiteren Notwendigkeitsbegriff ein, den der *hypothetischen Notwendigkeit.*[111] Dieser gilt für alle Tatsachenwahrheiten, und zwar – wie das Prinzip des zureichenden Grundes – auf verschiedenen Ebenen und auf verschiedene Weise. Am deutlichsten wird dies bei einem Weg von Gott zur Welt: Gott wählt die beste Welt unter Voraussetzung des kontingenten Prinzips des Besten. Dieses bildet eine nicht-logische Voraussetzung. Insofern hat jede göttliche Wahl und mit ihr jedes Element der göttlichen Schöpfung eine Wenn-Klausel, eine Hypothese (eben die des Besten) zur Voraussetzung. Dadurch entsteht jedoch keine logische, sondern eine *physische Notwendigkeit*, die selbst in einer *moralischen Notwendigkeit* gründet, weil sie »auf der Wahl des Weisen« beruht.[112] So verwendet Leibniz alle drei Bezeichnungen – hypothetische, physische und moralische Notwendigkeit – nebeneinander zur Kennzeichnung einer Tatsachenwahrheit. Doch neben dieser terminologischen Übereinstimmung kommt der Bezeichnung als hypothetische Notwendigkeit ein ganz fachtechnischer Sinn zu, denn wenn Menschen eine Tatsachenwahrheit zu begründen suchen, so kann ein Beweis im Sinne einer logischen demonstratio nicht gelingen, weil die unendlichen Begriffsketten für den menschlichen Geist nicht zu überschauen sind. Vielmehr muss die Argumentation an irgendeiner Stelle die begriffliche Analyse beenden und direkt auf Erfahrungstatsachen verweisen. Damit wird dieses Erfahrungselement zur A-posteriori-Hypothese der begrifflichen Begründung.

Dasselbe wiederholt sich, wenn es um Naturgesetze geht. Es muss sie geben, weil die Welt sonst für Gott nicht für seine Wahl in Betracht käme. Sie stiften die Ordnung in der geschaffenen Welt. Dennoch sind sie kontingent, denn es könnte auch Weltläufe mit anderen Gesetzen geben: »Tatsächlich könnte man sich durchaus eine solche mögliche Welt vorstellen, in der die ruhende Materie der bewegenden ohne jeden Widerstand nachgäbe, aber sie würde ein reines Chaos sein.«[113] Die von Gott gewählte naturgesetzliche Ordnung beruht deshalb ebenfalls auf der Hypothese des Besten. Wenn nun in den Wissenschaften ein Naturgesetz gesucht wird, so lässt sich dieses nicht begrifflich begründen, vielmehr stellt es eine empirische Generalisierung mit Hypothesenstatus dar, die an Vorhersagen geprüft werden muss.[114] Wo es dennoch möglich sein könnte – etwa beim Gesetz vom kürzesten optischen Weg eines Lichtstrahls, beim Trägheitsgesetz oder beim Gesetz »actio gleich reactio« – gelingt dies, wie Leibniz betont, nicht innerhalb der Naturwissenschaft, sondern in der Metaphysik und überdies nur, soweit es möglich ist, die naturgesetzlich etablierte Ordnung als ein Optimum zu erweisen, also auf das Prinzip des Besten zu gründen. Das bedeutet aber, von einer kausalen Begründung und deren methodologischer Absicherung im Rahmen der Erfahrungserkenntnis überzuwechseln in den Raum der Metaphysik und eine Finalerklärung heranzuziehen. Auch hier kommt also die doppelte Gestalt des Prinzips des zureichenden Grundes und seine Geltung sowohl für das Reich der Kausalursachen als auch für das Reich der Finalgründe ins Spiel. Da aber die Methodologie im Reich des Kausalen das menschliche Handeln und Erkennen, im Reich der Finalgründe das göttliche Handeln und Erkennen betrifft, findet sich auch an dieser Stelle die Engführung ontologischer und epistemischer Modalitäten, von der Leibniz ausgegangen war. Dass ihm hierbei letztlich keine befriedigende Lösung zu gelingen vermag, ist kaum verwunderlich, doch wird man sein Vorgehen als Beleg für eine Suche nach einer möglichst weit ausgreifenden geschlossenen Erfassung von Gott, Mensch und Welt im Horizont der Modalität sehen dürfen.

Raum und Zeit als Ordnungsstruktur der Möglichkeiten

Die naturgesetzliche Welt ist nicht vorstellbar ohne Raum und Zeit. Sie sind hier abzuhandeln – in Zusammenhang mit den Modalitäten und im Blick auf die wirkliche Welt, denn Leibniz versteht sie als Ordnungsstrukturen unter dem Möglichkeitsgesichtspunkt. Zugleich geht es dabei um eine fundamentale metaphysische Differenz zwischen Leibniz und Newton, die heute zumeist in Vergessenheit geraten ist. Gegen Newtons Vorstellung eines absoluten Raumes und einer absoluten Zeit setzt Leibniz das ganz andere Bild eines relativen Raumes und einer relativen Zeit. Im dritten Schreiben an Clarke heißt es:

»Ich habe mehrfach betont, dass ich den Raum ebenso wie die Zeit für etwas rein Relatives halte; für eine Ordnung der Existenzen im Beisammensein, wie die Zeit eine Ordnung des Nacheinander ist. Denn der Raum bezeichnet unter dem Gesichtspunkt der Möglichkeit eine Ordnung der gleichzeitigen Dinge, insofern sie zusammen existieren, ohne über ihre besondere Art des Daseins etwas zu bestimmen. Wenn man mehrere Dinge zusammen sieht, so wird man sich dieser Ordnung der Dinge untereinander bewusst.«[115]

Leibnizens wie Newtons Vorstellungen von Raum und Zeit sind eingebettet in eine lange Tradition, die angedeutet werden muss, um verständlich zu machen, wieso die Leibniz-Newton-Kontroverse zu Beginn des 18. Jahrhunderts solche Wellen schlug. In dieser Tradition wurden stets physikalische, philosophische und theologische Vorstellungen miteinander verwoben – von der antiken Atomistik, wonach die Körper einen Ort im leeren Raum haben (eine Sicht, die ihre Fortsetzung bei Hobbes und Gassendi findet), über die platonistische Tradition einer Geometrisierung des Raumes unter Bezugnahme auf Ideen bis zu einer aristotelischen Tradition, der zufolge Raum und Zeit kontinuierliche Quantitäten sind, nämlich der Ausdehnung der Körper, deren Bewegung letztlich einem unbewegten Beweger außerhalb dieses Raumes zu danken ist. Raum ist in dieser letzten Auffassung Akzidenz, aber nicht Substanz. Descartes jedoch hatte die Ausdehnung als res extensa zur Substanz erhoben. Zugleich wird der Raum, den Aristoteles als endlich begriff, über eine tastende Erweiterung des Endlichkeitsbegriffes im Sinne einer »Unermesslichkeit«, »Grenzenlosigkeit«, »Unerschöpflichkeit« schließlich zu einem aktual unendlichen Raum, ein Prädikat, das seit Aristoteles als aktuale Unendlichkeit Gott vorbehalten war. Der Raum hat aber noch weitere Eigenschaften, die ihn deutlich von den Dingen in ihm unterscheiden und die in der Tradition für die Charakterisierung Gottes Verwendung fanden: Er ist überall, er ist unteilbar, er ist ein Ganzes und unzerstörbar. In genau diesem Sinne wird er von dem englischen Mystiker Henry More in der zweiten Hälfte des 17. Jahrhunderts für *absolut* und in hervorragender Weise für göttlich gehalten.[116]

Leibniz kannte die Auffassung Mores und hat sie abgelehnt, Newton hingegen folgte ihr. Zwar wollte Newton Physik und Metaphysik voneinander getrennt wissen, doch bezüglich Raum und Zeit geschah dies keineswegs, denn um Physik treiben zu können, müsse man von den sinnlich gegebenen relativen Räumen abstrahieren und zum absoluten als dem »wahren Raum« übergehen.[117] Dass hierbei auch theologische Gründe eine Rolle spielen, zeigt das berühmte, gegen Leibniz und Berkeley gerichtete *Scholium Generale* der zweiten Auflage der *Principia* von 1713: »Gott ist ewig und unendlich, allmächtig und allwissend [...]. Er ist weder die Ewigkeit noch die Unendlichkeit, aber er ist ewig und unendlich; er ist weder die Dauer noch der Raum, aber er währt fort und ist überall gegenwärtig, er existiert stets und überall, er macht den Raum und die Dauer aus.«[118] Raum und Zeit sind also Attribute Gottes! In Gott, fährt Newton fort, »sind alle Dinge enthalten und bewegen sich in ihm«. Nun wird verständlich, wieso Newton dazu gelangt, den Raum gar als »Sensorium Gottes« zu bezeichnen.[119] Damit ist der zentrale Punkt erreicht, an dem Leibniz' Kritik ansetzt.

Leibniz nimmt in seiner Definition auf Möglichkeit Bezug, denn: »Raum und Zeit zusammengenommen machen die Ordnung der Möglichkeiten eines ganzen Universums aus, derart, dass sich diese Ordnungen nicht nur auf das tatsächlich Bestehende, sondern auch auf alles, was an seine Stelle gesetzt werden könnte, beziehen.«[120] Als Möglichkeiten gehören diese Ordnungen »dem Bereich der Möglichkeiten und der ewigen Wahrheiten an«[121]. Eine solche Ordnung ist aber »eine bloß ideale Möglichkeit«[122], die – wie alle Vernunftwahrheiten – allen möglichen Welten angehört. Damit ist jedoch keinesfalls eine Weltschachtel im Newtonschen Sinne bezeichnet, in die Gott die

Dinge in der Schöpfung hineinsetzt, denn Raum und Zeit bestehen für Leibniz nicht unabhängig von den Dingen. Ihre Idealität gründet sich vielmehr darauf, dass sie als Relationsgefüge aufzufassen sind, das »zwischen den Inhalten in Raum und Zeit zu denken ist«[123]. Dessen Gesetze gelten mit absoluter Notwendigkeit, aber deshalb ist weder der Raum absolut noch existiert er unabhängig von den Dingen. Was existiert, sind allein die Dinge mit ihren Relationen zueinander. Leibniz benutzt einen eindringlichen Vergleich: Die Linien eines Stammbaumes, etwa die Vater-Sohn-Beziehung, drücken durchaus reale Wahrheiten aus, die Beziehungen aber sind etwas Ideales, real sind allein die Menschen, die in solchen Beziehungen stehen.

Tatsächlich wurzelt Leibniz' Überzeugung von der Idealität von Raum und Zeit noch viel tiefer in seiner Metaphysik. Schon früh kritisiert er Descartes' Substantialisierung der Ausdehnung, denn wenn Ausdehnung die einzige Eigenschaft der Dinge wäre, auf die alle anderen zurückführbar wären, wäre die Ausdehnung nicht feststellbar: Wir brauchen dazu Markierungen, deren Eigenschaften gerade nicht wieder nur in Ausgedehntheit bestehen. Vielmehr muss es etwas Ausgedehntes geben, auf das dabei Bezug genommen wird. Um eine Substanz kann es sich aber auch beim Ausgedehnten schon deshalb nicht handeln, weil raumzeitliche Dinge bis ins Unendliche teilbar sind. So greift die Begründung des Leibnizschen Verständnisses von Raum und Zeit weit über die Grenzen der Physik hinaus.

Nachdem Leibniz seinen relativen Raum- und Zeitbegriff eingeführt hat, trägt er als zentrales Argument gegen Newtons These vor, dessen Auffassung müsse zwangsläufig das Prinzip vom zureichenden Grund verletzen:

»Der Raum ist etwas durchaus Gleichförmiges [...], damit ist jeder seiner Punkte von einem beliebigen anderen Punkt in nichts verschieden. Folglich lässt sich, unter der Voraussetzung, dass der Raum etwas an sich selbst, dass er also mehr als bloße Ordnung der Körper untereinander ist, unmöglich ein Grund dafür angeben, weshalb Gott die Körper – die Beibehaltung ihrer Abstände und gegenseitigen Lagebeziehungen vorausgesetzt – gerade an diese bestimmte Raumstelle und nicht an eine andere gesetzt hat; warum etwa nicht alles durch einen Umtausch von Osten und Westen umgekehrt angeordnet worden ist.«[124]

Unter Voraussetzung des absoluten Raumes gäbe es also für Gott gar keinen Grund, das Universum an dieser und nicht an irgendeiner anderen Stelle der Weltschachtel geschaffen zu haben, Gott würde also etwas Grundloses, Willkürliches tun. Analoges gilt für die Zeit.[125]

Clarke versucht diesem Einwand zu begegnen, indem er zwar das Prinzip des zureichenden Grundes, wie Leibniz gereizt anmerkt, verbaliter anerkennt, aber doch zugleich zurücknimmt, indem er all solche Fälle wie den hier in Frage stehenden ausklammert, weil es hier keine Gründe geben könne. Leibniz beharrt auf seinem Prinzip als einem ausnahmslos in dieser Welt gültigen Prinzip, und zwar aus zwei Motiven: Das erste ist theologischer Natur. Ein Gott, der in seiner Schöpfung etwas dem Zufall oder der Willkür anheim gibt, ist kein allmächtiger und allgütiger Gott. Das zweite Motiv weist auf Kant voraus: Würden wir nicht die durchgängige Gültigkeit des Prinzips des zureichenden Grundes annehmen, wäre die Welt der menschlichen Vernunft unzugänglich.

Das Prinzip des zureichenden Grundes wird nun nicht verletzt, wenn statt vom absoluten Raum und von der absoluten Zeit von Ordnungsrelationen ausgegangen wird. Der Unterschied zwischen einer Schöpfung an dieser oder an irgendeiner anderen Stelle ist im relativen Gefüge nur scheinbar. Dasselbe gilt auch, wenn man eine spiegelbildliche Welt mit der bestehenden vergleicht: Beide sind immanent ununterscheidbar; was aber ununterscheidbar ist, ist nach dem Prinzip der Identität des Ununterscheidbaren identisch, darum sei »die Frage, warum ein Zustand dem anderen vorgezogen wurde, ganz unstatthaft«[126].

Wenn Leibniz das Prinzip der Identität des Ununterscheidbaren heranzieht, so verbindet er die erkenntnistheoretische Überlegung, dass Bedingung der Möglichkeit der Erkenntnis von etwas die Unterscheidbarkeit ist, mit der metaphysisch begründeten Überzeugung, dass es zwei völlig gleiche oder vollkommen symmetrische Gegenstände in dieser Welt nicht geben kann, weil Gott sonst keinen Grund gehabt hätte, den einen Gegenstand hier und den anderen dort zu schaffen. So verbinden sich im Argument gegen die Absolutheit von Raum und Zeit metaphysische und erkenntnistheoretische Erwägungen.

Ein zweiter Kritikpunkt führt in die Substanzmetaphysik. Leibniz hatte sich gegen die cartesische Substantialisierung der Ausdehnung zur res cogitans ebenso gewandt wie gegen Spinozas Auffassung der Ausdehnung und damit des Raumes als Attribut Gottes. Gerade diese Auffassung sieht er aber bei Newton wiederkehren, nur mit dem Unterschied, dass an die Stelle des überall erfüllten Raumes Descartes' und Spinozas der absolute Raum als leerer Raum getreten ist. Doch wenn der Raum Attribut oder Eigenschaft wäre, müsste er Attribut einer Substanz sein. Der leere Raum wäre dann aber Attribut ohne Subjekt. Noch schlimmer würde es, wenn der Raum als absolut und bestehend, also selbst als Substanz aufgefasst würde: »Er wäre dann substantieller als die Substanzen selber. Gott kann ihn dann weder zerstören noch im geringsten ändern.«[127] All diese Schwierigkeiten verschwinden jedoch, wenn stattdessen von Relationen gesprochen wird. Deren Idealität erlaubt darüber hinaus, sie in Raum- und Zeitkoordinaten als Struktur aller möglichen Welten zu sehen.

Leibniz vertieft dies durch eine Reflexion auf Bedingungen der Möglichkeit der Beobachtbarkeit, denn beobachtbar ist nur immer der relative Bezug. Auch das hat Konsequenzen, die bis in theologische Streitfragen hinein reichen; denn wenn alle Bewegungen nur als Relativbewegungen beobachtbar sind, so ist man berechtigt, *jede* Beschreibung zu wählen, aus der eben diese Relativbewegung als Phänomen hervorgeht. Das bedeutet aber, dass die theologischen Kontroversen um die »Kopernikanische Hypothese [...] gänzlich verschwinden«[128], denn allein aufgrund der Einfachheit geben wir einer Hypothese der Darstellung dieser Relativbewegung vor einer anderen den Vorzug.[129] Genau diesen Vorschlag hat Leibniz in Rom unterbreitet – wenngleich mit wenig Erfolg. Doch macht sein Bemühen darauf aufmerksam, wie unzulässig es wäre, Leibnizens naturwissenschaftliche Theorien von seinem übrigen Denken und in diesem Falle sogar von seinen politischen Bemühungen um eine Reunion der Konfessionen abzulösen.

Wunder

Zwei weitere Probleme der Leibnizschen Konzeption dieser Welt als der bestmöglichen bedürfen der Erwähnung. In der besten Welt ist alles naturgesetzlich geordnet, alles ist im Bereich der raum-zeitlichen, phänomenalen Welt durchgängig kausal determiniert. Wieso ist dennoch Freiheit möglich? Und: Sind also Wunder als göttliche Eingriffe in den Weltlauf ausgeschlossen? Die erste Frage soll in Zusammenhang mit der Theodizee behandelt werden, die zweite rührt im Verständnis des 17. Jahrhunderts an die Grundfesten eines christlichen Weltbildes. Entsprechend kritisch wurde sie vor allem in der Auseinandersetzung mit dem Deismus diskutiert, der die Auffassung vertrat,

Gott habe die Welt durchgeplant und dann entsprechend diesem Plan geschaffen, ohne späterhin noch in sie einzugreifen. Diese Sicht galt den Theisten als völlig untragbar, ketzerisch und atheistisch, weil damit kein persönlicher Gott, der im Gebet angerufen wird, den Lauf der Welt zu verändern vermöchte.

In dieser Kontroverse sucht Leibniz einen mittleren Weg, der aus drei Elementen besteht. Zum einen darf man Gottes Wahl der Welt nicht als etwas der Schöpfung zeitlich Vorausgehendes begreifen, denn zeitliche Relationen im Sinne einer Zeitabfolge gibt es nur innerhalb der geschaffenen Welt; der Weltplan und seine Wahl liegen allein systematisch und im Begründungszusammenhang »vor« der Verwirklichung in der Schöpfung. Zum zweiten sind die uns bekannten Naturgesetze nur Hypothesen; dahinter liegen viel allgemeinere, uns zumeist unbekannte Gesetze, so dass ein sogenanntes Wunder möglicherweise gegen unsere Hypothesen, nicht aber gegen jene allgemeinsten Gesetze verstößt. Wunder im engen Sinne der Verletzung der Kausalität weist Leibniz gänzlich zurück, vielmehr ist das eigentliche Wunder die Existenz und Fortexistenz der Welt. Mit dem Gedanken der Fortexistenz im Sinne einer fortdauernden Schöpfung Gottes, einer creatio continua, für die Leibniz vielfach eintritt, ist bereits der Ausgangspunkt des Deismus verlassen. Doch Leibniz muss noch ein Drittes ergänzen: Gott, der alles vorhersieht, hat auch die Gebete vorhergesehen; darum ist sein Eingreifen als Gnade und ohne Verletzung der allgemeinsten Naturgesetze bereits Bestandteil der besten Welt im Weltplan als mögliche Welt.

Uns mag eine solche Argumentation fremd geworden sein, doch für Leibniz' Zeitgenossen besaß seine Sicht eine große Überzeugungskraft, weil sie das so erfolgreiche kausale Verständnis der Natur mit christlichen Glaubensinhalten zu versöhnen vermochte.

Diese ausgleichend-verbindende Weise ist ein Kennzeichen des Leibnizschen Denkens, erlaubte sie ihm doch, auch in Irrtümern und Kontroversen nach dem »Goldkorn« der Wahrheit zu suchen.

Erkenntnis und Sprache

Nur um den Preis eines Übersteigens einer menschlichen Perspektive gelingt Leibniz eine Darstellung möglicher Welten: Angesichts der Grundlegung im Reich der Ideen erscheinen sie in einer göttlichen Außensicht. Um diese zu rechtfertigen, bedarf es eines genaueren Eingehens auf die menschliche Erkenntnis, auf ihre Gewinnung, Begründung und Reichweite. Leibniz argumentiert hierbei in zwei Richtungen. Die eine betrifft die Vertiefung der platonisch-cartesischen Theorie der *eingeborenen Ideen* als Grundlage aller Erkenntnis, die andere die besondere Form der menschlichen *symbolischen Erkenntnis* im Sinne eines Angewiesenseins auf Zeichen oder allgemein auf Sprache. Beide zusammen ermöglichen jene Außenperspektive, weil die Theorie der eingeborenen Ideen zur Rechtfertigung der Vernunftwahrheiten und damit zum Reich der Ideen führt, während der Erfolg bei der Behandlung unendlicher Gegebenheiten in der Infinitesimalrechnung als Legitimation für die Erfassung des Unendlichen durch geeignete Symbolisierung zu dienen vermag.

Eingeborene Ideen

Leibniz' Auseinandersetzung mit Lockes *Essay concerning human understanding*, niedergelegt in den *Nouveaux Essais*, behandelt diese beiden Richtungen der Fundierung menschlicher Erkenntnis. Sie geht dabei aus von der Frage nach dem Status und der Eigenheit eingeborener Ideen. In Form eines Dialogs wird Lockes Position dem Wahrheitsfreund Philalethes in den Mund gelegt, während Leibniz seine Kritik durch Theophilus, den Gottesfreund, vorträgt. Locke/Philalethes hatte die These von einer *tabula rasa* vertreten, wonach der menschliche Geist bei der Geburt einer unbeschriebenen Tafel gleicht. Damit folgt er der aristotelischen Auffassung, es könne nichts im Verstand geben, was nicht zuvor in den Sinnen gewesen sei – *Nihil est in intellectu quod non fuerit in sensu*. Leibniz wendet sich scharf gegen diese Auffassung und ergänzt: »Nichts ist im Verstand, was nicht vorher in den Sinnen gewesen ist, *ausgenommen der Verstand selbst* (excipe: ipse intellectus).«[130] Es geht also um nichts weniger als das, was den Verstand ausmacht und welche Rolle ihm im Erkenntnisprozess zukommt. Genau diese Ergänzung der Locke-These kennzeichnet den fundamentalen Unterschied der Erkenntnisbegründung in der rationalistischen Tradition gegenüber der empiristischen Auffassung. Darum berührt das Problem der eingeborenen Ideen sowohl die einfachen Ideen wie die Vernunftwahrheiten, die Grundprinzipien und sogar die moralischen Prinzipien. Es handelt sich mithin um eine sehr tiefdringende Schwierigkeit, mit der Leibniz sich lange beschäftigt hat; so entwickelt er schon gegen 1677 in *Quid sit Idea* drei Jahrzehnte vor den *Nouveaux Essais* seine eigenen Vorstellungen davon, was eine Idee ist.

Wie sich zeigte, besteht die Besonderheit absolut einfacher Ideen darin, dass sie nicht aus der Erfahrung und durch Abstraktion gewonnen werden können, sondern »durch sich selbst begriffen« werden, wie Leibniz sagt. Sie müssen also dem Denken in gewisser Weise gegeben oder in ihm angelegt sein. Dass solches für einen Begriff wie den der Identität gilt, hat als erster Platon gesehen und im *Theaitetos* (185d) vertreten, und seit Cicero gibt es dafür die Bezeichnung *eingeborene Ideen*. Platon versteht sie als etwas, das der Seele mitgegeben ist und durch Rückerinnerung vergegenwärtigt werden kann. Diese Ideen sind also in der Seele verborgen, eine Antwort, die Platon entwickelte, um die Unabhängigkeit reiner Vernunfterkenntnis – etwa der Mathematik – von aller Sinneserfahrung begründen zu können. Aristoteles dagegen lehnte Platons Ideenkonzeption vollkommen ab und suchte die Lösung in einer Verlagerung der Ideen in die Dinge als deren Formprinzip – eine nicht minder voraussetzungsreiche Annahme, die zeigt, dass für eine Grundlegung der Vernunfterkenntnis gerade so wie für die erfahrungsgeleitete Begriffsbildung metaphysische Voraussetzungen unverzichtbar sind. Leibniz sollte beide Ansätze, den platonischen wie den aristotelischen, in einer neuen Weise verknüpfen. Doch um dies verstehen zu können, ist es erforderlich, knapp auf Descartes einzugehen.

Während Bacon das Wesen der Dinge mit Mitteln der Erfahrung freizulegen suchte und damit ein Element der aristotelischen Tradition aufnahm, folgte Descartes der platonischen Vorstellung von eingeborenen Ideen, jedoch mit einer tiefgreifenden Veränderung. Diese Ideen sind keineswegs in der Seele vorgefertigt gegeben, sondern als eine *Disposition* zu verstehen: Die Vernunft entwickelt sie aus diesem Vermögen heraus. Gegen Hobbes gewendet betont er, dass wir uns ihrer keineswegs immer bewusst sind, sondern »nur die Fähigkeit besitzen, sie hervorzubringen«[131]. Damit beruhen für Descartes alle eingeborenen Ideen auf einer Disposition vernünftiger Wesen, die nicht darin besteht, sie zu schaffen (solche Begriffe nennt Descartes »selbstgemacht«, *ideae a me ipso factae*). Vielmehr beruhen sie auf einer Potentialität des Denkens. In einer Notiz Descartes', die Leibniz exzerpiert hat, heißt es: »Eingeborene Ideen unterscheiden sich von den von außen hinzugekommenen Ideen und von fiktiven [selbstgemachten] Ideen darin, dass die Letztgenannten auf einen Willensakt zurückgehen, die zweiten auf Sinneseindrücke, während die eingeborenen Ideen eine Wahrnehmung des Verstandes allein sind.«[132] Damit ist der Wille, für Descartes die Quelle aller Irrtümer, bei den eingeborenen Ideen unwirksam. Vielmehr entspringen sie einer reinen Potentialität des Verstandes. So ist zugleich ihre Objektivität gewährleistet.

Bei den eingeborenen Ideen handelt es sich nicht nur um Ideen im Sinne einzelner Begriffe, sondern auch um die *notiones communes*, die zwar in der Tradition *Gemeinbegriffe* genannt werden, aber wahre Aussagen sind wie »Das Ganze ist mehr als die Summe seiner Teile«, »Durch nichts geschieht nichts« – Aussagen, die nicht aus den Sinnen stammen können, weil sie sich gar keinem einzelnen Sinn zuordnen lassen. Es handelt sich mithin um das, was Leibniz zu den Vernunftwahrheiten zählt.

Die Bezeichnung »eingeborene Idee« umfasst also Unterschiedliches, genauer dreierlei:

– *einfache Ideen* und sie ausdrückende Begriffe als Grundlage des Reichs der Ideen,

– *allgemeinste Prinzipien und Aussagen* bis hin zu allen Vernunftwahrheiten, also alle notwendig wahren Aussagen,

– *moralische Prinzipien*, die zwar nicht absolut notwendig, sondern moralisch notwendig sind, dennoch aber eine universelle Verbindlichkeit für alle vernünftigen Wesen haben.

Da es bei den moralischen Prinzipien nicht um eine erkenntnistheoretische Fragestellung geht, seien diese zunächst zurückgestellt. Ebenso sei (wie von Leibniz selbst in den *Nouveaux Essais*) die sich mit der Monadenlehre ergebende Frage ausgeblendet, ob nicht alle Begriffe insgesamt eingeboren sein müssen, wenn es im Schöpfungsplan zu jedem Individuum einen nur ihm korrespondierenden vollständigen Begriff gibt. Vielmehr soll das Konzept der eingeborenen Idee als das verstanden werden, was die Vernunft von sich aus enthält.

Die einfachen Ideen sind nur als Bausteine des Wissens belangvoll, so dass die eigentliche Schwierigkeit bei der Fundierung der allgemeinsten Prinzipien liegt. Tatsächlich geht es beispielsweise nicht um den *Begriff* der Identität, sondern um die *Aussage a = a*, die immer wahr ist. So sind es nicht die absolut einfachen Ideen, sondern die mit ihnen gebildeten Aussagen, denen als Vernunftwahrheiten entscheidende Bedeutung zukommt. Deren Zusammenhang mit den Ideen und Begriffen wird verständlich, wenn man bedenkt, dass in der Sicht des 17. Jahrhunderts ein Begriff eine Kurzform für seine Definition ist, also für eine Aussage steht. So gilt auch für eine »durch sich selbst verstandene« einfache Idee, dass sie einen Inhalt ausdrückt, für den der Begriff als Kurzform steht. Beim Problem der eingeborenen Ideen geht es folglich um die erkenntnistheoretische Frage der Gewinnung und Begründung von ewigen Wahrheiten, Axiomen und Prinzipien.

Locke wendet sich gegen all diese Vorstellungen in einer vergleichsweise pauschalen Kritik. Sie geht davon aus, dass eingeborene Ideen als etwas im Denken Gegebenes anzusehen seien. Das aber könne nicht der Fall sein, weil dann alle Menschen dieser Erde beispielsweise dieselbe Gottesvorstellung haben müssten, was nicht der Fall ist. Leibniz wendet sich nun aus ganz prinzipiellen Erwägungen gegen Lockes These von der Erfahrungsgegründetheit aller Erkenntnis, denn wenngleich die Erkenntnis mit der Erfahrung anhebt, ist sie doch unausweichlich auf Vernunft angewiesen, um überhaupt Begriffe und Aussagen bilden zu können. Nun würde Locke dem nicht widersprochen haben, denn gegen ein logisch-formales Vermögen des

Verstandes hätte er keine Einwände gehabt, wohl aber gegen die These von der Inhaltlichkeit reiner Vernunfteinsichten – eine Kritik an allen Varianten des Rationalismus und der Transzendentalphilosophie, die ungebrochen bis in den Logischen Positivismus Bestand haben sollte. Um Locke zu begegnen, führt Leibniz zwei neue Elemente in die Diskussion ein, nämlich (a) seine beiden großen Prinzipien und mit ihnen seine Theorie der Modalität, (b) eine Vertiefung dessen, was Descartes nur berührt, jedoch nicht ausgeführt hatte, dessen These von der Potentialität der eingeborenen Ideen. Da Prinzipien und Modalitäten schon behandelt wurden, geht es nun darum, diese Potentialität (eine Disposition, ein Vermögen oder Können – lauter Begriffe, die Leibniz in diesem Zusammenhang verwendet) zu betrachten.

Begonnen sei zunächst wieder mit den einfachen Ideen. Bereits für sie, die durch sich selbst verstanden werden, muss ein Vermögen vorausgesetzt werden, das in einem intuitiven Verstehen besteht. Schon Leibniz' Erläuterung, was »entendement« (Verstand) bedeute, weist die Richtung: es sei das, was im Latein *intellectus* heißt, ›und die Ausübung dieses Vermögens *intellection*, die eine deutliche Perzeption ist, verbunden mit dem Vermögen zu reflektieren«[133]. Doch um reflektieren zu können, ist schon etwas vorausgesetzt, auf das reflektiert wird: »Reflexion ist nichts anderes als die Aufmerksamkeit auf das, was in uns ist.«[134] Nun schreibt Leibniz zwar: »Unter der Bezeichnung *Idee* verstehen wir etwas, das in unserem Geist (mens) ist«. Doch dieses Enthaltensein darf nicht so verstanden werden, als sei der Geist eine Schachtel voller Ideen, denn: »Die Idee besteht für mich nicht in einem bestimmten Akt des Denkens, sondern in einem Vermögen (facultas), so dass wir die Idee eines Dinges haben können, auch wenn wir nicht an es denken, aber bei gegebener Gelegenheit darüber nachdenken können.«[135] Darum unterscheidet er zwischen »Ideen« (die allen denkenden Wesen der Möglichkeit nach gemeinsam sind) und »Gedanken« (den jeweils subjektbezogenen Denkakten). So kann Leibniz sagen, Ideen seien »in uns, bevor wir uns ihrer in deutlicher Weise bewusst sind«[136] – aber doch nur als Potentialität.

Wenden wir uns nun den eingeborenen Prinzipien zu. Sie sind für Leibniz von herausragender Bedeutung. An erster Stelle steht das Prinzip des Widerspruchs, und mit ihm alle notwendigen Wahrheiten, also die Vernunftwahrheiten. Sie müssen aus dem Verstand geschöpft sein, da sie niemals mit einer »Induktion« begründet werden können, denn:

»Die Sinne liefern uns nichts als Beispiele, also nur partikuläre oder einzelne Wahrheiten. Alle Beispiele – so viele es immer sein mögen – stützen zwar eine universelle Wahrheit, aber sie reichen nicht aus, die in Frage stehende universelle Notwendigkeit einer Wahrheit zu begründen, weil aus dem, was geschehen ist, niemals folgt, dass es sich wieder ereignet. [...] Die notwendigen Wahrheiten müssen Prinzipien haben, deren Beweis in keiner Weise von Beispielen abhängt, und folglich auch nicht vom Zeugnis der Sinne, selbst wenn wir ohne Sinne niemals dazu gekommen wären, sie zu denken.«[137]

Hier wird deutlich, wie wichtig Leibniz die Unterscheidung von Vernunft- und Tatsachenwahrheiten ist, denn sie trägt die Last zu begründen, wieso es eingeborene Prinzipien geben muss. Doch zugleich erhebt sich die Frage, auf welche Weise wir ausgehend von sinnlicher Erfahrung zu ihnen zu gelangen vermögen. Leibniz betont deshalb, es handele sich bei den eingeborenen Ideen nicht um »bloße Möglichkeit«[138] und beantwortet die Frage nach dem Zustandekommen mit dem Hinweis, die Fähigkeit, etwas – ein Objekt – zu erwerben, sei etwas anderes als der Besitz des Objekts. Darum genüge eine Fähigkeit allein nicht, sondern es bedürfe einer »Disposition«, eines Anreizes, der in der Fähigkeit oder im Objekt, auf das sich die Fähigkeit bezieht, oder in beiden liege, damit die Fähigkeit am Objekt zur Ausführung gelange.[139] Nun sind es gewiss nicht die Ideen selbst, die als Objekte aktiv werden, denn wie schon bemerkt: »Ideen handeln nicht. Der Geist handelt.«[140] Was hinzutreten muss, ist eine »Kraft«[141], ein dynamisches, vorantreibendes Element: Der Geist besitzt eine »tätige Anlage«, Erkenntnisse »aus seinem Inneren zu nehmen«[142]. Diese innere Kraft stellt das aristotelische Element in der Leibnizschen Lösung dar, denn die eingeborenen Ideen, insbesondere also die eingeborenen Prinzipien, angelegt als Möglichkeiten und Potentialitäten, werden durch die innere Dynamik ausgebildet. Das Denken, das in diesem Zusammenhang auch Verworrenes und bloß Klares (Nicht-Deutliches) einschließt, ist also die entscheidende Kraft, um schrittweise zu einer deutlichen, genauer zu einer symbolischen Erkenntnis zu gelangen: von sehr einfachen eingeborenen Wahrheiten ausgehend zu tiefer liegenden vordringend, gelingt es am Ende, auch diese zu begründen, denn:

> »Es gibt eingeborene Prinzipien, die allen bekannt und sehr leicht fasslich sind; es gibt gleichfalls Lehrsätze, die man auf den ersten Blick entdeckt und aus denen sich ein natürliches Wissen bildet, das bei einem breiter angelegt ist als bei einem anderen. Endlich können in einem noch weiteren Sinne [...] alle diejenigen Wahrheiten eingeboren genannt werden, die man aus den ursprünglichen eingeborenen Erkenntnissen ableiten kann, weil der Geist auch sie aus seinem eigenen Inneren zu schöpfen vermag, auch wenn dies oft nicht leicht ist.«[143]

Damit werden nicht nur individuelle Unterschiede im Denkvermögen einbezogen, denn vor allem zeigt sich, wie viel voraussetzungsreicher für Leibniz die epistemische Möglichkeit ist. Sie verlangt eine gänzlich neue, tiefer liegende Schicht, die unterhalb der bewussten Reflexion liegt. Leibniz' Konzept der eingeborenen Ideen als eine Theorie der Erkenntnis ist keine bloße Reflexionstheorie, erfordert sie doch für die Einlösung der Potentialität eine Theorie des Nicht-Bewussten, wie sie in der Monadenlehre ausgearbeitet ist.

Die symbolische Erkenntnis

Wenden wir uns nun der zweiten Richtung der Leibnizschen Überlegungen zu. Sie betreffen die *symbolische Erkenntnis* (cognitio symbolica) und führen von dort unmittelbar in seine Sprachphilosophie. Wie angedeutet, wurde Leibniz vor allem durch seine Infinitesimalrechnung zu der Einsicht geführt, dass sich Unendliches bei geeigneter Symbolisierung vom menschlichen Denken angemessen behandeln lässt. Dies heißt nicht etwa, menschliches Denken sei fähig, Unendliches aktual zu überschauen, sondern nur, dass es zu einer abkürzenden symbolischen Erkenntnis zu gelangen vermag. Es kann Begriffe wie »mögliche Welt« und »vollständiger Begriff einer individuellen Substanz« bilden, aber deren besondere Inhalte sind ihm weder überschaubar noch a priori einsehbar. *Wenn* jedoch menschliches Denken überhaupt zu einem Verständnis des Verhältnisses von Gott und Welt gelangen will, so nur auf dem Wege einer symbolischen Erkenntnis, in der Komplexes, insbesondere Unendliches, unter Verlust an Inhalt durch endliche Zeichen dargestellt wird.

Die symbolische Erkenntnis ordnet Leibniz als ein gänzlich neues und überaus bedeutsames Element in die von ihm präzisierte cartesische Stufung der Erkenntnisgrade ein. Dabei kann er sich auf Hobbes stützen, der gesagt hatte, die Wörter seien die Rechenpfennige des Verstandes – ein Bild, das auch Leibniz benutzen sollte. Doch ihm geht es nicht um eine Metapher, sondern um eine prägnante Grundlegung. Hierzu geht er von Descartes aus, der verworrene von klarer und deutlicher Erkenntnis unterschieden hatte und Letztere, wie erwähnt, zum Wahrheitskriterium erhoben hatte. Nicht nur, dass Leibniz ein solches Kriterium verwirft – er moniert zu Recht das Fehlen einer genauen Definition der Abstufung der Erkenntnis. Durchaus im cartesischen Geist nimmt er 1684 in seinem einflussreichen Aufsatz *Meditationes de cognitione, veritate et ideis* folgende Klärung vor:

»Eine Erkenntnis (cognitio) ist entweder dunkel (obscurum) oder klar (clarum); die klare Erkenntnis ist wiederum entweder verworren (confusum) oder deutlich (distinctum); die deutliche Erkenntnis ist entweder inadäquat (inadaequatum) oder adäquat (adaequatum) und zugleich entweder symbolisch (symbolicum) oder intuitiv (intuitivum).«[144]

Schon diese Abstufung wird sich als wichtig erweisen, weil sie zur Kennzeichnung der Individuen, ja genaugenommen zu deren Individuierung herangezogen werden wird – von den »schlummernden Monaden«, deren Wahrnehmung völlig dunkel ist, bis zu Gott, der allein eine stets adäquate und intuitive Erkenntnis besitzt. Doch Leibniz bleibt nicht bei diesen Graden stehen, sondern definiert genauer:

»*Dunkel* ist ein Begriff [notio; hier und im Folgenden gleichzusetzen mit cognitio], der nicht ausreicht, um die dargestellte Sache wiederzuerkennen [...]. *Klar* ist eine Erkenntnis, wenn ich sie so habe, dass ich aus ihr die dargestellte Sache wiedererkennen kann. *Verworren* ist sie, wenn ich die Merkmale, die zur Unterscheidung der Sache hinreichen, nicht aufzählen kann, obwohl die Sache solche Merkmale besitzt, in die ihr Begriff aufgelöst werden könnte: wie Farben, Gerüche [...]. Ein *deutlicher* Begriff hingegen ist ein solcher, wie ihn die Münzprüfer vom Gold aufgrund von Merkmalen und Prüfverfahren haben, die zur Unterscheidung von allen ähnlichen Körpern ausreichen. [...] Da aber in zusammengesetzten Begriffen die einzelnen Merkmale manchmal zwar klar, aber doch nur verworren bekannt sind, so ist eine solche Erkenntnis vom Gold zwar deutlich, aber doch *inadäquat*. Wenn aber alles, was in eine deutliche Erkenntnis eingeht, auch wieder deutlich erkannt ist, oder wenn man die Analyse bis zum Ende führen kann, dann ist die Erkenntnis *adäquat*; ob Menschen das können, weiß ich nicht, doch kommt dem das Wissen der Zahlen sehr nahe.«[145]

Deutlich ist, wie Leibniz anmerkt, auch die Erkenntnis der absolut einfachen Begriffe, sofern Menschen einer solchen Erkenntnis fähig sind. Damit wird die Begriffstheorie mit der Erkenntnistheorie verknüpft, um nun die fruchtbare neue Begriffsprägung vorzubereiten. Leibniz verdeutlicht sein Anliegen an einem Beispiel: Wenn wir an ein Tausendeck denken und uns dabei scheinbar des Begriffes bedienen, ist uns keineswegs das Wesen von Seite und Gleichheit der Seiten, der Zahl tausend oder eines regelmäßigen Vielecks gegenwärtig – vielmehr tritt die *Bezeichnung*, das Wort »Tausendeck« »an die Stelle der Idee. [...] Eine solche Erkenntnis pflege ich *blind* oder auch *symbolisch* zu nennen.«[146] Der Begriff Symbol wird dabei nicht in einem emphatischen Sinne gebraucht, sondern in der trockenen Sprechweise des Logikers oder Semiotikers. Es handelt sich also ganz allgemein um Zeichen, mögen dies »Wörter, Buchstaben, chemische, astronomische, chinesische Figuren, Hieroglyphen, Musiknoten, geheimschriftliche, arithmetische, algebraische Notizen« sein, kurz all jenes, was wir »im Denken für die Dinge verwenden«[147]. Zugleich schlägt Leibniz die Brücke zur Wahrnehmung einerseits, zum Denken andererseits, denn Zeichen (*signum*) wird von ihm ganz allgemein definiert als »Wahrgenommenes, von dem auf das Bestehen eines nicht Wahrgenommenen geschlossen wird«, etwa im Denken[148]; und *characteres* sind Schriftzeichen als »sichtbare Notierungen, welche die Denkinhalte (cogitationes) repräsentieren«[149]. Sie stellen den »mechanischen Faden« dar, durch den »unser Verstand seiner Schwäche wegen geleitet werden muss«[150]. Vor allem vermögen wir dank der Zeichen auch etwas zu repräsentieren, was gar nicht gegenwärtig oder was im Denken allein gegeben ist. Selbst bei der Darstellung der Identität, die doch die einfachste Wahrheit überhaupt ist, zeigt sich unser Angewiesensein auf Zeichen, wenn wir sie durch $A = A$ ausdrücken – also zwei Mal das gleiche Zeichen für ein und dasselbe Bezeichnete verwenden!

Tatsächlich ist menschliches Denken entscheidend auf den Zeichengebrauch angewiesen, denn nur dort, wo »alle eingehenden Begriffe zugleich« gedacht werden, liegt eine *intuitive* Erkenntnis vor – was allenfalls bei wenigen absolut einfachen Begriffen, wo es ja nichts mehr zu zerlegen gibt, oder bei einfachen Identitäten der Fall ist. Sonst aber bleibt die intuitive Erkenntnis als unmittelbare Zusammenschau aller Elemente der Zerlegung in absolut einfache Begriffe allein Gott vorbehalten, während menschliches Denken eine Zusammenfassung in Symbolen vornehmen muss, damit Unterschiedliches, gar Komplexes überhaupt von uns erfasst werden kann. So wird die symbolische zur wichtigsten Form menschlicher Erkenntnis: »Alles menschliche Denken geht mit Hilfe von Zeichen (signa) oder Charakteren (characteres) vor sich.«[151] Die symbolische Erkenntnis erlaubt, zwischen der immer intuitiven göttlichen Erkenntnis und der bloß klaren Erkenntnis einen Typ menschlicher Erkenntnis einzufügen, dem zwar nicht die Unmittelbarkeit göttlicher Schau zukommt, der aber dennoch zu völlig verlässlichen, weil beweisbaren Ergebnissen gelangt.

Voraussetzung für die symbolische Erkenntnis ist eine angemessene *Zeichensprache*. Die natürlichen Sprachen dienen der symbolischen Erkenntnis geradeso wie die Kalkülsprachen. Insbesondere Letztere weisen uns den Weg zu jenen großen

Plänen einer *Ars judicandi* und *Ars inveniendi*, die innerhalb der *Scientia generalis* nach Wissenschaftsdisziplinen geschieden und von der *Characteristica universalis* überwölbt sind. Hierbei erfüllen Zeichen mehrere Funktionen[152]:

– An erster Stelle steht die Ausdrucksfunktion: Zeichen stehen für etwas, das sie *ausdrücken* (exprimere) oder *repräsentieren* (repraesentare).

Fraglos ist dies die elementarste Funktion aller Zeichen. Sie ist für das Denken und Wahrnehmen schlechthin grundlegend.

– Weiter fungieren Zeichen als *Merkzeichen* (notae) für die Erinnerung, indem sie mir ermöglichen, mich eines Gedankens oder einer Sache zu erinnern und mit mir selbst »innerlich gleichsam [zu] reden und [zu] rathschlagen«[153].

Leibniz stellt damit ausgehend vom Individuum die Erinnerungsfunktion vor die heute meist als zentral angesehene Mitteilungsfunktion, auch wenn Zeichen für ihn nirgends den Charakter einer Privatsprache im Wittgensteinschen Sinne haben. Die Mitteilungsfunktion kommt vielmehr erst ins Spiel, wenn der Umgang des Individuums mit Zeichen, deren es ja beim Denken bedarf, gegründet ist. In diesem Sinne sind auch die drei folgenden Funktionen zu sehen:

– Das Zeichen vermag Verschiedenes *zusammenzuziehen* und damit hinsichtlich einer Gemeinsamkeit zu denken.

Die Zusammenfassungsfunktion dient nicht nur der Abkürzung (und damit der Erleichterung im Denken), sondern sie erlaubt uns, einen komplexen Zusammenhang als solchen zum Gegenstand unserer Überlegungen zu machen:

– Zeichen *ermöglichen das abstrakte Denken.*

Das wiederum hat weitreichende Folgen für unser Verständnis der Welt, denn:

– Durch das Zusammenziehen und Abstrahieren haben Zeichen und Zeichensysteme wie Sprachen das Vermögen zu *ordnen.*

Erst auf diesem Hintergrund geht Leibniz zur Mitteilungsfunktion über:

– Zeichen dienen als *Mitteilungszeichen*, indem sie einen Gedanken für andere ausdrücken und damit sowohl festhalten wie öffentlich machen.

Die Ausdrucksbeziehung

Leibniz hat mit den eben herausgearbeiteten Elementen die auch aus heutiger Sicht zentralen Funktionen des Zeichengebrauchs benannt. Doch wie können Zeichen diese Aufgabe übernehmen, wie und was drücken sie aus? Schließlich handelt es sich um einen der Grundbegriffe, der den systematischen Zusammenhalt des Leibnizschen Denkens trägt und der mit dem Monadenbegriff, mit dem Erkenntnisbegriff und dem Harmoniebegriff verbunden ist.

Was mit »exprimere« gemeint ist, erläutert Leibniz auf Antoine Arnaulds Nachfrage hin zwar bezüglich der Weise, in der ein Individuum die Welt perzipiert oder wahrnimmt und in diesem Sinne ausdrückt. Doch ist die Antwort ganz grundsätzlich gemeint:

»Eine Sache *drückt eine andere aus*, wenn es einen beständigen und geregelten Bezug zwischen dem gibt, was sich von der einen und der anderen sagen lässt. So drückt eine perspektivische Projektion die tatsächlichen Größenverhältnisse aus. Der Ausdruck ist allen Formen [d.i. Substanzen] gemeinsam, und er ist eine Gattung, zu der die natürliche Perzeption, die animalische Empfindung und die intellektuelle Erkenntnis Arten sind.«[154]

Wichtig ist hier, dass das Ausdrücken von Leibniz ganz explizit sowohl für die Wahrnehmung und Empfindung als auch für das

Denken in Anspruch genommen wird. Damit ist der Übergang zur Sprache schon angedeutet. Leibniz führt den Gedanken weiter und erklärt, dass die Repräsentation im Denken gerade nicht von der Art einer eindeutigen Abbildung sein kann, weil vieles nur verworren erkannt wird.[155] Weiter wird das *exprimere* in *Quid sit Idea* entscheidend präzisiert, wenn Leibniz hervorhebt, dass die Entsprechung von Urbild und Abbild nicht auf einander zuordenbaren »Eigenheiten« und deshalb nicht einmal auf einer direkten Ähnlichkeit beruhen muss, sondern auf einer *Analogie*[156], d.h. auf einer Strukturentsprechung beider Seiten: Die expressio beruht bei formalen Zeichensystemen auf einer Strukturanalogie – so hat eine Kreisgleichung keinerlei Ähnlichkeit mit einem Kreis, wohl aber gibt es eine Punkt-zu-Punkt-Entsprechung und eine Ähnlichkeit in der Struktur.

Nun erläutert Leibniz im *Discours de Métaphysique*, dass unsere Perzeptionen Ideen ausdrücken, die ihrerseits in unserem Denken als Begriffe ausgedrückt werden.[157] Wir haben es also mit einem mehrseitigen Ausdrucksverhältnis zu tun, in das nicht nur Ding (res) und Perzeption eingehen, sondern darüber hinaus auch (oder sogar fundamental) das Verhältnis Ding/Idee/Perzeption/Begriff/Zeichen. Denn: »Überlegungen können ohne Worte angestellt werden. Jedoch nicht ohne irgendwelche Zeichen.«[158] Was nämlich durch signa oder characteres ausgedrückt wird, sind unsere Begriffe, die für eine Idee stehen; erst vermöge der prästabilierten Harmonie verweist das Zeichen darüber hinaus auch auf körperliche Dinge.

Angesichts der Bedeutung der Zeichen für die Erkenntnis ist es nicht verwunderlich, dass Leibniz einer universellen Zeichentheorie große Bedeutung beimisst:

»Die *Ars characteristica* ist die Kunst, Charaktere so zu bilden und anzuordnen, dass sie sich auf die Gedanken beziehen, dergestalt dass sie untereinander in der Relation stehen, welche die Gedanken untereinander haben. Ein *Ausdruck* ist eine Verbindung von Charakteren, durch welche das Repräsentierte ausdrückt wird. Das *Gesetz des Ausdrückens* ist das folgende: der Ausdruck einer Sache (res) wird aus den Charakteren derjenigen Sachen zusammengesetzt, deren Ideen in ihrer Zusammensetzung die Idee der auszudrückenden Sache bilden.«[159]

Die von Leibniz erhoffte Reichweite dieses Ariadnefadens (*filum cogitandi*) ist größer kaum vorstellbar. Denn »die angemessenen Charaktere oder Zeichen« – wie sie nur eine Characteristica einzuführen vermag – »drücken alle unsere Gedanken aus«[160], also alles, was der Apperzeption zugänglich ist. Deshalb kommt es darauf an, für jeden Bereich die jeweils angemessenen Zeichen zu finden. Das allerdings verlangt eine Aufgliederung der universellen Charakteristik in bereichsspezifische Zeichensysteme, eine Aufgabe, die Leibniz in den unterschiedlichsten Wissenschaftsbereichen in immer neuen Anläufen in Angriff nahm. Die Characteristica universalis soll Fehler im Denken vermeiden helfen[161] und damit eine cognitio symbolica sicherstellen, die es ermöglicht, in Streitfällen die Entscheidung individuenunabhängig durch Rechnung allein herbeizuführen: »Calculemus!«[162]

Zwei abschließende Bemerkungen sind noch hinzuzufügen, die die Ausweitung der begriffs- und erkenntnistheoretischen Überlegungen in die Metaphysik betreffen. Zum einen: Die Theorie der einfachen Ideen und ihnen korrespondierender einfacher Begriffe hat für Leibniz in Verbindung mit seiner Zeichentheorie eine weit in die Metaphysik reichende Bedeutung, die er vielfach zum Ausdruck gebracht hat.[163] Angenommen, wir besäßen eine vollständige Liste der absolut einfachen Begriffe, so könnten wir diese mit Primzahlen durchnummerieren. Die logische und-Verknüpfung zweier solcher Begriffe ließe sich dann durch deren Primzahlprodukt darstellen. Angenommen, »Pferd« und »weiß« seien solche unzerlegbaren Begriffe, denen die Primzahlen 7 beziehungsweise 11 zugeordnet sind, so wäre 7 mal 11, also 77, die Zahl, mit der »weißes Pferd« oder »Schimmel« darstellbar ist. Auch die Begriffsanalyse lässt sich nun rechnerisch bewältigen, weil die Zerlegung in Primfaktoren eindeutig ist. Da nun alle Begriffe aus einfachen Begriffen durch solche logischen Verknüpfungen zusammengesetzt sind, lassen sie sich alle in die Arithmetik abbilden. Da weiter Gottes mögliche Welten im Reich der Ideen nur aus diesen Begriffszusammensetzungen gebildet sein können, ist auch die geschaffene Welt recht eigentlich eine Welt, die sich vollkommen in Zahlen erfassen lässt. Doch Leibniz geht auch hier einen Schritt weiter, denn wenn wir schon die Primzahlen als Binärzahlen schreiben, so ist die ganze Welt mit den Ziffern 0 und 1 darstellbar; 0 und 1 erlauben deshalb ein Bild der Schöpfung (*imago creationis*). Deutet man darüber hinaus 0 als »Nichts« und 1 als »Gott«, so lässt sich die geschaffene Welt als überaus komplexe Verbindung von Gott als der Vollkommenheit schlechthin und Nichts als deren Negation, als Fehlen oder als Einschränkung der Vollkommenheit sehen: Die Dyadik wird so zum Bild der Schöpfung aus dem Nichts. – Zum zweiten: Da die Characteristica niemals zu den absolut einfachen Begriffen zu gelangen vermag, sondern allenfalls zum menschlichen Gedankenalphabet, ist Zeichenbenutzung eine transzendentale Bedingung der Möglichkeit menschlichen Denkens und Erkennens: Die von Leibniz so betonte Fähigkeit des Menschen, die Repräsentation der Welt in seinem eigenen Inneren als Harmonie und als Bild Gottes zu begreifen, setzt also symbolische Erkenntnis voraus! So wird man sagen können, dass Leibniz den menschlichen apperzipierenden Monaden eine Sonderstellung zuweist, die derjenigen entspricht, welche Kant später dem transzendentalen Subjekt beimessen sollte.

Was aber, wenn der Kalkül Tatsachenwahrheiten betrifft? Versteht man den Kalkül als reines Zeichensystem (wie dies heute geschieht), so besteht er aus lauter hypothetischen Aussagen der Form »Wenn Axiom A_1, ... A_n, dann ...«. Sie gelten in jeder möglichen Welt, unabhängig davon, ob die Wenn-Klausel erfüllt ist. Allerdings ist Leibniz eine solche Auffassung fremd, weil er immer nach der Wahrheit der Axiome fragt. Also sind die Kalkül-Axiome mit Leibniz als wahre kategorische Aussagen über diese Welt zu sehen, nämlich als deren Gesetze (die in denjenigen möglichen Welten gelten, die sich nur »durch einen anderen Adam« von dieser Welt unterscheiden), auch wenn sie als allgemeine Tatsachenwahrheiten nur Hypothesenstatus haben. Durch sie wird der Stand der Wissenschaft zu einer bestimmten Zeit gekennzeichnet. Insofern ergibt sich ein zeitgebundenes Bild der Welt in den Wissenschaften.

Im Gegensatz zu den elementaren Vernunftwahrheiten wie den Identitäten werden elementare Tatsachenwahrheiten wie »Dies ist rot« nur verworren und dennoch klar erkannt, weil sie – aus der Sicht der göttlichen Analyse – sehr wohl weiter zerlegbar sind; für den Menschen sind sie hingegen »nicht durch etwas Gewisseres zu begründen (prouver)«[164]. Als bloß klare Erkenntnis können sie zu Irrtümern führen, wenn sie mit Begriffen verknüpft werden, mit denen sie unvereinbar sind. Deshalb wird ein kontrollierendes Kriterium erforderlich. Leibniz sieht es in der »Übereinstimmung der Phänomene untereinander«[165]. Dieses Kohärenzkriterium ist durch das Prinzip des zureichenden Grundes legitimiert, weil die Phänomene nicht planlos zustande kommen, sondern eine Ursache haben. Im Alltag besteht das Kriterium in einem nicht weiter reflektierten Vergleich mit Gewohntem; in den Wissenschaften dagegen ist die Übereinstimmung methodisch anhand einer »bisher bewährten Hypothese« zu prüfen. Das sicherste Verfahren ist dabei die erfolgreiche Vorhersage künftiger Phänomene aus vergangenen und gegenwärtigen.[166] All dies, so betont Leibniz, ist jedoch kein Beweis, sondern führt nur zu »bedingter Gewissheit« oder »Wahrscheinlichkeit«.

Da die vorausgesetzten Hypothesen selbst nur bedingt gewiss sind, gilt auch für sie, dass sie nur so lange Verwendung finden, »bis eine andere bessere Hypothese auftaucht, die dieselben Phänomene besser oder eine größere Zahl von Erscheinungen ebenso gut erklärt«[167]. Dies hat Auswirkungen auf Leibniz' Auffassung vom Aufbau erfahrungswissenschaftlicher Theorien. Dabei gelingt es ihm, eine Konzeption zu entwickeln, die wesentlich fruchtbarer ist als diejenige Descartes' (der eine Ableitung der physikalischen Prinzipien und der Stoßgesetze aus Eigenschaften Gottes versuchte), die aber den von Descartes entwickelten Gedanken einer physikalischen Theorie aufnimmt (statt nur isolierte Gesetzeshypothesen zu betrachten): Naturwissenschaften sind durch Erfahrung und Induktion nicht begründbar. Vielmehr setzen sie Prinzipien voraus, ohne die eine geordnete Erfahrungserkenntnis gar nicht möglich ist. Leibniz nennt neben dem Prinzip des zureichenden Grundes und dem Kontinuitätsprinzip beispielsweise das Prinzip der Gleichheit von actio und reactio. Aus ihnen sind nicht etwa Naturgesetze ableitbar; vielmehr sind die Prinzipien die Bedingung der Möglichkeit der Formulierung von Naturgesetzen als Hypothesen. Sie gelten deshalb a priori. Da diese Prinzipien keine Vernunftwahrheiten sind, sondern aus dem Prinzip des Grundes in Gestalt des Prinzips des Besten folgen, sind sie (obwohl a priori) kontingent; in der Terminologie Kants wären sie als synthetische Urteile a priori zu bezeichnen.

Naturgesetze haben zunächst den Status von Hypothesen, die an der Erfahrung durch Prognosen überprüft werden.[168]

Eine darüber hinausgehende apriorische Absicherung, die die Naturgesetze als physisch oder moralisch notwendig erweist, ist allerdings in Einzelfällen möglich, dann nämlich, wenn eine direkte Ableitung aus dem Prinzip des Besten erfolgt, so beim Gesetz des kürzesten Lichtweges, beim Impulserhaltungssatz und beim Satz von der Erhaltung der Bewegungsenergie. Da allerdings weder das Prinzip des Besten von Leibniz eindeutig formuliert wird, noch die von ihm skizzierten Ableitungen seinen Ansprüchen an Beweise genügen, mag man darin nur einen Hinweis darauf sehen, dass das Reich der Kausalursachen und das Reich der Zwecke einander in diesen Naturgesetzen begegnen: Für jedwedes Ereignis ist sowohl eine Kausalerklärung als auch eine Finalerklärung möglich. Die beiden Reiche »durchdringen einander, stören einander aber nicht«[169]: Erfahrungswissenschaft kann (und muss) unabhängig von Finalerklärungen betrieben werden. Worauf es Leibniz ankommt, ist der Nachweis, dass die Prinzipien erfahrungswissenschaftlicher Erkenntnis selbst nicht der Erfahrung entstammen, sondern vorausgesetzt werden müssen.

Auf diesem Hintergrund entwickelt Leibniz über die Characteristica universalis hinausgehend den Plan einer gänzlich neuen, umfassenden Wissenschaft, die *Scientia generalis*. Wenn es gelingt, die uns zugänglichen relativ einfachen Begriffe des menschlichen Gedankenalphabets zu ermitteln, wenn es darüber hinaus gelänge, deren spezifische Verknüpfungsregeln für die unterschiedlichen Wissenschaftsbereiche durch Erfahrung zu gewinnen, so stünde am Ende eine enzyklopädische Universalwissenschaft. Sie wäre als Mittel der symbolischen Erkenntnis die alles umfassende Zeichenkunst, die es gestattet, nicht nur jede wissenschaftliche Hypothese durch Zeichenoperationen in einer *Ars judicandi* zu überprüfen, sondern als *Ars inveniendi*, als Erfindungskunst, nützliche neue Erkenntnisse allein

»durch Rechnen« zu gewinnen. In ihnen erst hätte der Jugendtraum vom Gedankenalphabet seine Erfüllung, Weigels pythagoreische Vorstellung von der Welt als Zahlenharmonie ihre Begründung und Anwendung ebenso erfahren, ähnlich Galileis Auffassung vom Buch der Natur als in mathematischen Symbolen geschrieben.

Die natürliche Sprache

Die Ausdrucksfunktion wurde bislang nur im Hinblick auf Kalkülsprachen betrachtet. Doch es wurde schon erwähnt, dass sie selbstverständlich auch für die natürlichen Sprachen gilt. Oft genug wurde in den Leibnizdarstellungen dessen intensive Beschäftigung mit den unterschiedlichsten Sprachen dieser Erde nicht einmal erwähnt, obgleich er beispielsweise anhand des ihm verfügbaren Materials zeigen konnte, dass Deutsch, Englisch, die romanischen Sprachen und das Sanskrit miteinander verwandt sein müssen, während etwa das Ungarische eine gänzlich andere Wurzel haben muss. Ebenso betonte er den Zusammenhang zwischen Sprache, Erkenntnisvermögen und Weltsicht – alles gute Gründe, sich auch dieser Seite seines Denkens zu nähern.

Zwischen den formalen Kalkülen und den natürlichen Sprachen scheinen Welten zu liegen: Natürliche Sprachen sind, wie Leibniz hervorhebt, mehrdeutig, ihre Begriffe sind unscharf, ihre grammatischen Formen haben tausenderlei Ausnahmen, ihre formalen Strukturen entsprechen nicht dem, was sie darstellen sollen, und sie erlauben die unsinnigsten Formulierungen. Hingegen haben formale Sprachen den Nachteil, nicht gesprochen werden zu können. Dies hat Leibniz zu dem verwegenen Plan einer *Lingua rationis* oder auch *Grammatica rationalis* geführt, einer Art Umgangssprache für gesicherte Erkenntnis.

Hierzu sind die Wörter so zu wählen, dass nur sinnvolle Verbindungen möglich sind. Ähnlich dem heutigen Esperanto sollte die Grammatik ganz einfach sein, ohne alle überflüssigen Formen.[170] Das Ergebnis war letztlich nicht sehr überzeugend. Dennoch zeigt sich die Stoßrichtung der Überlegungen; denn sobald die Umgangssprache zum Kalkül umgestaltet wird, kommen allein die Ausdrucksfunktion und die mit ihr verbundene Strukturanalogie zum Tragen. Alle für eine solche Darstellung überflüssigen Sprachelemente – Synonyme und die Mehrzahl der grammatischen Formen und Wortarten – können entfallen. Darum ist Leibniz oft so verstanden worden, als gelte sein Interesse natürlichen Sprachen nur im Hinblick auf eine Kalkülisierung. Doch damit würde verfehlt, welche Bedeutung er den natürlichen Sprachen zumaß, ablesbar an seinen umfangreichen sprachwissenschaftlichen Untersuchungen. Einige Texte wurden posthum 1717 als *Collectanea etymologica* zusammengestellt. Sprachwissenschaftliche Schriften, die Leibniz selbst publiziert hatte, sammelte Dutens im VI. Band seiner Leibniz-Ausgabe. Aus dem Nachlass wurden größere und kleinere Stücke publiziert, jüngst erst die Schrift *Epistolica de Historia Etymologica Dissertatio*. Hervorzuheben sind schließlich die *Unvorgreifflichen Gedancken betreffend die Ausübung und Verbesserung der deutschen Sprache*, die *Ermahnung an die Teutsche, ihren Verstand und Sprache beßer zu üben* und die *Nouveaux Essais*.

Gerade die natürliche Sprache ist das uns unmittelbar gegebene Mittel, nicht nur Gedanken auszudrücken, sondern überhaupt zu denken. Für die natürlichen Sprachen gelten selbstverständlich die oben genannten Zeichenfunktionen, doch über den Ausdruck des bloß kognitiven Gehaltes hinaus haben gerade die natürlichen Sprachen eine praktisch-performative Funktion:

– als Befehle oder *Anweisungen für gemeinsame Handlungen*[171] und

– als Mittel, (etwa mit einem Gedicht), *das Gemüt eines anderen zu bewegen*[172], weil eine »wohlausgeübte Muttersprach wie ein rein polirtes glas gleichsam die scharffsichtigkeit des gemüths befördert«[173].

Beide Elemente aber sind von äußerster Wichtigkeit – und dies nicht nur für Leibniz. Denn dass Kalküle uns keine Handlungsanweisungen geben, sondern auf unseren kombinatorischen Handlungsregeln basieren, gilt heute wie im 18. Jahrhundert. Dass weiter der Mensch nicht nur aus kalkulatorisch-kombinatorischer Vernunft heraus lebt, sondern Empfindungen hat, die durch Kalküle als solche nicht ausdrückbar sind, dass Dichtung und Kunst allgemein unersetzliche Elemente des menschlichen Lebens sind, ergibt sich für Leibniz schon daraus, dass der Mensch nicht nur Apperzeptionen hat, sondern auch bloße Perzeptionen, eben Empfindungen. Diese sind nichts Minderes, sondern gerade Ausdruck und Konstituens der Individualität, weil sie die je eigene Perspektivität der Monade beinhalten. Eben dies auszudrücken ermöglichen die natürlichen Sprachen.

Während Kalkülzeichen einen Begriff nur kraft der Strukturanalogie repräsentieren, kann dies für die natürlichen Sprachen nicht die einzige Form der Zuordnung von Zeichen und Gedanken sein. Fraglos gilt auch für die natürlichen Sprachen, dass ihre Wörter für Begriffe stehen, die letztlich Ideen ausdrücken. Doch selbst wenn man eingeborene Ideen in ihrem Inhalt unmittelbar erkennt, so folgt daraus nicht das Eingeborensein einer Wortbedeutung! Hier klafft eine Lücke, denn über das Perzipieren des Zeichenmaterials hinaus wird dem Individuum eine doppelte Interpretationsleistung abverlangt, nämlich das Zeichen als Zeichen für etwas (einen Begriff) und damit als Repräsentation einer res (einer Idee oder auch – in der entgegengesetzten Richtung – eines phänomenalen Dinges) zu verstehen. Wie kann dies gelingen? Leibniz gründet seine Lösung auf drei Elemente, erstens auf die dem Phänomen des Sprachwandels zugrunde liegenden *praktischen Erfordernisse*, zweitens auf einen *lautmalerischen oder visuellen Ursprung* der Bedeutungszuschreibung und drittens auf eine *Mitwirkung der Affekte*.

Begonnen sei beim Sprachwandel. Die »natürliche Veränderbarkeit«[174] der Umgangssprachen sieht Leibniz nicht nur als Schwäche, sondern auch als Stärke. In Abwehr der Suche nach der adamitischen Ursprache nennt er verschiedene Gründe für den Sprachwandel. Vielfach sind sie zufällig und liegen im Affektiven, denn die Sprachen sind entstanden »aus einem natürlichen Trieb der Menschen, den Lauten Affekte und Seelenregungen zuzuordnen«[175]. Daneben aber sind das Aufeinandertreffen verschiedener Sprachen zu nennen, das bis zur »Vermischung« zweier Sprachen führen kann, sowie Bedeutungserweiterungen »durch Metaphern, Syneckdochen und Metonymien«[176]. Dass es überhaupt zu Veränderungen der tradierten Sprache kommt, verlangt jedoch eine tieferliegende Begründung. Sie ist in der Parallelität von Erkenntnisentwicklung und Sprachentwicklung zu sehen. Denn wenn Denken auf Zeichen angewiesen ist und wenn dieses Denken sich neuen Inhalten zuwendet, so ist eine entsprechende Spracherweiterung unumgänglich. Dies gilt nicht nur für das Erkenntnisstreben des Einzelnen, sondern allgemein für die Lösung neu sich stellender Probleme in einer Gemeinschaft. So war die ursprüngliche adamitische Sprache »zu einfach, als dass sie den späteren Generationen genügt hätte«[177] – und darum, so folgert Leibniz, ist die Suche nach ihr, die viele Sprachwissenschaftler seiner Zeit umtrieb, sinnlos: Der Glaube, mithilfe einer Sprache, die von Adam – also vor der babylonischen Sprachverwirrung – benutzt worden sei, Gegenwartsprobleme lösen zu können, muss eine Illusion sein, einfach weil es diese Probleme und damit auch die zu ihrer Darstellung und Lösung angemessenen Zeichen noch gar nicht gegeben hat. Hingegen sieht Leibniz in der natürlichen Sprache eine bedeutsame Quelle historischer Forschung, weil sie durch ihre Anpassung an je sich stellende gesellschaftliche Aufgaben und in der Übernahme von Ausdrücken benachbarter Stämme den Rückschluss von der Gegenwart auf die Vergangenheit – beispielsweise auf Völkerwanderungen – erlaubt.

Sprachveränderungen sind in unterschiedlicher Richtung möglich; so kann mangelndes Erkenntnisbemühen zum Sprachverfall führen, während eine angemessene Sprachpflege eine Steigerung der Ausdrucksfähigkeit und damit zugleich der Erkenntnisfähigkeit ermöglicht.[178] Genau hierin, in der natürlichen Veränderbarkeit in Richtung einer größeren Differenzierung und einer Erweiterung um Neues, liegt für Leibniz der Vorzug der natürlichen Sprachen gegenüber Kalkülen. Während Kalküle starren Regeln gehorchen und damit statisch sind, erlaubt gerade die Nichtfixiertheit, ja die Unschärfe der natürlichen Sprache flexible Bedeutungsveränderungen; daraus ergibt sich als weitere Funktion der natürlichen Sprachen:

– die dynamische Anpassung an veränderte Umstände

Diese Dynamik steht hinter allem sprachgeschichtlichen Wandel. Sie ist von größter Wichtigkeit, denn Leibniz zeigt in einer Überschlagsrechnung, wie begrenzt eine Sprache jeweils ist, weil sie aus endlichen Buchstaben- oder Phonemfolgen Wörter und aus diesen Sätze endlicher Länge bildet, die wieder zu endlich langen Texten zusammengefügt werden.[179] Da aber die Welt, ja schon jedes einzelne Individuum in ihr unendlich komplex ist, vermag jede Sprache nur einen winzigen Ausschnitt solcher Mannigfaltigkeit zu erfassen. Deshalb ist sowohl eine Sprachpflege nötig als auch ein ständiger Anpassungsprozess aufgrund je sich neu in der Geschichte stellender Probleme.

Die Fähigkeit zum dynamischen Sprachwandel erklärt zwar die besondere Bedeutung der natürlichen Sprachen; aber deren ursprüngliche Wurzel ist noch nicht erreicht. Leibniz hat dies gesehen, denn für die natürlichen Sprachen wird von ihm zur Erklärung der Bedeutungszuschreibung als letzte Grundlage nicht die Strukturanalogie herangezogen, sondern eine *direkte Form der Ähnlichkeit* von Zeichen und Bezeichnetem. Sie liegt vor bei der visuellen Perzeption solcher Schriftzeichen, die – wie Leibniz dies von den ursprünglichen chinesischen Schriftzeichen annahm – dem Dargestellten ähnlich sind und damit eine Bedeutungszuschreibung erfahren. Dasselbe geschieht bei der akustischen Perzeption, bei Phonemen, die eine lautmalerische Wurzel haben wie das Wort Kuckuck. Dann erst wird durch Zeichenverknüpfung eine Struktur aufgebaut, für die das Strukturanalogieprinzip gilt. Anders als bei den Kalkülsprachen, deren Zeichen durchgängig willkürlich (wenn auch nicht grundlos) gewählt sind und deren Repräsentationsfunktion allein auf einer Strukturanalogie beruht, gründen sich die natürlichen Sprachen deshalb in diesen Fällen auf »Wurzelwörter«[180]. Sie bilden eine – wenn auch sprachgeschichtlich möglicherweise weit zurückliegende – unmittelbare natürliche Zuordnung von Zeichen und Bezeichnetem.

Leibniz geht nun noch einen entscheidenden Schritt weiter, indem er annimmt, dass die Sprache ursprünglich aus Interjektionen hervorgegangen sei, die unmittelbar »Seelenregungen« zum Ausdruck bringen.[181] Deshalb ist die natürliche Sprache primärer Ausdruck für Gefühle, deshalb auch vermag sie – anders als Kalkülsprachen – im Hörer oder Leser Gefühle zu erwecken. Mit den Elementen der optischen und akustischen Wahrnehmung und der Gemütsempfindung reichen die natürlichen Sprachen in viel tiefere Schichten der Perzeptionen, als dies zunächst der Fall zu sein schien: Die Spiegelung der Welt durch die Sprache der apperzipierenden Monade ist deshalb weitaus fundamentaler, als es auf der rein begriffstheoretischen Ebene der Fall zu sein schien.

Sprache und Weltverständnis

Leibniz betont in §1 der *Unvorgreifflichen Gedancken*, es sei »bekannt, dass die Sprache ein Spiegel des Verstandes ist«. Diese sprachliche Spiegelung ist geradeso perspektivisch wie die perzeptionelle Repräsentation der Welt in der Monade. Zumeist spiegelt die Sprache das Bild des Sprechers von der Welt; aber wegen der »unzureichenden Ordnung der Zeichen« der natürlichen Sprachen stehen »vielfach nur konfuse Begriffe« zur Verfügung.[182] Der Erkenntnisgrad des Individuums ebenso wie der überhaupt erreichbare Erkenntnisgrad hängen also unmittelbar von der Sprache ab. Geht man nun vom Individuum zur Sprachgemeinschaft über, so trifft man auf das mit der Sprache verbundene Weltverständnis. Lange vor Wilhelm von Humboldt und Benjamin Lee Whorf haben die Sprachphilosophen des 17. Jahrhunderts, hat Leibniz erkannt, dass die Gemeinsamkeit der Sprache zu einem eigenständigen Weltbild einer Sprachgemeinschaft führt. Deshalb legen sprachgeschichtliche Untersuchungen des Wortschatzes und der formalen Struktur nicht nur die Dynamik des Sprachwandels frei, sondern erlauben, auf das dahinter liegende Weltbild zu schließen. Der Vielheit der Monaden und ihren Spiegelungen der Welt entspricht hier die Vielheit der Sprachen und ihrer Ausdrucksmöglichkeiten wie Ausdrucksbeschränkungen; denn keine gibt »ander Sprachen Worte jedesmahl mit gleichem Nachdruck und auch *einem* Worte« wieder.[183] Die Sprachen als Spiegel des Geistes bringen so zum Ausdruck, was einer Sprachgemeinschaft von Interesse ist, was ihr zum lösungsbedürftigen Problem wurde und wie und wo sie Bedarf für Wissenserwerb und konkretes Handeln verspürt.

Die eben benannten Funktionen erweisen die natürlichen Sprachen trotz ihrer Schwächen als unverzichtbar. Mehr noch, menschliche Erkenntnis bedarf der Vielheit der Sprachen. Denn gäbe es nur eine, wäre immer nur ein Aspekt der Vielfalt der Welt unmittelbar erfassbar. So wird die Vielheit der Sprachen zur notwendigen Voraussetzung, die Vielfalt der Welt in ihrer Ordnung und Harmonie zu spiegeln. Zur Erkenntnisbemühung des Einzelnen muss die Sprachpflege in der Gemeinschaft hinzutreten, um die ganze Vielfalt der Erkenntnismöglichkeiten zu sichern und um jene Ziele zu ermöglichen, die Leibniz mit ihr verbunden sah: Verstand und Gelehrsamkeit, Wissenschaft und gemeine Wohlfahrt, ja Moralität und Freiheit zu befördern. Das aber verlangt zugleich das harmonische Miteinander dieser Sprachgemeinschaften unter Wahrung ihrer sprachlich-kulturellen Eigenständigkeit, um einen fruchtbaren Austausch des erworbenen Wissens zu ermöglichen. Die Vervielfältigung der Perspektiven führt nicht in die Bodenlosigkeit eines Spiegelkabinetts, sondern allererst zum adäquaten Ausdruck der unendlichen Harmonie der Schöpfung und der Weisheit ihres Schöpfers.

Innerhalb des so stimmig erscheinenden Ansatzes ergeben sich dennoch Schwierigkeiten, die zumindest erwähnt werden sollten. Wir sahen, dass die Affekte für Leibniz den eigentlichen Anfang des Zeichengebrauchs darstellen. Nun finden Affekte innerhalb seines begriffstheoretischen Aufbaus nur als Grade der Erkenntnis einen Platz. Die aber sind selbst nicht *innerhalb* einer solchen Konstruktion zu verorten, sondern auf einer zweiten Ebene, die zum Ausdruck bringt, ob ein jeweiliger Inhalt verworren, klar oder deutlich erkannt wird. Selbst wenn man es bei dieser Umdeutung der Affekte zu Erkenntnisgraden belässt, ist eine entscheidende Erweiterung des begriffstheoretischen Rahmens der individuellen Substanz unerlässlich. Dasselbe ergibt sich, wenn wir die Notwendigkeit des Zeichengebrauchs für Menschen ins Zentrum rücken, denn sie beruht ja darauf, dass wir – anders als Gott – nie alles zugleich deutlich zu überschauen vermögen, sondern uns der symbolischen Erkenntnis bedienen müssen. Die nämliche Schwierigkeit tritt auf, wenn man berücksichtigt, dass wegen des Zusammenhangs von Sprache und Erkennen beim Sprachzeichen zur Wahrnehmung als Phonem oder Graphem zugleich die Zuweisung einer Interpretation des Wahrgenommenen erfolgen muss. Oder um es von der Monadenperspektive her auszudrücken: Erst die Vorstellung von besonderen Zeichen-Perzeptionen ermöglicht es, zu einer apperzeptiven Erkenntnis der Welt zu gelangen. Es genügt nicht, zwischen Perzeption und Apperzeption zu unterscheiden, es reicht auch nicht, jeder Perzeption auf einer Metaebene (die dann auch ihre Darstellung im vollständigen Begriff verlangt) einen Erkenntnisgrad zuzuordnen; vielmehr müssen bestimmte Perzeptionen als *Perzeptionen von Zeichen einer Sprache* ausgezeichnet sein.

Die Spiegelung der Welt durch die Sprache der apperzipierenden Monade ist darum viel komplexer als bislang angenommen, auch wenn Leibniz hierzu nichts ausführt. Denn der vollständige Begriff des Individuums muss zu jeder Perzeption nicht nur deren Erkenntnisgrad, sondern auch die Weise der sprachlichen Repräsentation dieses Grades umfassen: Die besondere Perspektive jeder Seelenmonade muss wesentlich auch sprachlicher Natur sein, denn sie erfährt ihre Individuierung durch die je besondere Weise der Verbindung von sinnlicher Wahrnehmung, innerem Gefühl und kognitiver Interpretation. Dies aber sprengt fraglos den bisherigen rein logisch-kombinatorischen Aufbau des Individuenbegriffs im Reiche der Ideen.

Statt nach Kalkülen zu suchen, um die Welt in Zahlen auszudrücken, verfügen wir längst über die passende Software für unseren Computer, statt erster Anfänge einer vergleichenden Sprachbetrachtung besitzen wir ganze Institute für Linguistik, Semiotik und Sprachphilosophie. Doch die von Leibniz aufgewiesenen Funktionen der Sprache bleiben weiter fundamental. Wenngleich wir den metaphysischen Hintergrund nicht mehr zu übernehmen bereit sein werden, so stehen wir doch vor der Frage, wie wir heute den Zusammenhang von Sprachzeichen, Denken und Welt zu etablieren gedenken. Und es wäre eine Illusion zu glauben, dies könnte ohne metaphysische Voraussetzungen gelingen! Ebenso sind die Ziele geblieben, denen Leibnizens Untersuchung formaler und natürlicher Sprache dienen sollte, nämlich die Erkenntnisverbesserung und die Verbesserung des Zusammenlebens durch Verbesserung des wechselseitigen Verständnisses, denn: »Das band der sprache [...] vereiniget die Menschen auf eine sehr kräftige, wiewohl unsichtbare weise, und machet gleichsam eine art der Verwandtschafft.«[184]

Die Monade als Substanz

Der bisherige Weg hat von der Universalharmonie über die Wahrheitsprinzipien zur Leibnizschen Logik, zur Erkenntnis- und Sprachtheorie geführt – scheinbar eine Verengung, die die Metaphysik aus den Augen verloren hat. Doch das Gegenteil ist der Fall; denn die erste Ausarbeitung dessen, was die Monadenlehre vorbereiten sollte, der *Discours de Metaphysique*, fällt nicht nur zeitlich genau zusammen mit den oben herangezogenen *Generales Inquisitiones de analysi notionum et veritatum*, an deren Rand Leibniz geschrieben hatte »Hier bin ich hervorragend vorangekommen«. Mehr noch, in den Logikschriften wird immer wieder die Frage aufgeworfen, wie ein Individuum, dem doch unendlich mannigfaltige Prädikate zukommen, mit formalen Mitteln dargestellt werden kann. Leibniz beantwortet sie mit einem neuen Konzept, indem er annimmt, dass ein jedes Individuum durch seinen *vollständigen Begriff* (notio completa) gekennzeichnet sei – eine Bezeichnung, die sich in beiden genannten Schriften findet.[185] Von dort weiterführend kommt es mit dem *Système nouveau* zur ersten Darstellung der »Hypothese« von der »prästabilierten Harmonie« zwischen Leib und Seele und zwischen den »Monaden« untereinander (diese Bezeichnungen treten erst in den wenig später folgenden Erläuterungen hinzu). Die durchgebildete Lehre sollte schließlich in der *Monadologie* wie in den *Principes de la nature et de la grâce, fondés en Raison* ihre knappe Zusammenfassung finden. Um diese Entwicklung zu verstehen, ist es hilfreich, sich noch einmal die Ausgangslage zu vergegenwärtigen.

Das cartesische Substanzenproblem

Mit Descartes war eine gänzlich veränderte Antwort auf die Frage gegeben worden, was als Substanz, als das allem wesenhaft Zugrundeliegende anzusehen sei. Unter Substanz wird traditionell dasjenige verstanden, was unvergänglich und unzerstörbar als Einheit und als beharrender Träger der Eigenschaften für sich besteht, ohne eines anderen zu bedürfen, so dass es auch keinerlei Einwirkung von Substanzen aufeinander gibt. Ziel der Kennzeichnung einer Substanz ist dabei die Angabe derjenigen dauerhaften Eigenschaften, die ihr Wesen, ihre Essenz ausmachen. Descartes hatte nun eine Dreisubstanzenlehre vorgeschlagen: Die oberste Substanz ist Gott. Ihr untergeordnet, weil von ihm geschaffen, sind die *res cogitans* als denkende, nicht ausgedehnte Substanz und die *res extensa* als ausgedehnte, nicht denkende Substanz. Diese Lehre schien geeignet, den beiden das neuzeitliche Denken prägenden Bezugspunkten – Vernunft und Natur – die ihnen gebührende Vorrangstellung einzuräumen: Die res cogitans, an der alle vernünftigen Wesen gleichermaßen teilhaben, begründet nicht nur die Gleichheit der Menschen, sie sichert als unveränderliche Substanz auch die Unumstößlichkeit der auf ihr ruhenden Vernunfterkenntnis, und sie gewährleistet die Autonomie des reflektierenden Ich. Die res extensa auf der anderen Seite schien geeignet, die neuzeitliche Naturwissenschaft zu begründen; denn vermöge der von Descartes intendierten Rückführung aller Eigenschaften der Materie auf Ausdehnung musste die Natur in geometrischen Begriffen darstellbar, mithin mathematisch erfassbar sein: Hier schien die befriedigende Begründung gefunden für jene so fruchtbare These Galileis vom Buch der Natur, das in mathematischen Zeichen geschrieben ist. Mit dem Dualismus von res cogitans und res extensa hatte sich Descartes jedoch Probleme aufgeladen, die die ganze Substanzenlehre in Frage stellten, allen voran das Problem des Zusammenhangs von Leib und Seele. Ein wechselseitiges Einwirken beider war durch den Substanzcharakter ausgeschlossen. Und Descartes' Ausweg, einen *influxus physicus* als eine besondere Art des überbrückenden Einflusses anzunehmen, war mit seinem eigenen Ansatz unverträglich. Malebranche hatte das Problem durch die Theorie der »Gelegenheitsursachen« zu lösen gesucht. Danach bewirkt Gott bei jeder Veränderung auf der einen Seite zugleich eine parallele Veränderung auf der anderen. Spinoza schließlich hatte die cartesische Dreisubstanzenlehre zugunsten eines Monismus aufgegeben. Gott allein wird Substanzcharakter zugesprochen, während Denken und Ausdehnung als Attribute Gottes gesehen werden. Leib und Seele sind damit nur zwei Betrachtungsweisen ein und desselben. Sie stimmen deshalb zwangsläufig überein.

Mit allen drei Lösungen hat sich Leibniz intensiv auseinandergesetzt. Seine Kritik an Spinoza betrifft nicht nur die Herabstufung des Individuums zu einem endlichen Modus der unendlichen Substanz Gott, sondern vor allem den von Spinoza vertretenen durchgängigen Determinismus im Sinne einer absoluten Notwendigkeit, die aus Leibnizscher Sicht jede Freiheit vollkommen ausschließt. Malebranche wirft er vor, ein Gott, der ständig nachjustierend in seine Schöpfung eingreifen müsse, sei gänzlich unannehmbar. Ebenso wendet sich Leibniz gegen die cartesische Substanzenlehre. Dabei geht er zunächst von einem Argument aus, das die Grundlagen der Physik betrifft und das sich gegen die res extensa als Substanz richtet: Erstens bedarf es zur Feststellung der Bewegung eines Körpers solcher Eigenschaften, die nicht auf Ausdehnung reduzierbar sind; denn wären alle Körpereigenschaften nur durch Ausdehnung bestimmt, ließe sich gar nicht sagen, dass es *dieser* Körper ist, der erst diese, dann jene Lage eingenommen hat.[186] Zweitens verlangt die Behandlung von Bewegungs- und Stoßgesetzen, dass etwas durchaus Immaterielles als beständige Grundlage anerkannt wird, nämlich die »Kraft«[187], die wir heute Energie nennen und deren Bewahrung wir wie schon Leibniz im Energieerhaltungssatz aussprechen.[188] Wenn aber etwas Nicht-Materielles, also etwas fraglos Unausgedehntes, das Unveränderliche in der Bewegung der Körper ist, kann die Ausdehnung nicht das Wesen der Körper ausmachen. Diesem Argument misst Leibniz weit mehr als nur physikalische Bedeutung zu, zeigt es doch, dass man in der Physik nicht ohne einen Kraft- (heute: Energie-)Begriff auskommen kann, der an die Stelle einer Geometrisierung der Physik eine Dynamisierung setzt. Indem ein sich bewegender Massepunkt in jedem Augenblick die Dynamik (in heutiger Sprechweise: Impuls und Energie) in sich trägt, dem nächsten Zustand zuzustreben (als *conatus* schon vorformuliert bei Hobbes), enthält er ein finales Element, das der vorantreibenden Kraft der Seele entspricht. – Zu diesen Kritikpunkten tritt das bei der Behandlung von Raum und Zeit schon genannte metaphysische Argument hinzu[189]: Da die Materie bis ins Unendliche teilbar ist, kann es in der Ausdehnung keine echte Einheit geben. Folglich ist die Auffassung, das Ausgedehnte könne Substanzcharakter haben oder Attribut Gottes sein, nach Leibniz auch für Körper nicht mehr haltbar. Vielmehr sind Körper Erscheinungen, Phänomene – aber »wohl fundiert«[190].

Damit allerdings stellt sich ein Deutungsproblem: Das 19. Jahrhundert hatte keine Bedenken, Leibniz wegen der Phänomenalität der Körper als Idealisten zu bezeichnen, obwohl bereits Christian Wolff betonte, Leibniz habe das jeweils Zutreffende sowohl des Materialismus wie des Idealismus in seine Substanzenlehre aufgenommen. So wird heute Leibniz' Sprechweise von einer »körperlichen Substanz« jenen Texten gegenübergestellt, in denen er den Körpern jeden Substanzcharakter abspricht. Darum sei die ontologische Deutung der Monadenlehre zunächst offen gelassen.

Der vollständige Begriff der individuellen Substanz

Eine Substanz lässt sich nicht nur als Träger ihrer Eigenschaften kennzeichnen, sondern auch auf eine formale Weise, die auf Aristoteles zurückgeht: Etwas ist Substanz, wenn sein Begriff nie als Prädikat einer Aussage, sondern immer nur als Subjekt auftreten kann. Genau das ist aber das Kennzeichen eines Individuums – und darum ist von ihm als dem allein wirklich Seienden auszugehen. Doch wie lässt sich ein Individuum begrifflich fassen? Goethe sollte in einer an die Scholastik gemahnenden Diktion sagen: »Individuum est ineffabile«! Leibniz' Antwort in der Perspektive einer göttlichen Logik lautet: Das Individuum ist gekennzeichnet durch seinen *vollständigen Begriff der individuellen Substanz*. Dieser Begriff »schließt alle ihre vergangenen, gegenwärtigen und zukünftigen Prädikate ein«[191], und zwar im Sinne einer begrifflichen Ordnung, die in der geschaffenen Welt der Phänomene einer räumlichen und zeitlichen Ordnung entspricht. Der vollständige Begriff hat also eine unendliche Länge, enthält er doch den ganzen Lebenslauf eines Individuums: Alles, was der Einzelsubstanz widerfährt, ist »ganz allein eine Folge der Idee [d.i. ihres vollständigen Begriffs], weil diese Idee bereits alle Prädikate oder Ereignisse in sich schließt«[192]. Leibniz nennt dies auch das »individuelle Gesetz« einer jeden Substanz, in dem auch der kontinuierliche Übergang von einem inneren Zustand zum nächsten enthalten ist.[193] Damit liegt eine völlig neuartige Auffassung des Substanzbegriffs vor. Denn während es in der Tradition nur um die Angabe essentieller Bestimmungsstücke ging (im Gegensatz zu akzidentiellen, also unwesentlichen Eigenschaften), gibt es nun keine einzige Eigenschaft, von der abstrahiert werden könnte, vielmehr ist jede essentiell für die betreffende individuelle Substanz.[194]

Den vollständigen Begriff eines jeden Individuums muss es geben, weil diese Welt eine Schöpfung Gottes ist, denn im *Denken* Gottes, das der Schöpfung in einem systematischen (nicht in einem zeitlichen) Sinn vorausliegt, muss der Schöpfungsplan eine begriffliche Struktur in Gestalt kombinatorischer Verknüpfungen aus einfachen Ideen haben. Zugleich schließt sich damit der Kreis zur analytischen Wahrheitstheorie – eine wahre Aussage über eine Substanz kann nur von der Art sein, dass ein Prädikat zugesprochen wird, das im Subjekt enthalten ist. Wenn aber das, was wirklich existiert, die Substanzen sind, muss dies für alle wahren Aussagen schlechthin gelten. Dass solch ein Wahrheitsnachweis für Menschen nur im Denken nicht zu führen ist, sondern nur für einen unendlichen Verstand, deckt sich vollkommen mit dem, was Leibniz unter einer Tatsachenwahrheit versteht.

Nun ist kein Individuum allein auf der Welt, darum müssen alle individuellen Gesetze aller Lebensläufe aufeinander abgestimmt sein: »Jede einzelne Substanz schließt in ihrem vollständigen Begriff das ganze Universum ein und alles früher, gegenwärtig und zukünftig Existierende. Es gibt nämlich nichts, dem nicht von einem anderen irgendeine Bestimmung, wenigstens im Vergleich und in der Relation, auferlegt werden könnte.«[195] Aus rein logischen Gründen gilt deshalb aufgrund der Denkbarkeit des Schöpfungsplans, dass jedes Individuum das Universum auf seine je besondere Weise »spiegelt« oder »ausdrückt«[196] (ein Zentralbegriff, dessen Bedeutung sich bereits in der Sprachtheorie zeigte) und dass jedes Individuum mit jedem anderen

»zusammenstimmt« oder »in Übereinstimmung steht«[197] (eine Bezeichnungsweise, die den Harmoniegedanken mitschwingen lässt).[198] Zugleich wird verständlich, wieso Leibniz sagen kann, der Einfluss einer Substanz auf eine andere sei nicht kausal, sondern »ideal«[199], nämlich im Sinne dieses im Schöpfungsplan angelegten Zusammenstimmens.

Die Monade als Einheit in der Vielheit

Die Begriffe Substanz und Individuum werden im Zusammenhang der kombinatorischen Logik gänzlich abstrakt behandelt – doch was ist inhaltlich gemeint, wie sind sie mit Leben zu füllen?

Da die Ausdehnung als Substanz ausscheidet, bleibt zunächst natürlich nur die res cogitans; sie wird jedoch von Leibniz gegenüber der cartesischen Auffassung wesentlich modifiziert, denn bei Descartes ist sie jeden Inhalts beraubt, wenn sie nur als das Denken schlechthin verstanden wird. Nun war Descartes mit dem cogito vom *Ich* ausgegangen. Eben diesen Zugang wählt auch Leibniz im *Système nouveau*, doch ohne es gleich zur bloß denkenden Substanz zu entleeren, vielmehr sieht er es ungeschmälert in seiner Fülle, wie dies im vollständigen Begriff der individuellen Substanz anklingt.

Der erste Schritt besteht in einer abgrenzenden Charakterisierung: Die Einheit des Ich kann keinesfalls materieller Natur sein; denn da alle Materie teilbar ist, lässt sich in ihr niemals eine wirkliche Einheit finden, sondern allenfalls die *Einheit eines Aggregats*. Eine Maschine beispielsweise ist ein solches aggregatives Ganzes, das sicher mehr ist als die Summe seiner Teile, denn wenn wir nur die Teile hätten, würden sie gerade nicht als Maschine funktionieren. Dennoch handelt es sich in

Leibnizens Sicht keinesfalls um eine Einheit im Sinne eines Unum, das *aus sich heraus* Einheit ist, weil der Konstrukteur die Teile *von außen* und nach seinem Plan so zusammengefügt hat, dass das Ganze der Maschine daraus entstand. Die fundamentale Einheit der Substanz (des Ich, des Individuums oder der Monade) ist also *ideell*, mag sie auch materiell als Körper in Erscheinung treten. Sie ist im Falle der menschlichen Individuen der Geist oder allgemein die *Seele*, »wahrhafte Einheit« und »sozusagen ein beseelter Punkt«: Diese ideelle, seelische Einheit ist es, die mein Ich konstituiert, nicht meine Körperlichkeit, denn allein »vermöge der Seele [...] gelangt man zu einer wahrhaften Einheit, die dem entspricht, was man in uns das ›Ich‹ nennt«[200].

Der zweite Schritt hebt hervor, in welchem Sinne die Einheit eine *Einheit aus sich heraus* sein soll. Dies setzt voraus, dass es zum einen etwas in der Einheit gibt, also Verschiedenes, nämlich eine innere »Vielheit in der Einheit« entsprechend der für Harmonie konstitutiven Bedingung; zum anderen muss diese Vielheit in der Einheit durch eine Form von »innerer Tätigkeit« gekennzeichnet sein[201], damit das Ich von innen heraus seine Einheit konstituieren kann. Die substantielle Einheit besitzt deshalb innere »ursprüngliche Kräfte« wie Vorstellen und Begehren.

Nun gelangt Leibniz zu einem dritten Schritt: Vorstellen und Begehren (oder allgemein: solche inneren Kräfte) sind nicht nur bei vernünftigen Wesen, sondern gleichermaßen bei Tieren zu beobachten. Selbst Pflanzen haben eine Art von Wahrnehmung, öffnen sich doch beispielsweise viele bei Sonnenschein und schließen sich wieder, wenn es dunkelt. Sie alle agieren (wenn auch instinktiv, aber dennoch aufgrund ihrer eigenen inneren Gesetzlichkeit), kurz – sie haben ein ideelles inneres organismisches Einheitsprinzip, das es uns erlaubt, sie – wie Leibniz hervorhebt, vermöge eines Analogieschlusses[202] – *auch* als dem Ich ähnliche Einheiten, als Substanzen aufzufassen, denen allerdings das Bewusstsein fehlt: Sie besitzen eine innere Kraft und ein inneres Gesetz, das etwa aus einem Kirschkern immer nur einen Kirschbaum und keinen Pflaumenbaum wachsen lässt. So verlängert Leibniz die cartesische res cogitans über den Bereich des Bewussten hinaus gewissermaßen nach unten in das Unbewusste und splittert es auf in eine unendliche Zahl voneinander verschiedener Individuen: Einheit im Sinne eines Individuums ist jeder Mensch, jedes Tier und jede Pflanze.

Damit wird nicht einfach die cartesische res cogitans erweitert im Sinne des aristotelischen Seelenbegriffs, der Tier- und Pflanzenseelen einschließt. Vielmehr geht es um ein gänzlich neuartiges Verständnis des Individuums. Denn zum einen verfügt jede menschliche Seele über dieses ihr nicht bewusste und dennoch überaus wichtige dynamische Element. Die menschliche Vernunft ist als Bewusstsein etwas, das ohne die Grundlage des Nicht-Bewussten nicht möglich wäre, ist sie doch überall und stets mit ihr gekoppelt. Nicht, dass Leibniz der Entdecker des Unterbewusstseins wäre – doch der Weg dorthin ist gewiesen. Zum anderen führt die Vorstellung, alles eigentlich Wirkliche sei seelischer Natur, zum Gedanken eines ganz und gar beseelten Universums: »Es gibt im Universum nichts Ödes, nichts Unfruchtbares, nichts Totes.«[203]

Für diese substantiellen, dynamischen und unkörperlichen Einheiten führt Leibniz 1696 die Bezeichnung *Monade* ein. So sei vom ausgebildeten System her noch einmal zusammengetragen, was deren Besonderheit ausmacht. Monaden sind *Einheiten*, einfache Substanzen, die »keine Teile haben«[204]; sie werden nur von Lebewesen – Menschen, Tieren, Pflanzen – verkörpert, niemals von anorganischen Körpern[205], auch wenn alle Körper als Aggregate verstanden werden, hinter denen letztlich Organismen stehen. Die Monade ist dabei dasjenige, was einen Organismus zu einer Einheit macht. (Die seit Kants *Monadologia physica* und Hegels *Vorlesungen über die Geschichte der Philosophie* immer wieder anzutreffende Missdeutung, auch Anorganischem den Charakter von Monaden zuzusprechen, geht wohl auf Christian Wolffs Fassung der Monadenlehre zurück.) In diesem Sinne also sind Monaden immaterielle, gleichsam »metaphysische Punkte« und »Vielheit in der Einheit«[206]. Als Substanzen sind sie auf natürliche Weise weder herstellbar noch zerstörbar[207], mithin unsterblich. Deshalb bedeuten Geburt und Tod nicht etwa Anfang und Ende einer Monade, sondern nur eine Transformation aus einer Art Schlaf beziehungsweise zurück in eine Art Schlaf.[208]

Monaden sind überdies durch einen inneren Dynamismus gekennzeichnet. Vor allem dieses Element geht über den bloßen vollständigen Begriff hinaus und ist das, was im Schöpfungsakt hinzutritt. Da sich die Monaden nur hinsichtlich ihrer inneren Zustände, der *Perzeptionen*, unterscheiden, beruht der Dynamismus auf einem inneren Streben, dem *Appetitus*. Er lässt jede Monade nach dem ihr innewohnenden Gesetz kontinuierlich von einer Perzeption zur nächsten fortschreiten: Zum begrifflich verankerten individuellen Gesetz tritt mit der Erschaffung der Monadenwelt eine innere ursprüngliche *Kraft* (vis primitiva activa) hinzu, die die innere Entfaltung der Monade entsprechend dieser individuellen Gesetzlichkeit vorantreibt, so dass das Mögliche zur Wirklichkeit wird. Deshalb nennt Leibniz Monaden in Anlehnung an Aristoteles auch *Entelechien*.[209] In der Tat liegt hier die innigste Verbindung des platonisch konzipierten Ideenreichs mit der aristotelischen Substanzkonzeption vor.

So kann man zusammenfassen: Die Einheit des Ich besteht in einer Verbindung der Vielheit innerer Elemente (Perzeption, Apperzeption und Appetitus, also Wahrnehmungen, Bewusstsein und vorantreibendes Streben). Die Verbindung beruht auf jenem für jede Monade spezifischen und unverwechselbaren individuellen Gesetz ihrer inneren Zustände[210], das die innere Organisationsform der Monade und damit die ganze vergangene und die künftige Lebensgeschichte des Ich beinhaltet. Diesem inneren Gesetz folgend »quillt alles aus ihrem eigenen Grunde kraft einer vollkommenen Selbsttätigkeit hervor«[211].

Unter den Monaden gibt es nun je nach Art der Perzeptionen Unterschiede, die den Graden der Erkenntnis korrespondieren. Die oberste Stufe stellen Perzeptionen dar, die mit Selbstbewusstsein begleitet sind und eine reflexive Erkenntnis beinhalten. Sie heißen *Apperzeptionen*, und die zu ihnen fähigen Monaden nennt Leibniz *vernünftige Seelen* oder »Geister«; sie besitzen deutliche und von Erinnerung begleitete Perzeptionen.[212] Doch muss es auch Perzeptionen unterhalb dieser bewussten Stufe geben. Denn unter Voraussetzung der Kontinuität aller Abläufe könnte ein Mensch nie aus tiefem Schlaf zu vollem Bewusstsein gebracht werden, wenn es nicht unbewusste Wahrnehmungen gäbe.[213] Diese Erweiterung der res cogitans in den Bereich verworren-unbewusster Wahrnehmungen führt auf der untersten Stufe zu den einfachen, nackten oder *schlummernden Monaden*, während Gott die oberste, ständig mit völliger Deutlichkeit apperzipierende uranfängliche Substanz ist[214], die *Monas monadum*, wie Hegel treffend sagt.[215] Dazwischen liegen die Tiermonaden und die zwischen bloßer Perzeption und Apperzeption pendelnden Geistmonaden menschlicher Individuen. Die Einbeziehung unbewusster Wahrnehmungen löst zwei Ärgernisse der cartesischen Substanzenlehre – wäre doch ein nichtdenkender, weil schlafender Mensch nicht mehr als res cogitans existent; und wäre doch ein Hund, da er kein Selbstbewusstsein hat, eine jaulende Maschine, wenn er den Knüppel sieht, mit dem er geschlagen wurde. Leibniz aber kann dem

Hund, der Erinnerung hat, eine Tierseele zusprechen, während ein Mensch eine der Apperzeption fähige Geistmonade bleibt, auch wenn er schläft.

Der oben entwickelte Dreischritt ist nun durch einen vierten Schritt zu ergänzen, der schon im vollständigen Begriff der individuellen Substanz vorbereitet ist. Er führt über die Einzelmonade hinaus und gilt dem Zusammenhang und Zusammenhalt aller Monaden: Die inneren Zustände der Monaden, die Perzeptionen, sind ein »lebendiger, immerwährender Spiegel des Universums«[216], und zwar für jede Monade auf je einmalige, individuelle Weise, nämlich perspektivisch von ihrem »point de vue«[217], genauer: in je verschiedenen Stufen der Erkenntnis von der Verworrenheit bis zur Deutlichkeit – das eben macht ihre Individualität und Unverwechselbarkeit aus. Hier wird über die logische Grundstruktur hinaus die Abstufung der Erkenntnis, die bereits bei der Unterscheidung von bloßer Perzeption und Apperzeption sichtbar wurde, zum Fundament der Individuation der Substanzen und des Aufbaus eines perspektivischen Universums. Da es sich ausnahmslos um *alle* Monaden handelt, also um die *ganze* Welt der Substanzen, bildet das Universum eine Art von Ganzheit, die jedoch selbst nicht wiederum eine monadische Einheit ist, sondern in ihren wechselseitigen Bezügen ein aggregatives Ganzes bleibt. Die ursprüngliche Einheit eines jeden Individuums als Monade findet so ihre Entsprechung in einem Ganzen, das für Leibniz Ausdruck der Universalharmonie ist, an der die einzelne Monade durch die Spiegelung oder Repräsentation wiederum teilhat. Zugleich ist dies Grundlage der prästabilierten Harmonie, auf die nun einzugehen sein wird.

Die Perzeptionenfolge und der Körper: Die prästabilierte Harmonie

Monaden mit deutlichen Perzeptionen nennt Leibniz »tätig«, solche mit bloß verworrenen »leidend«[218]. Dies führt zu einer Ordnung der Monaden; deren Erscheinungsform ist der *Körper*, den Leibniz auch als Monaden-*Aggregat* bezeichnet.[219] Beide Bestimmungen hängen darin zusammen, dass jeder Körper als Aggregat aus Teilen zusammengesetzt ist, denen Monaden niedrigerer Stufe, also mit verworreneren Perzeptionen entsprechen, bis ins Unendliche.[220] Individuen, wie wir sie uns zumeist vorstellen, bilden die Zentralmonade ihres Körpers – unbeschadet der Individualität der untergeordneten Monaden.[221] So kommt jeder Monade ein Körper zu, der gerade diejenigen Beziehungen ausdrückt, die zwischen den Monaden bestehen. Nur die göttliche Monade bildet hiervon eine Ausnahme, denn »sie allein ist vom Körper gänzlich losgelöst«[222].

Man mag sich den Zusammenhang an einem modernen Beispiel verdeutlichen: Für Leibniz ist von herausragender Bedeutung, dass jedes Individuum eine Einheit im Sinne eines inneren Ordnungsprinzips bildet. Ein solches Ordnungsprinzip sehen wir heute im gänzlich individuellen genetischen Code, der sich auch in jeder Zelle als ein untergeordnetes Element des Körperaggregats wiederfindet. Selbst heute gilt, dass eine unzulässige Verwechslung vorliegt, wenn dieser Code, der zwar materiell niedergelegt ist, als etwas bloß Materielles verstanden würde. Schon die Bezeichnung »Code«, so sehr sie eine Analogiebildung ist, deutet etwas an, das über das Materielle hinausreicht, denn eine Ordnung als Ordnung ist gerade so wenig materiell, wie Energie keine Ausdehnung ist. Damit haben wir aber in der Gegenwart eine ganz ähnliche Beziehung zwischen Körperlichem und Nichtkörperlichem, welches selbst – wie auch bei Leibniz – durchaus nicht ohne ein Körperaggregat zu existieren vermag.

Das Verhältnis von Körper und Seele ist nach dem Gesagten in der Monadenlehre als ein Hervorgehen der Erscheinung des Körpers aus dem Zustand der tätigen oder leidenden Monade bestimmt: Der Körper ist in diesem Sinne ein »wohlbestimmtes Phänomen« (phaenomenon bene fundatum)[223]. Das cartesische Problem eines influxus physicus von res cogitans und res extensa kann hier gar nicht auftreten, weil das eigentlich Reale die inneren Zustände der Monaden sind.

Die Frage, wie sich die Vergänglichkeit des Leibes mit der behaupteten Unvergänglichkeit der Substanz, also mit der Unsterblichkeit der Seele verträgt, wenn jede Monade (außer der göttlichen) von der Erscheinungsform eines Körpers begleitet ist, löst Leibniz folgendermaßen: Der Tod eines Menschen etwa bedeutet, wie schon erwähnt, nur den Übergang von einer apperzipierenden zu einer schlummernden Monade, der nun in leidender Gestalt ein kleinerer organischer Körper entspricht, hatten doch Leeuwenhoeks Beobachtungen am Mikroskop die Belebtheit des Wassertropfens ebenso gezeigt wie die Belebtheit des Spermas, so dass die Körperhaftigkeit der Seelenmonade vor der Geburt sogar empirisch aufweisbar ist. Schon 1676, kurz vor dem Besuch bei Leeuwenhoek und Jahrzehnte vor der Monadenlehre, schreibt Leibniz: »Es gibt keinen Teil der Materie, der nicht wirklich in mehrere Teile geteilt ist; daher ist kein Körper so klein, dass in ihm nicht eine Welt unendlicher Geschöpfe enthalten ist.«[224] Nun sah er sich durch Erfahrung bestätigt in seiner Vorstellung von einem durch und durch beseelten Universum.

Auch wenn mit der Allbeseelung das ursprüngliche Leib-Seele-Problem aufgelöst ist, kehrt es doch an anderer Stelle wieder. Substanzen sind dadurch gekennzeichnet, dass sie nicht durch Äußeres – also durch andere Substanzen – beeinflusst werden können. Eine Entwicklung der Monaden aufeinander ist also ausgeschlossen. Monaden sind, bildhaft formuliert, *fensterlos*.[225] Doch wie ist diese Fensterlosigkeit mit einem Tätigsein und Leiden verträglich, das sich im phänomenalen Bereich als körperlicher Organismus, also in kausalen Abhängigkeiten, manifestiert? Leibnizens Lösung hierfür ist sein Konzept der prästabilierten Harmonie. Es beruht auf der Vereinbarkeit der Monaden untereinander durch die vorgängige Abstimmung der vollständigen Begriffe aller individuellen Substanzen. Darum bedarf es keiner Einwirkung der Monaden aufeinander, auch wenn auf der Ebene der Phänomene das Verhältnis der Körperaggregate als kausale Ursache-Wirkung-Beziehung wahrgenommen wird. Auf Seiten der Monaden handelt es sich um jenen »idealen Einfluss«, der »durch Vermittlung Gottes zustande kommt«, jedoch nicht im Sinne Malebranches als unmittelbares Eingreifen, sondern weil Gott beim Denken des Weltlaufes schon vor der Schöpfung den Weg jeder einzelnen individuellen Substanz denkt.[226] Da aber in jeder möglichen Welt alles miteinander in Verbindung steht[227], müssen die inneren Eigenschaften jeder individuellen Substanz auf das Ganze des möglichen Weltlaufs abgestimmt sein und ihn virtuell enthalten. Deshalb entsprechen die Perzeptionsfolgen der verschiedenen Monaden der geschaffenen Welt einander. Die prästabilierte Harmonie zwischen der Seele und ihrem Körper ist mithin nicht ein Postulat eines Leib-Seele-Parallelismus, sondern gründet sich auf eine Harmonie der Monaden untereinander[228], die wiederum auf die Kompossibilität der vollständigen Begriffe der individuellen Substanzen der möglichen Welt im Ideenreich beruht.

Doch mehr noch, die Harmonie besteht auch zwischen den beiden Formen des Prinzips des zureichenden Grundes, nämlich zwischen Finalgründen und Kausalursachen. Leibniz ordnet sie den zwei Reichen zu, dem Reich der Zwecke (oder der Gnade) und dem der Ursachen (oder der Natur), und »diese beiden Reiche stehen unter einander in Harmonie«[229].

»Das Reich der Natur muss allerdings dem Reiche der Gnade dienen; da jedoch im großen Plane Gottes alles miteinander verknüpft ist, ist anzunehmen, dass auch das Reich der Gnade in gewisser Weise dem Reiche der Natur angepasst sei, so dass dieses die größtmögliche Ordnung und Schönheit in sich birgt, um die Verbindung beider zu der vollkommensten zu machen, die möglich ist.«[230]

In diesem Sinne erweist sich die prästabilierte Harmonie als ein wichtiger besonderer Fall innerhalb der Universalharmonie.

Neue Monadologien

Die Monadologie ist uns heute fremd geworden. Darum seien zwei kritische Positionen, die Peter F. Strawsons und Karl Otto Apels, beispielhaft aufgegriffen. Strawson fragt in *Individuals*, ob es möglich sei, eine Monadologie im Leibnizschen Sinne zu entwickeln, in der die individuelle Monade eindeutig durch ihre inneren Zustände als Spiegelung des Universums gekennzeichnet ist.[231] Er spielt zwei Fälle durch. Im ersten ist die Monade Modell für das Bewusstsein, im zweiten wird unter Monade der »vollständige Begriff eines Individuums« verstanden. Im ersten Falle, so meint er, sei nicht auszuschließen, dass zwei voneinander verschiedene Monaden identisch dieselben Bewusstseinsinhalte haben: Damit könne die Individuation nicht mehr, wie Leibniz dies fordert, über das Prinzip der Identität des Ununterscheidbaren erfolgen. Strawson glaubt deshalb, der Begriff der Person müsse als Grundbegriff eingeführt werden.

Die Argumentation macht allerdings offensichtlich nur von einem Teil der Monadenkonzeption Gebrauch, nämlich dem der Apperzeption in der Monade; hier wäre eine solche Gleichheit denkbar. Berücksichtigt man aber, dass stets auch unbewusste Perzeptionen in einer festliegenden Ordnung die Monade bestimmen, gelangt man zu dem zweiten von Strawson diskutierten Fall, in welchem Monaden als Typ, Universale oder Begriff im Sinne des vollständigen Begriffs der individuellen Substanz aufgefasst werden. Hier, so Strawson, gilt das Prinzip der Identität des Ununterscheidbaren sowie eine ganze Reihe zentraler Prinzipien der Leibnizschen Philosophie. Die entscheidende Schwäche jedoch bestehe darin, dass die Metaphysik nur noch von Begriffen handele und an keiner Stelle Kontingentes berühre, denn ob die wirkliche Welt die beste sei, müsse offen bleiben. Damit ist Strawson zufolge gezeigt, dass eine Ontologie von Einzeldingen, in der die Identifikation ohne Demonstrativausdrücke gesichert werden soll, nicht möglich sei.

Wenn diese Argumentation schlüssig wäre, würde allen neuen Monadologien der Boden entzogen. Tatsächlich ist dies nicht der Fall. Gewiss kann aus der Begriffstheorie nicht die Existenz des Subjektes eines vollständigen Begriffes folgen. Da Begriffe Universalien sind, kann ebenso nicht ausgeschlossen werden, dass es mehrere ununterscheidbare Welten gäbe (wenn dies nicht durch ein weiteres Prinzip, etwa das Erfordernis eines zureichenden Grundes für Gott, ausgeschlossen ist). Doch fraglos ist der Ausgangspunkt weder historisch zutreffend noch systematisch gesehen die einzige Möglichkeit. Denn es kommt darauf an, die beiden Ansätze Strawsons miteinander zu verbinden: Monaden sind diejenigen durch ihre Perzeptionen gekenneichneten individuellen Einheiten, deren vollständige Begriffe diese Perzeptionsordnung vollständig beschreiben.

Unter dieser Prämisse tritt der Fall zweier identischer Monaden *einer* möglichen Welt nicht auf: Jede ist durch den Begriff in der Welt individuiert. Hingegen wäre es noch möglich, dass es Weltverdoppelungen gäbe, also mehrere völlig identische, aber beziehungslose Welten existierten. Dass dem nicht so ist, muss aber auch Strawson voraussetzen, denn angenommen, ich kennzeichne eine Person durch raumzeitliche Identifikation, so ist ja nie ausgeschlossen, dass dies für identische »Parallelwelten« auch gilt. Solche Science-fiction-Annahmen sind jedoch deshalb unschädlich, weil nach Voraussetzung weder eine Kenntnis dieser Welten noch eine wie immer geartete Verbindung zu ihnen vorhanden sein kann, denn andernfalls wäre dies Teil des vollständigen Begriffes jeder Monade. Die Voraussetzung schließlich, dass es zu den vollständigen Begriffen tatsächlich existierende, sie erfüllende Individuen gibt, muss gemacht werden, geradeso, wie dies Strawson für seinen Personenbegriff auch tun muss. Damit erledigt sich aber sein Problem, und einer neuen Monadologie stehen seine Einwände nicht mehr im Wege.

Die Überlegungen Apels setzen an einer anderen Stelle an. Er will zeigen, dass die Annahme eines »Leibapriori« der Erkenntnis unverzichtbar ist. Hierunter versteht er die »Bedingung der Möglichkeit des Sehens«, die in den Sinnen selbst liegt und Teil der empirischen Welt ist, aber nicht perzipiert wird. Der eigene Leib, point de vue der Monade, müsste in einer leibvermittelten Perspektive gedacht werden, also anders als die ihm gegenüberstehenden Körper. Die Lösung, die Apel bei Leibniz sieht, beruht darauf, dass Leibniz »sein System der Monadologie gewissermaßen von einem exzentrischen Standpunkt her gedacht hat«[232], also nicht vom Inneren einer Ich-Monade. Apel kommt zu dem Ergebnis, dass auch in der Monadenlehre ein Leibapriori vorausgesetzt sei, weil der Einfluss des jeweiligen Beobachters nicht eliminierbarer Teil des Systems ist. Hier liegt im Übrigen eine (zunächst nur formale) Lösung des strawsonschen Problems, denn jedes Individuum wird in seiner Stellung zur Welt und in seiner Einflussnahme auf die Welt relativ zu jedem anderen Individuum und in diesem Sinne eindeutig gekennzeichnet. Dennoch ist dies für Apel nicht ausreichend, weil die »entdeckend-verdeckende Weltkonstitution des vorwissenschaftlichen Alltags« (beispielsweise die Weltsicht eines Malers) in dieser Beschreibung keinen Platz hat, so dass eine Auflösung des Leibapriori in ein solches Relationsgeflecht nicht möglich sei. Diese Feststellung ist nicht eigentlich eine Kritik an einer Monadenlehre, sie zeigt nur, dass die prinzipielle Einzigartigkeit der nicht physikalisch erfassbaren Weltkonstitution einer Monade – also deren deutendes Sehen von etwas als Etwas – notwendig zu der formalen Kennzeichnung hinzutreten muss.

Damit wird deutlich, dass alle neuen Monadologien nicht von einem isolierten Ich-Bewusstsein ausgehen dürfen, sondern dieses in eine Lebenswelt, eine Sprachgemeinschaft einbetten und von dorther eine Rekonstruktion ansetzen müssen. Dann aber ist eine Konzeption einer neuen Monadologie auch heute noch eine ernstzunehmende Möglichkeit, mit Leibniz eine »Hypothese« zu entwerfen, die Subjektivität und Allgemeines, Naturwissenschaft der Gegenwart und Deutung der Phänomene in einem gemeinsamen Ansatz verbindet.

So sind vielfältige Fortführungen in Gestalt neuer Monadologien entstanden – reichend von metaphysischen, phänomenologischen, gesellschafts- oder prozesstheoretisch orientierten Konzeptionen bis zu Quanten-Monadologien.[233]

Die körperliche Substanz

Apel hatte die Ergänzung der Monadenlehre um ein Leibapriori gefordert. Doch alles bisher Gesagte lässt die Aggregate der Körper als zweitrangig, als Phänomene von geringerer Realität erscheinen. Tatsächlich ist Leibniz vielfach so gedeutet worden, und zahlreiche seiner Texte untermauern dies. Dem stehen aber viele Aussagen gegenüber, in denen die Körper ausdrücklich in Verbindung mit der Zentralmonade als »körperliche Substanz« bezeichnet werden.[234] Gegen die idealistische Deutung ist deshalb eine andere Sichtweise zu stellen, die diesem Faktum gerecht wird, denn Leibniz' Ontologie ist reichhaltiger als ein enger Idealismus, sie umfasst

- *Ideen* – von einfachen Ideen über den vollständigen Begriff einer individuellen Substanz bis hin zu möglichen Welten im *Reich der Ideen*
- *Monaden* mit *Perzeptionen* und *Appetitus* bis hin zur *Welt der Monaden*
- *materielle Körper*, die der *Welt der Natur* zugehören

Hierzu kommen überbrückende Elemente: Zwischen dem Reich der Ideen und der Monadenwelt liegt vermittelnd das Reich der Zwecke, das für das Reich der Natur und damit für die Körperwelt nur von Bedeutung ist, soweit eine wechselseitige Anpassung zur Maximierung des Besten es erfordert. Auf der Ebene der Monaden gilt: Körper sind *Aggregate* von Substanzen und zugleich *»nur gut gegründete Phänomene«*[235]; doch als Überbrückung tritt die prästabilierte Harmonie hinzu, welche die Last der Beziehung zwischen der substantiellen Einheit der Monade und dem ihr zugehörigen Körper zu tragen hat. Auch die Willensfreiheit muss hier ihren angemessenen Platz finden, denn *frei* ist eine Handlung, wenn sie aufgrund einer vernünftigen Entscheidung im Abwägen der Möglichkeiten unter Handlungsalternativen gemäß dem Prinzip des Besten erfolgt.

Von den Kritikern gefragt, ob es Gott in der Schöpfung bei Monaden ohne alle Körperlichkeit hätte bewenden lassen können, antwortet Leibniz, dass eine Welt nur ideeller Substanzen sicherlich möglich gewesen wäre, weil sie keinen Widerspruch impliziere. Doch eine Schöpfung, die auf ein Höchstmaß an realitas und Ordnung abzielt, wäre um vieles ärmer, wenn es die Körper nicht gäbe. Die materiellen Körper erlangen damit im Reich der Natur ein Gewicht, das – bei aller Prädominanz der Monadenwelt – nicht vernachlässigt werden darf.

Auf diesem Hintergrund ist der Begriff der *körperlichen Substanz* zu sehen, der den Brückenschlag auch terminologisch zum Ausdruck bringt. Schon im *Discours de Métaphysique* findet er sich mehrfach. Leibniz definiert die körperliche Substanz als etwas, »das in einer einfachen Substanz oder Monade (das heißt in einer Seele oder etwas der Seele Analogem) besteht, und einem organischen Körper, der mit dieser verbunden ist«[236]. In einem Brief an de Volder gibt er die überaus wichtige fünffach differenzierende Antwort auf dessen Frage nach dem Substanzbegriff:

»Ich unterscheide also
1. die ursprüngliche Entelechie oder Seele,
2. die Materie, nämlich die erste Materie oder die passive ursprüngliche Kraft,
3. die vollständige Monade, in der beide Momente vereinigt sind,
4. die Masse oder die zweite Materie, das heißt die organische Maschine, zu welcher unzählige untergeordnete Monaden zusammenwirken,
5. das Lebewesen oder die körperliche Substanz, welche durch die in der Maschine herrschende Monade ihre Einheit erhält.«[237]

»Ursprüngliche Entelechie« bedeutet hier die ursprüngliche aktive, zielgerichtete Kraft (vis primitiva activa), die zusammen mit der passiven ursprünglichen Kraft (vis primitiva passiva) die seelenhafte Monade konstituiert. »Erste Materie« (prima materia) ist ein Begriff der aristotelischen Tradition, der nicht etwa eine uns vertraute dinghafte Angelegenheit bezeichnet, sondern etwas gänzlich Abstraktes – nämlich dasjenige, was im Sinne eines Träger-*Stoffes* (so seelenhaft er sein mag) der *Form* (hier der Entelechie im Sinne einer zielgerichteten, gesetzlich geordneten Kraft) bei allem, was existiert, stets mitgegeben ist. Die Punkte 1 bis 3 fassen also zusammen, was oben zum Monadenbegriff entwickelt wurde. Doch mit Punkt 4 tritt ein neues Element hinzu, denn die »zweite Materie« (materia secunda) ist mehr als die uns aus der Physik vertraute Masse – gewiss auch sehr abstrakt, denn was man in der Hand hält, ist nie Masse, sondern dieser Stein oder jene Pflanze, also aristotelisch gesprochen immer schon eine besondere Weise der Verknüpfung von Stoff und Form. Die Leibnizsche These, die hier zum Ausdruck kommt, lautet also, dass selbst dieser materielle Stoff eine »zweite« Materie ist – nämlich das phänomenale Pendant zur ersten Materie, doch nun bereits imprägniert mit einem Formelement, das es erlaubt, bestimmte Aggregate als »organische Maschinen« zu begreifen. Diese Spezifizierung ist nötig, weil es nicht um Sand, Steine oder Wasser geht, die Leibniz als »bloße Aggregate« bezeichnet (nämlich zusammengewürfelt wie eine Schafherde, deren eigentliche substantielle Einheiten die Schafe sind); es geht ausschließlich um Organismen. Deren ganz besondere und hervorzuhebende Eigenschaft besteht darin, dass sie sich – im Gegensatz zu jeder sonstigen Maschine – selbst zu gestalten und zu reparieren vermögen: Eine Verletzung eines organischen Körpers wird vom Körper eigenständig ausgeheilt. Deshalb ist nicht nur die cartesische Auffassung falsch, nach der Tiere nichts als materielle Maschinen sind, sondern es ist erforderlich, dem Organismus eine besondere Form von innerer Einheit zuzusprechen – eben jene monadische Einheit, auf die im Punkt 5 hingewiesen wird. Selbst wenn also »der Körper ein Aggregat von Substanzen, aber, korrekt ausgedrückt, keine Substanz ist«, wie Leibniz an Arnauld schreibt[238], so ist doch jede Substanz »umgeben mit einem Körper«[239], wie Robert M. Adams treffend formuliert. Die körperliche Substanz ist deshalb zu verstehen als die Synthese des Organismus, in die die einheitsstiftende und formgebende ideelle Entelechie ebenso eingeht wie die naturgesetzliche Ordnung der zweiten Materie.

Was immer noch fehlt, ist der innere nicht-logische Zusammenhang zwischen (i) Ideen als logische Konstruktion der vollständigen Begriffe individueller Substanzen, (ii) Monaden als Einheiten innerer Aktivität mit Perzeptionen, (iii) lebenden und tätigen Körpern, die eine Monade umschließen, und (iv) bloßen Aggregaten wie beispielsweise Steine, die in ihren Bewegungen physikalischen Gesetzen folgen, aber keine Zentralmonade besitzen. Leibniz gibt eine doppelte Antwort, die wie die beiden Seiten einer Münze zusammengehören, indem er einerseits den Begriff der *Kraft*, andererseits den Begriff der *Emanation* verwendet.

Der Begriff der Kraft wird von Leibniz in seiner *Dynamica* eingeführt. Er hat eine physikalische Seite, doch die Kräfte im Bereich der Körper sind bloß abgeleiteter, »derivativer« Art. Die ursprünglichen Kräfte hingegen müssen ihre Quelle in den Substanzen als »aktive Kraft« in Gestalt der oben schon genannten *vis primitiva activa* haben, die »eine Art von Aktivität oder Entelechie beinhaltet«[240]. Im *Specimen dynamicum* zeigt Leibniz, dass die ursprüngliche aktive Kraft »jeder körperlichen Substanz als solcher innewohnt«, während die abgeleitete vis activa derivativa »sozusagen aus der Begrenzung der ursprünglichen Kraft beim Zusammenprall der Körper auf andere Weise gegeben ist«[241]. Ohne dass sich angeben ließe, wie der Zusammenhang zwischen ursprünglichen und derivativen Kräften beschaffen ist, wird doch klar, dass Leibniz in ihnen das verbindende Element zwischen Monade und Körper sieht. Christian Wolff sollte später einen solchen Zusammenhang suchen – aber das wäre in Leibnizscher Sicht ein Fehler, denn da Monade und Körper ontologisch gänzlich geschieden sind, kann die Entsprechung nur in der prästabilierten Harmonie ausgedrückt werden, nicht aber in einer wie immer gearteten direkten Zuordnung von geistig-seelischen Kräften zu physischen Kräften (auch wenn man diese im Sinne von Energie auffasst); sonst wäre man unweigerlich auf das cartesische Problem eines influxus physicus zurückgeworfen. Hier liegt also keine »Lücke« im Leibnizschen System vor, wie ihm gelegentlich vorgeworfen wurde.

Das eigentliche Fundament der *vis primitiva activa* einer jeden Monade ist das göttliche Fiat, dieser immediate und immaterielle Akt Gottes, der den Übergang von der statischen logisch möglichen zur dynamischen wirklichen Welt bedeutet. Er schlägt sich nieder als Appetitus, der die Monade von Perzeption zu Perzeption fortführt, während die Veränderung in der Körperwelt daraus in einer solchen Weise hervorgeht, dass die Summe dieser Kräfte in der Welt konstant bleibt.

Zusammenfassend ergibt sich damit folgendes Bild: Die prästabilierte Harmonie hängt von wesentlichen metaphysischen Voraussetzungen ab, die Möglichkeiten und Potentialitäten einschließen, welche es erlauben, eine nicht-reduktive Ordnung zu entwickeln. Diese hat ihren Ausgang in logischen Strukturen, wird angereichert durch Werte und Kräfte, führt weiter in den Bereich der Monaden als Substanzen, ist gegenwärtig in einem Perspektivismus auf der Ebene der körperlichen Substanzen und reicht hinab bis zu den kontingenten Substanz-Aggregaten als Materie. Auf jeder Ebene zeigen sich neue Eigenschaften. Diese beruhen auf Transformationen

- von den logischen Bedingungen eines Subjekts zur Substanz als einem Ich
- von Perzeptionen zu Phänomenen
- von individuellen Gesetzen jeder einzelnen Monade zu den Naturgesetzen in der Körperwelt
- vom Appetitus der Monaden zum Conatus der organischen Körper
- von der ursprünglichen aktiven Kraft der substantiellen Formen zur abgeleiteten aktiven Kraft der organischen und schließlich aller Körper
- von der ursprünglichen passiven Kraft zur Masse.

All diese Transformationen müssen auf eine neoplatonistische Weise als eine von Gott ausgehende Emanation gesehen werden, die über die Seele zu den organischen Körpern und hinunter bis zur Materie reicht. »Emanatio« ist kein Terminus technicus seiner Philosophie, doch Leibniz benutzt ihn recht häufig. So verwendet er ihn dreimal im *Discours de Métaphysique*, dem Schlüsseltext, in dem sich alle anderen Zentralbegriffe wie der vollständige Begriff einer individuellen Substanz, der Begriff der substantiellen Form und der Begriff der körperlichen Substanz finden. Er schreibt: »Vor allem ist es völlig klar, dass die geschaffene Substanz von Gott abhängt, der sie erhält, mehr noch, der sie kontinuierlich hervorbringt in einer Art Emanation, wie wir unsere Gedanken hervorbringen.«[242] Ebenso wird der mit *emanatio* im Neoplatonismus bedeutungsgleiche Ausdruck *fulguratio* in genau diesem Zusammenhang in der *Monadologie* verwendet.[243] Dies zeigt, dass die Emanation, die in Gott ihren Ursprung hat, die Substanzen, die organischen Körper und die ganze Zustandsfolge der Aggregate hervorbringt.

Und es verdeutlicht, dass die Emanation jene Art von Kraft zum Ausdruck bringt, die dem Denken Gottes entspringt und das Beste ausdrückt, eine Kraft, die, von Ebene zu Ebene transformiert, in den Substanzen ebenso wie in den Körpern beobachtet werden kann. Das führt uns zurück zum Leib-Seele-Problem: Die prästabilierte Harmonie wird von dieser einheitlichen Emanation gesichert, denn die unterschiedlichen emanierenden Entitäten sind verbunden durch die *repraesentatio* als eine ontologische und epistemologische Verknüpfung, durch *Perspektivität*, die die repraesentatio bestimmt, und durch eine *aktive Potentialität*, die vom *actus purus* Gottes und dem Prinzip des Besten über die Teleologie der Monaden zur Kausalität hinabreicht. Diese Transformationen und Repräsentationen erlauben jedoch keinerlei Reduktion. Dies ist es, was den Reichtum der Leibnizschen Ontologie kennzeichnet; zugleich aber zeigen sich die weitgreifenden metaphysischen Voraussetzungen, auf denen Leibniz' Lösung des Leib-Seele-Problems beruht.

Emergenz statt Emanation

Seit Descartes res cogitans und res extensa radikal voneinander trennte, stellt das Leib-Seele-Problem eine der zentralen Herausforderungen der Neuzeit dar, denn wie ist es möglich, dass sich beide Seiten im Einklang befinden? Peter Bieri hat das Problem in Gestalt dreier Aussagen formuliert, die je für sich akzeptabel erscheinen, die aber unvereinbar sind[244]:

1. Mentale Phänomene sind nicht-physische Phänomene (der Geist ist immateriell).
2. Mentale Phänomene können physische Phänomene verursachen (der Geist wirkt auf den Körper, das heißt, er erzeugt einen Unterschied in der materiellen Welt).

3. Der Bereich physischer Phänomene (d.h. die materielle, körperliche Welt) ist kausal abgeschlossen.

Die erste Aussage drückt unsere Alltagsüberzeugung aus, dass Geist und Körper zwei verschiedenen ontologischen Bereichen zugehören, die klar zu trennen sind: Liebe, Furcht, Denken und Wille gehören dem ersten Bereich an, Ausdehnung, Gewicht, Wärme und Undurchdringlichkeit dem Letzteren. Die Aussage bringt also den ontologischen Dualismus zum Ausdruck. – Die zweite Aussage beinhaltet die wohlbekannte Erfahrung eines Brückenschlags zwischen beiden Bereichen, so ein willentliches Tun, Zittern vor Furcht oder Rotsehen vor Ärger. – Die dritte Aussage schließlich geht auf die Auffassung der Physik im 17. Jahrhundert zurück, wonach Natur als Materie und nicht als etwas Animistisches wie in der Alchemie verstanden wird: Physische Phänomene werden nur von physischen Phänomenen verursacht, und ein physisches Phänomen zu erklären verlangt eine Erklärung aufgrund physischer Bedingungen und Naturgesetze – und nichts sonst: Ein Experiment hängt nicht von Beschwörungsformeln ab. Tatsächlich beruht der Erfolg der modernen Naturwissenschaften auf dieser Voraussetzung.

Diese drei Aussagen sind also, für sich genommen, zustimmungsfähig. Doch sie sind unvereinbar insofern, als jeweils zwei von ihnen der dritten widersprechen. Genau dies verursacht das Leib-Seele-Problem.

Um das Leib-Seele-Problem zu lösen, verwarf Leibniz (2.), also den Einfluss des Willens auf die Welt. Hobbes hingegen verneinte (1.), die Immaterialität des Geistes, während wir heute meist (3.) zurückweisen, die These von der kausalen Geschlossenheit der materiellen Welt.

Leibnizens Antwort, die prästabilierte Harmonie, vielfach zum Ausdruck gebracht in der Metapher von den zwei synchronisierten Uhren, braucht nicht wiederholt zu werden.

Doch worin besteht die heutige Bedeutung seiner Antwort? Der Problem-Hintergrund hat sich seither radikal verändert: Man denke an jene Wissenschaftsresultate, die die Leibnizschen Prinzipien des zureichenden Grundes und der Kontinuität zerstören. Unser Begriff von Materie ist wesentlich reicher als der des 18. Jahrhunderts. So zögern wir keineswegs, Energie als etwas einzubeziehen, das Einstein zufolge ein Massenäquivalent besitzt. Wir kennen viele Details der inneren Ordnung eines Organismus bis hinunter zur Genomanalyse, und täglich legt die Neurobiologie Ergebnisse vor, die viel subtiler sind, als Leibniz sich dies je hätte vorstellen können. Mehr noch, die Probleme selbst haben sich gewandelt. Niemand versucht eine Theorie der göttlichen Wahlfreiheit bezüglich möglicher Welten zu entwickeln, niemand sucht eine Erklärung des Leib-Seele-Parallelismus durch prästabilierte Harmonie als Ausfluss dieser göttlichen Wahl. Und niemand würde behaupten wollen, die ganze Welt sei organisch. Was also können wir von Leibniz lernen?

Selbst wenn sich der Horizont gewandelt hat, ist das Kernproblem geblieben: Wie ist menschliche Freiheit möglich? Wie können wir den Leib-Seele-Zusammenhang erklären? Wie können wir die Verbindung zwischen Materie, Organismus, neurobiologischen Daten, psychologischen Fakten und dem Denken verstehen? Das Leib-Seele-Problem darf heute nicht wie noch bei Leibniz allein auf das Verhältnis des menschlichen Geistes zum menschlichen Körpers bezogen werden, sondern es ist als Teilproblem in der Entwicklung des evolutiven Universums seit dem sogenannten Urknall zu verstehen. Es bedarf also eines Modells, das uns zu beschreiben und vielleicht auch zu erklären erlaubt, wie der Weg von den Anfängen im Hochenergie-Plasma über die verschiedenen Niveaus der Materialisierung, des Biotischen, Psychischen und Geistigen als eine *Emergenz* der jeweils neuen Eigenschaften auf dem jeweils höheren Niveau zu sehen ist. Geschehen muss dies auf eine nicht-reduktive Weise, weil es keinerlei Möglichkeit gibt, die neuen Eigenschaften auf dem voraufgehenden Niveau, aristotelisch gesprochen, auf der niedrigeren ontologischen Schicht, vorherzusagen. Es sei daran erinnert, dass Leibniz, um das Leib-Seele-Problem durch seine prästabilierte Harmonie zu lösen, gezwungen war, als höchste Ebene das Reich der Ideen anzunehmen und überdies mit einer Aktivität des göttlichen Denkens anzureichern. Die aristotelische Lehre ontologischer Schichten reicht heute nicht aus, vielmehr bedarf es einer quasi-leibnizischen Progression, welche die Zustände – nun von unten nach oben – vorantreibt, wobei absolut neue Arten von Individuen mit absolut neuen Eigenschaften zu entstehen vermögen, wie dies aus Evolutionstheorien bekannt ist, wobei am Ende Individuen mit Bewusstsein stehen.

Im Emergenzschema geht es statt einer *top-down*-Lösung um eine *bottom-up*-Lösung, darum, wie etwas völlig Neues real werden kann. Dabei zeigt sich eine bemerkenswerte strukturelle Parallele zu Leibniz. Dessen Theorie der Emanation bedurfte einer Art von vis, die als Gottes *fiat!* und *vis primitiva* zu den Möglichkeiten des Ideenreichs hinzutreten musste, um sich als Appetitus in den Monaden und als *vis derivativa* in der Dynamik der Körperwelt niederzuschlagen – in beiden Fällen überdies mit einer besonderen Art von aktiver Potentialität verbunden. Dies ist der eigentliche metaphysische Preis der Leibnizschen Lösung. Sieht man von hier aus auf die Emergenztheorien, so zeigt sich, dass etwas Entsprechendes auch hier erforderlich ist, nämlich eine Art dynamischer Potentialität. Sie kann nicht teleologischer Natur sein, sondern sie muss offen für die Zukunft sein, jedoch die Evolution vorantreiben und hierbei, eben im Zuge der Emergenz, neue Ebenen mit neuen

Objekten und neuen Eigenschaften mit je einer besonderen Art von Notwendigkeit erschließen. Auch das Problem der körperlichen Substanz stellt sich, aber nun als ein *bottom-up*-Problem: Während Leibniz als oberste Ebene das Reich der Ideen und die göttliche Aktivität des Geistes annahm, müssen wir unsere unterste Ebene ergänzen: Das Hochenergie-Plasma ist in keiner Weise traditionelle Materie – es muss um all die Potentialitäten erweitert werden, die das emergente Universum mit seiner inneren Dynamik bestimmen. Dies klingt nach Physik, tatsächlich aber geht es um eine Metaphysik hypothetischer Zustände, die auf der obersten Ebene Freiheit ermöglichen. Vielleicht sollten darum Naturwissenschaftler ihre neuen Systeme auch als Hypothesen bezeichnen, wie Leibniz dies getan hat. Die Emergenztheorie jedenfalls ist eine metaphysische Theorie, und vielleicht eine fruchtbare, wenn wir bereit sind, wie Leibniz ihre metaphysischen Voraussetzungen zu analysieren und auszuloten.

Freiheit und Theodizee

Das Freiheitsproblem

Freiheit ist das letzte große Thema der heutigen Metaphysik: Von der für Kant noch leitenden Trias regulativer Ideen – Gott, Freiheit, Unsterblichkeit – ist allein sie als zentraler Gegenstand philosophischer Reflexion übrig geblieben, selbst in einer Zeit, in der Neurologen ihre Annahme für sinnlos halten. Dieser Freiheitsbegriff entsprang einer christlichen und seine Kritik einer vor allem protestantischen Tradition, nach der allein Gott ein freier Wille zugesprochen wird. Dies gerät heute wohl ebenso in Vergessenheit wie die kritische, bis auf die Megariker zurückgehende Argumentation Spinozas, dass etwas mit Notwendigkeit so geschieht, wie es geschieht, weil es sonst nicht geschähe; und dass wir deshalb nichts anderes wollen können, als dass es so geschieht – sowenig wie ein Einsichtiger, der verstanden hat, warum $2 + 2 = 4$ gilt, wollen kann, dass dem nicht so sei. Wir wollen also das, was mit oder ohne unser Wollen mit Notwendigkeit so ist oder abläuft, wie es ist oder abläuft. Wenn nur das frei ist, was »aufgrund der Notwendigkeit seiner Natur existiert und allein aus sich zum Handeln bestimmt wird«[245], wie Spinoza definiert, so ist allein Gott frei, weil einzig er nur durch seine innere Natur determiniert ist, während der Mensch als endlicher Modus der unendlichen Substanz Gottes absolut gesehen unfrei ist und allenfalls insofern frei genannt werden kann, als er bei deutlicher statt bloß klarer oder gar verworrener Erkenntnis zu einer rationalen Gottesliebe geführt wird, die ihn die determinierende Notwendigkeit als göttliche ebenfalls wollen lässt. Aber das Ergebnis ist nicht einmal Handlungsfreiheit, allenfalls eine Art Erkenntnisfreiheit.

Leibniz hat Spinozas Auffassung aufs Schärfste zurückgewiesen. Das aber verlangt ein Eingehen auf das eben skizzierte Argument und die Entwicklung einer anders gearteten Lösung. Dabei zeigt sich, dass die Freiheitsproblematik wesensmäßig mit einem *modalen* Problem verbunden ist, nämlich der Frage, wie sich Notwendigkeit und Möglichkeit zueinander verhalten. Wenn Freiheit bedeutet, etwas selbstbestimmt zu wollen und das Gewollte tun zu können, ohne dabei durch andere determiniert zu sein, so geht es im Wollen um die epistemische Bestimmung und rationale Bewertung einer ontologischen Möglichkeit, und im Handeln um die Verwirklichung dieser Möglichkeit. Nun setzen aber sowohl das Bestimmen als auch das verwirklichende Handeln Gesetzmäßigkeiten, Regularitäten, kurz: Formen von Notwendigkeit voraus, weil anders weder das zu Bestimmende gedacht noch das im Denken Bestimmte hervorgebracht werden könnte. Möglichkeit, Wirklichkeit und Notwendigkeit müssen also in jeder Freiheitstheorie je für sich abgegrenzt und aufeinander bezogen werden. Dies ist die Grundlage, auf der das Verhältnis von Determination und Freiheit zu bestimmen ist und auf der die intentional-teleologische Struktur freier Handlungen aufruht.

Für Leibniz gehört die Freiheitsproblematik zu den zentralen Elementen seines Denkens, weil nicht nur die Verknüpfung von Theorie und Praxis, sondern vor allem verantwortliches Handeln, Recht, Gerechtigkeit und Moralität, die alle zur Vervollkommnung des menschlichen Daseins beitragen sollen, ohne Freiheit unmöglich wären. Doch gewinnt gerade dieses Problem für Leibniz an Schärfe, weil er eine doppelte Freiheit sichern muss, nicht allein die der Menschen, sondern auch die Freiheit Gottes, denn nur dann ist eine Wahl Gottes nach dem Prinzip des Besten als ontologisches wie als moralisches Prinzip möglich. Beides scheint aber unvereinbar zu sein, denn wenn Gott den Weltlauf festgelegt hat, folgen die Individuen ihrem inneren Gesetz und damit, so könnte man ganz im Sinne Spinozas argumentieren, einer determinierenden Notwendigkeit.

Leibniz' Vorgehen soll in drei Schritten entfaltet werden. Im ersten wird der Leibnizsche Begriff der Freiheit zu entwickeln sein, um im zweiten die göttliche Wahlfreiheit einführen zu können. Der dritte Schritt wird die Frage betreffen, ob und wie göttliche und menschliche Freiheit mit dem Gedanken einer durchgängig kausal determinierten Natur einerseits wie auch mit einer allein ihrem eigenen inneren Gesetz folgenden Monade andererseits vereinbar ist.

Das Freiheitsproblem ist in seiner heutigen Bedeutung ein ganz und gar neuzeitliches Problem. Weder das griechische *eleutheria* noch das lateinische *libertas* ist ein philosophischer Fachterminus, sondern ein politischer.[246] Erst mit der Betonung des Individuums wird der Freiheitsbegriff zum Gegenstand scharfer Dispute – man denke an die Differenzen zwischen Erasmus von Rotterdam und Martin Luther. Nirgends aber hat Individualität in der Geschichte der Philosophie eine deutlicher ausgeprägte Gestalt gewonnen als in der Leibnizschen Substantialisierung des Ich als Monade.

Zwei Labyrinthe, meint Leibniz, gebe es für den menschlichen Geist: das des Zusammenhangs des Kontinuums und das des Wesens der Freiheit.[247] Seit seiner jugendlichen Lektüre von Luthers *De servo arbitrio*[248] hat er nach einem Ariadnefaden gesucht, der aus dem Labyrinth (oder aus beiden zugleich) herauszuführen vermag. So finden sich Überlegungen zum Freiheitsproblem, 1670/71 beginnend in *Von der Allmacht und Allwissenheit Gottes und der Freiheit des Menschen*[249] bis in die *Théodicée.*

In Leibniz' Schriften gibt es recht verschiedenartige Bestimmungen des Freiheitsbegriffes, abhängig teils von der Thematik des betreffenden Textes, teils von der Position, auf die er sich bezieht.[250] Dennoch lassen sich einige zentrale Kennzeichnungen ausmachen. In einem um 1680 entstandenen Text geht Leibniz von drei Voraussetzungen aus[251]: Erstens sei der freie Wille als eine *Vollkommenheit* zu sehen, da er Gott und den Engeln zugesprochen, den wilden Tieren abgesprochen wird; zweitens sei er dem *Zwang* und drittens der *Unwissenheit* und dem Irrtum entgegengesetzt, was bedeutet, dass jemand umso freier ist, je weniger er äußerem Zwang ausgesetzt ist und je mehr er weiß. Der Wille wird dabei definiert als der Antrieb, das zu tun, was wir als gut erkannt haben. Damit ist ein erstes wichtiges Zwischenergebnis erreicht: Der freie Wille bedeutet auf keinen Fall eine Indifferenz im Sinne eines Vermögens, dieses oder auch jenes zu tun[252], denn jede Handlung aus freiem Willen setzt einen Beweggrund voraus. Der besteht nicht darin, das Wollen zu wollen, das Wollen des Wollens zu wollen usf., sondern in einer vernünftigen Überlegung über das zu erreichende Gute. Wäre dem nicht so, wäre die Freiheit keine Vollkommenheit. Freiheit ist also immer mit einer Reflexion auf das Gute verbunden, frei kann darum nur ein mit Bewusstsein ausgestattetes Wesen sein.[253] So weit scheint Leibniz mit Spinozas Definition der Freiheit durch innere Notwendigkeit konform zu gehen, doch er fasst zusammen: »also besteht die wahre Freiheit des Geistes darin, das Beste zu erkennen und zu wählen«[254]. Darum darf Freiheit weder mit Indifferenz verwechselt noch als Notwendigkeit aufgefasst werden. Wäre Freiheit wie bei Spinoza Notwendigkeit, so wäre gar keine Möglichkeit einer Wahl gegeben. Die aber stellt eine unverzichtbare Bedingung der Freiheit dar. Dazu müssen im Denken verwirklichungsfähige Alternativen verfügbar sein, weshalb eine Voraus setzung der Freiheit in der *Kontingenz des Wählbaren* besteht: »Eine *freie Handlung* ist eine kontingente, nicht notwendige Handlung eines vernünftigen Wesens.«[255] Die Kontingenz des Wählbaren muss für göttliches wie menschliches Handeln gleichermaßen gegeben sein, damit Freiheit und mit ihr ethisch verantwortliches und gutes Handeln überhaupt möglich sind.

Die beiden herausgearbeiteten Bedingungen – die Ablehnung der Indifferenz bei gleichzeitiger Vernunftbestimmtheit der Wahl und die Ablehnung absoluter Notwendigkeit bei gleichzeitiger Kontingenz der Wahlmöglichkeiten – reichen noch nicht aus zu einer vollständigen Kennzeichnung einer freien Handlung. Was noch fehlt, ist dasjenige Element, das bei Spinoza mit der Selbstdetermination durchaus getroffen ist, nämlich die aus dem Handelnden heraus erfolgende Bestimmung des Willens, die *Spontaneität*[256] – wobei zur Spontaneität die vernünftige Wahl treten muss[257], denn »Spontaneität kommt aus Können, Freiheit aus Wissen«[258].

Damit sind alle Bestimmungsstücke des Leibnizschen Freiheitsbegriffs zusammengetragen: Spontaneität, Kontingenz und Vernünftigkeit des Willens und der Handlung.[259] Eine Handlung ist frei, wenn sie spontan, d.h. ohne äußere Einwirkung erfolgt, wenn sie kontingent, d.h. möglich und nicht absolut notwendig ist und wenn sie auf einer vernünftigen Selbstbestimmung des Willens durch das als gut Erkannte beruht. Insofern sind auch freie Handlungen bestimmt oder, wie Leibniz sich ausdrückt, »determiniert« und nicht etwa »indifferent«[260].

Gegen Descartes und Spinoza betont Leibniz immer wieder, dass der Bereich des Möglichen größer sei als der des Wirklichen. In seinem häufig gewählten Beispiel, dass niemand erwarte, die Handlung eines erdachten Romans werde einmal Wirklichkeit, kommt der eigentliche Grund hierfür nicht zum Ausdruck. Er liegt tiefer und hat seine Wurzeln im Freiheitsproblem. Denn wenn Gott ein guter Gott sein soll, und wenn ein Mensch für seine Handlungen soll verantwortlich gemacht werden können, dann ist eine freie Wahl unter Möglichkeiten die unabdingbare Voraussetzung. Dabei darf es sich nicht um eine Indifferenz handeln; denn würde Gott durch eine Entscheidung zwischen Indifferentem bestimmen, was gut ist, würde Gott erstens entgegen dem Prinzip des zureichenden Grundes grundlos handeln, zweitens würde entgegen dem Prinzip des Besten durch ein Dekret festgelegt, was gut und was schlecht ist, so dass die Verpflichtung des Menschen zum guten Handeln nur auf einem Willkürakt Gottes beruhen würde. Leibniz beantwortet deshalb die Frage, ob etwas gut ist, weil Gott es will, oder ob Gott etwas will, weil es gut ist, entschieden im Sinne der zweiten Auffassung.[261]

Was Gott zur Wahl steht, sind die möglichen Welten. Seine Wahl ist dabei allein durch das Prinzip des Widerspruchs eingeschränkt. In welchem Sinne aber kann man sagen, Gottes Handeln erfolge spontan, d.h. von innen heraus? Leibniz beantwortet dies im Sinne einer Selbstbestimmung Gottes, weil die Vorstellungen seines Geistes seinen Willen bestimmen. Für die geschaffene Welt gilt hingegen, dass sie von Gottes Willen »determiniert« ist.[262] Insofern also ist Gottes Wille frei, denn Gott wird nur durch sich selbst bestimmt, nämlich durch die Vorstellungen der Möglichkeiten, verbunden mit deren Bewertung unter dem Gesichtswinkel des Prinzips des zureichenden Grundes in Gestalt des Prinzips des Besten. Damit sind für das Handeln Gottes alle Bestimmungsstücke des freien Handelns gegeben: Seine Wahl ist spontan, bezieht sich auf Kontingentes und ist dennoch nicht durch Indifferenz geprägt, sondern durch eine Bestimmtheit im Sinne des Prinzip des Besten. Da dieses Prinzip selbst nicht aus logischen Gründen wahr ist, sondern kontingent, ist auch das von ihm Bestimmte kontingent.

Dennoch bedeutet die Befolgung des Prinzips des Besten eine Bestimmung, eine determinatio. Leibniz nennt sie, wie wir sahen, »moralische Notwendigkeit« oder auch »glückliche Notwendigkeit« – nie ohne zu betonen, dass dies gerade keine zwingende absolute oder metaphysische Notwendigkeit sei, nichts, das Gott zwingt, sondern etwas, das ihn »geneigt macht«, so und so zu handeln.[263] Für das göttliche Denken ist damit das Freiheitsproblem gelöst.

Damit kommen wir zum zweiten Teilproblem. Es gilt nun, nach der göttlichen auch die menschliche Freiheit zu sichern – und das angesichts einer durchgängigen Kausalität der Phänomene bei gleichzeitiger Fixierung des Lebenslaufs im vollständigen Begriff. Zu fragen ist also, wie Freiheit auch für die von Gott geschaffenen Substanzen, also für die apperzipierenden Monaden gegeben sein kann, die in der Monadenhierarchie unterhalb der Monas monadum stehen.

Von Anbeginn werden dabei alle Monaden ausgeklammert, die über kein Selbstbewusstsein verfügen, also nicht apperzipieren. Die verbleibenden seelenhaften Monaden können als apperzipierende ihre Vernunft gebrauchen und erfüllen damit die erste der Kennzeichnungen freien Handelns. Ebenso gilt, dass sie die Abfolge ihrer Perzeptionen allein aus sich heraus kraft ihres appetitus, also spontan hervorbringen: Auch die zweite Bedingung des Leibnizschen Freiheitsbegriffes ist also erfüllt. Es bleibt die dritte Komponente, die der Kontingenz. Hier aber zeigen sich sofort fast unüberwindliche Hindernisse. Wie soll der Monade etwas Kontingentes zur Wahl stehen, wenn sie stets kraft ihres inneren Gesetzes handelt? Wie soll sie frei sein, wenn Gott von Anbeginn eine Welt gewählt hat – eben gerade die, der die Monade zugehört und die sie selbst spiegelt? Wie sollte Leibniz seine analytische Wahrheitstheorie vertreten können, nach der für jede wahre Aussage das Enthaltensein des Prädikatbegriffs im Subjektbegriff gilt, wenn zugleich menschliche Freiheit besteht? Was sollte es anderes als Notwendigkeit sein, das die Monade, gänzlich durch ihren vollständigen Begriff erfasst, in der phänomenalen Körperwelt determiniert, in der es vermöge des Prinzips des zureichenden Grundes kein einziges Ereignis geben kann, das nicht kausal wäre? Gerade weil Gott den Weltlauf gewählt und damit festgelegt hat, muss doch menschliche Freiheit ausgeschlossen sein! Wieso also glaubt Leibniz beanspruchen zu können, Spinozas eherne, alles umfassende Notwendigkeit gesprengt zu haben?

Vorauszuschicken ist, dass Freiheit, bezogen auf den Menschen, für Leibniz ein relativer Begriff ist. Da es Menschen nie möglich ist, zu vollkommener Erkenntnis zu gelangen, werden sie nur so weit frei sein können, wie ihre Vernunft für eine Entscheidung zureicht. Immer aber wird die menschliche Seele mitbestimmt sein durch andere – oder auf der Ebene des vollständigen Begriffs formuliert: Ihr Begriff ist zur Erfüllung der Kompossibilitätsbedingung an andere vollständige Begriffe angepasst, also abhängig. Freiheit kann deshalb für menschliche Individuen nur graduell verwirklichbar sein.

Auch diese Relativierung des Freiheitsbegriffes lässt die Probleme nicht verschwinden. Mag die moralische Notwendigkeit, der Gott folgt, noch als aus dem Wesen Gottes stammend hingenommen werden – für die physische Notwendigkeit im Ablauf der Phänomene gilt nicht, dass sie aus dem inneren Wesen der Monade hervorgeht. Die hypothetische Notwendigkeit, dass, wenn alle Bedingungen für das Eintreten eines Sachverhaltes erfüllt sind, dieser Sachverhalt auch tatsächlich eintritt, wird von Leibniz ausdrücklich anerkannt. Ist damit nicht auch das Argument der Megariker akzeptiert und mit ihm der spinozistische Notwendigkeitsbegriff?

Verfolgen wir Leibniz' Argumentation. Zunächst stellt er fest, dass der Unterschied zwischen absoluter, auf den Widerspruchsbegriff gegründeter Notwendigkeit und moralischer wie physischer wie hypothetischer Notwendigkeit immer bestehen bleibt: Was moralisch, physisch oder hypothetisch notwendig ist, bleibt absolut allemal kontingent, denn die moralische Prämisse des Prinzips des Besten, die physische Prämisse einer durchgängigen Kausalität und die Faktenprämisse der hypothetischen Notwendigkeit sind alle kontingent. Die hier jeweils beschriebene Determination ist »eine Determination, die dem Kontingenten zwar keine Notwendigkeit auferlegt, aber Gewissheit und Untrüglichkeit zuerteilt«, ja sie ist sogar erforderlich, um der Indifferenz zu begegnen, die Freiheit unmöglich machen würde.[264]

Dennoch bleibt noch ungelöst, wieso bei göttlicher Wahl der Welt die daraus resultierende Determination die Freiheit der apperzipierenden Monade nicht ausschließt. Leibniz' Hinweis, Gott habe den Weltlauf nicht voraus*bestimmt* (praedeterminatio), sondern nur voraus*gesehen* (praevisio), scheint fragwürdig. Zwar zieht sich diese Argumentation von der Schrift *Von der Allmacht und Allwissenheit Gottes*[265] bis in die *Théodicée*[266] – doch wenn die menschliche Seele »eine Art geistiger Automat«[267] ist, scheint die Unterscheidung von absoluter und hypothetischer Notwendigkeit nicht auszureichen, Willens- und Handlungsfreiheit zu sichern. Tatsächlich aber ist Leibniz' Argument subtiler, denn er fährt fort:

»Da der göttliche Beschluss einzig und allein in dem Entschluss besteht, nach einem Vergleich aller möglichen Welten die beste zu wählen und ihr mitsamt allen Inhalten Existenz zu geben durch jenes allmächtige Fiat, so liegt es auf der Hand, dass dieser Beschluss nichts an der Beschaffenheit der Dinge ändert und dass er sie in dem Zustande belässt, in dem sie sich schon als reine Möglichkeiten befanden [...]. Das Kontingente und Freie verbleibt demnach in seinem Zustande sowohl angesichts der göttlichen Beschlüsse als auch angesichts der Vorsehung.«[268]

Die Betonung liegt hier auf der These, dass das Freie auf die Möglichkeitsbereiche des Reiches der Ideen zurückbezogen werden muss. Freiheit ist schon in den möglichen Welten angelegt, genauer: dass ein Individuum einer möglichen Welt sich frei entscheidet, bedeutet, dass es sich Möglichkeiten, die je für sich verschiedenen möglichen Welten angehören, vorstellt (es spiegelt also nicht nur die eigene mögliche Welt, sondern mindestens Teile anderer möglicher Welten) und aufgrund dieser Vorstellung eine Entscheidung darüber fällt, was es für das Beste hält. Diese Entscheidung ist also Teil der möglichen Welt, der das Individuum selbst angehört. In der Welt erscheint damit alles determiniert, weil die Freiheit nur im Geist bestehen kann. Dies aber ist grundsätzlich so und macht das Wesen der Freiheit aus! Oder wieder mit Leibniz: »Gott sieht aus dem vollkommenen Begriff dieser einzelnen, soweit als nur möglich als frei betrachteten Substanz voraus, welches ihre künftige Wahl sein wird; darum entschließt er sich, ihr die Vorherbestimmung rechtzeitig anzupassen, sofern er beschließt, sie unter den Existentien zuzulassen«.[269]

Damit ist nach Leibniz' Auffassung die Lösung des Problems erreicht. Gottes Vorherwissen ist gerade keine Vorherbestimmung, weil die Bestimmung der Substanz in der reinen Möglichkeit schon gegeben ist – entweder durch die Substanz selbst, dann handelt sie im Falle eines göttlichen »Fiat« frei, oder aber bestimmt durch eine Anpassung an das Erfordernis, mit anderen Substanzen kompossibel zu sein, also unfrei. In keinem Falle aber wäre das Prinzip des Grundes verletzt. Auch das Problem der physischen Notwendigkeit ist damit gelöst. Sie widerspricht nicht nur nicht der Freiheit, sondern sie ist im Sinne einer Vermeidung der Indifferenz unumgänglich. Der Freiheit aber kann sie nicht im Wege stehen, weil die physische Notwendigkeit auf eine mögliche Welt allein (eben die geschaffene) bezogen ist, ohne doch die Möglichkeiten anderer möglicher Welten im Geist beeinflussen zu können.

Historisch liegt die Bedeutung des von Leibniz gefundenen Weges in einer Versöhnung dreier für das Selbstverständnis des 18. Jahrhunderts grundlegender, aber unvereinbar erscheinender Prämissen, nämlich erstens der allgemein akzeptierten Annahme einer final zu verstehenden Weltschöpfung Gottes, zweitens der alle neuzeitlichen Naturwissenschaften prägenden Auffassung einer allein kausal und nicht final zu erfassenden Körperwelt und schließlich drittens des neuzeitlichen Grundverständnisses vom Menschen als eines wesensmäßig durch Freiheit gekennzeichneten Individuums. Diese Grundannahmen werden durch eine Zuweisung an verschiedene Bereiche unter gleichzeitiger Verknüpfung über das Prinzip des Widerspruchs und das Prinzip des Grundes einschließlich des Prinzips des Besten miteinander verbunden. Die finale Betrachtung gehört dem Reich der Zwecke an, die kausale Betrachtung dem Reich der Phänomene als dem Reich der kausalen Ursachen. Die Freiheit des Individuums kann nicht dem Reich der Kausalursachen angehören, sondern nur dem der Zwecke, ohne doch dem Reich der Kausalursachen zu widersprechen. Freiheit ist im Geist, sie setzt Selbsttätigkeit und Spontaneität des Individuums voraus, verlangt aber zugleich die vernünftige Wahl, um von Willkür geschieden zu sein. So hat Leibniz nicht nur die aus der Sicht seiner Zeitgenossen tragfähige Lösung des Theodizeeproblems entwickelt, sondern auch in seiner Durchgestaltung des Freiheitsproblems einen Weg aufgezeigt, der die Grundauffassungen seiner Epoche durch geeignete Umgestaltung der ontologischen Prämissen miteinander verträglich machte. Wie tragfähig diese Lösung war, erweist sich noch in Kants Annahme einer Kausalität durch Freiheit im Bereich der Noumena, was nichts anderes ist als Leibniz' Reich der Zwecke.

Das Theodizeeproblem

Leibniz' These, die bestehende Welt sei die beste aller möglichen Welten, ist seit Voltaires *Candide* oft genug mit Spott übergossen und mit Sarkasmus kommentiert worden. Wir sind heute geneigt, dem zuzustimmen: Ist nicht angesichts aller Schrecken und Nöte, angesichts dessen, was Menschen tagtäglich ihresgleichen an Unmenschlichem antun, angesichts einer waffenstarrenden Welt und angesichts aller Vorbereitungen, sie unbewohnbar zu machen, nichts abstruser als jener Leibnizsche Gedanke? Sollten wir nicht eher Schopenhauer zuneigen und sie für die schlechteste halten? So zu argumentieren verfehlt den Kern dessen, worum es Leibniz ging. Und bedenkt man, dass Leibniz' Lösung für gut ein halbes Jahrhundert nicht nur anerkannt wurde, sondern als das tragende Selbstverständnis angesehen werden muss, lohnt es zu fragen, worin denn das Problem bestand und wie der Lösungsvorschlag ausgesehen hat.

Unter dem Theodizeeproblem versteht man seit Leibniz, der diesen Begriff prägte, die Doppelfrage, wie das Böse, allgemein: das Übel in der Welt, angesichts der Allmacht und Güte Gottes möglich ist, oder wie Gott ein allmächtiger und gütiger Gott sein kann, da es doch Übel in der Welt gibt. Mit Leibniz' Worten aus seiner *Confessio philosophi*:

»Wenn Gott sich am Glück aller erfreut, warum hat er sie dann nicht alle glücklich gemacht? Wenn er alle liebt, wieso verdammt er dann so viele? Wenn er gerecht ist, wieso zeigt er sich so unbillig, dass er aus einem in allem gleichen Stoff, aus demselben Lehm die einen Gefäße zur Ehre, die anderen zur Schmach formt? Und wieso begünstigt er nicht die Sünde, wenn er sie (obwohl er sie von der Welt hätte ausschließen können) wissentlich zugelassen oder geduldet hat? Ja, ist er nicht sogar ihr Urheber, wenn er alles so geschaffen hat, dass die Sünde daraus folgt? Und was wird aus dem freien Willen, wenn man die Notwendigkeit zu sündigen annimmt, was aus der Rechtmäßigkeit der Strafe, wenn man den freien Willen aufhebt? Was aus der Rechtmäßigkeit der Belohnung, wenn allein durch die Gnade die einen von den anderen unterschieden werden? Wenn Gott schließlich der letzte Grund der Dinge ist, was soll man dann den Menschen, was den Teufeln zuschreiben?«[270]

Leibniz stellte diese Frage 1673 in einer Zeit, in der er sich aufs Intensivste mit naturwissenschaftlichen und mathematischen Fragen beschäftigte. Was treibt den jungen Gelehrten, eine Auseinandersetzung über das Verhältnis von Vernunft und Glaube, über das Theodizeeproblem zu schreiben? Ist das Problem nicht seit Hiob vertraut und oft genug behandelt worden? Wie brisant es ist, hat Epikur nach einer von Laktanz überlieferten Aussage so formuliert:

»Entweder will Gott die Übel beseitigen und kann es nicht, oder er kann es und will es nicht, oder er kann es nicht und will es nicht, oder er kann es und will es. Wenn er nun will und nicht kann, so ist er schwach, was auf Gott nicht zutrifft; wenn er kann und nicht will, dann ist er missgünstig, was ebenfalls Gott fremd ist. Wenn er nicht will und nicht kann, dann ist er sowohl missgünstig wie auch schwach und dann auch nicht Gott. Wenn er aber will und kann, was allein sich für Gott ziemt, woher kommen dann die Übel und warum nimmt er sie nicht weg?«[271]

Zunächst muss man sich klar machen, dass die Frage Epikurs nach dem Ursprung des Übels und des Bösen in jedem Monotheismus unausweichlich ist, weil der Weg in einen Gut-Böse-Dualismus, verbunden mit der Annahme eines bösen Gegengottes, versperrt ist. Zweifach verschärft sich dies, sobald Gott als allmächtiger Schöpfer und darüber hinaus – im Christentum – als gnädiger Gott verstanden wird. Die Frage nach dem Grund des Übels – unde malum – könnte deshalb, wie Tertullian es tut, als *die* Ketzerfrage schlechthin verstanden werden, führt sie doch unausweichlich im nächsten Schritt zur Frage: Woher Gott?[272] *Unde malum – unde deus*? wird so zur kürzesten Form des Theodizeeproblems; und so nimmt sie Leibniz auf.[273]

Gegenüber der Hiob-Situation lautete die Antwort stets, der Mensch dürfe sich nicht anmaßen, über Werke und Zwecke Gottes urteilen oder gar richten zu wollen, weil sie für ihn nicht durchschaubar seien. Hiobs Antwort erschien an der Schwelle zum 18. Jahrhundert nicht nur unbefriedigend, sondern es erwuchs ein dringendes Bedürfnis, eine neue Lösung zu gewinnen. Die Gründe hierfür liegen auf zwei zusammengehörigen Ebenen: Die sich entwickelnde Naturwissenschaft verdankte ihren ungeahnten Fortschritt dem ausdrücklichen Verzicht auf die aristotelischen causae finales, die Zweckursachen. Das neue Weltverständnis sah das Buch der Natur nicht als ein Buch mit sieben Siegeln, sondern als etwas, in dem man dank der kausalen Betrachtung lesen konnte, das man verstehen und durchschauen konnte: Die Welt hatte sich als verstehbar erwiesen, gerade weil sie nicht als Zweck aufgefasst wurde. Auf der anderen Seite aber wurde von niemandem in Zweifel gezogen, dass diese Welt eine Schöpfung Gottes sei. Eine Schöpfung – das ist eine auf einem Willensentschluss beruhende Handlung, also etwas, das gerade auf einem Zweck beruht. Dies beides zusammengenommen schließt jedoch die alte Hiob-Lösung aus:

Die Schöpfung Gottes ist verstehbar, aber gerade unter Verzicht auf Zwecke. Wie also lässt sich die erfolgreiche neuzeitliche wissenschaftliche Erklärung der Natur vereinbaren mit den Zwecken der Schöpfung, die doch für Böses keinen Raum haben dürfte, und der Faktizität des Übels in der Welt?

Diese Frage ist, wie Odo Marquard treffend festhält, eine Frage aus der Distanz[274] – nämlich aus der Distanz des Wissenschaftlers gegenüber seinem Gegenstand. Es ist nicht die Frage des Leidenden, des Betroffenen: Nicht die Pest hat die Theodizee hervorgebracht, nicht der Dreißigjährige Krieg, sondern die objektivierende Denkweise erfolgreicher Wissenschaftler, die selbst vor dem Unendlichen in der Mathematik nicht die Segel streichen müssen, weil sie es – gegen alle Tradition, gegen Descartes und dessen Zentralargument im Gottesbeweis der *Meditationes* – mit geeigneten Symbolen zu beherrschen vermögen. So wird die Theodizeefrage zu Beginn des 18. Jahrhunderts nicht aufgeworfen, weil die philosophischen und theoretischen Annahmen über Gott, die Welt und die menschliche Vernunft allgemein fragwürdig oder gar unglaubwürdig geworden wären, sondern genauer: weil allgemein anerkannte Annahmen über die Existenz eines weisen, allmächtigen Schöpfers mit der gleichzeitig akzeptierten wissenschaftlichen Deutung der Welt konfligieren. Damit aber wird die Frage nach dem Ursprung des Bösen, die Frage der Theodizee zur »systemerzeugenden Frage schlechthin«[275], weil sie den Gesamthorizont von Gott, Mensch und Welt auszudeuten hat.

In der Person Leibnizens treffen beide konfligierende Sichtweisen aufeinander, denn einerseits hat er selbst entscheidend an der Fortentwicklung der Mathematik und Naturwissenschaft teil, andererseits verfolgt er zunächst im Auftrage des Kurmainzischen, später des Hannoverschen und endlich des Berliner Hofs das Ziel, eine Reunion der Konfessionen herbeizuführen: eine Aufgabe, die ein tiefes Eindringen in die wechselseitigen theologischen Positionen verlangt.

Den Weg aus der philosophischen Zwickmühle entwickelte Leibniz Schritt für Schritt in den Jahren nach der Pariser Zeit der *Confessio philosophi*. Den letzten äußeren Anstoß gab die Lektüre des 1697 erschienenen *Dictionnaire historique et critique* von Pierre Bayle und dessen Thesen zum Verhältnis von Vernunft und Glaube. Bayle war der Auffassung, dass die Vernunft vor allem auf dem Gebiet der Kritik Hervorragendes leisten könne, wenig jedoch auf dem Gebiete des Erkennens selbst. Religiöse Dogmen sind für ihn Inhalte, die *geglaubt* werden müssen, nicht aber mit der Vernunft beweisbar sind. Deshalb untersuchte er alle solchen vorgeblichen Beweise, nicht, wie er manchmal interpretiert wird, um einem Atheismus das Wort zu reden, sondern um die mangelnde Reichweite der menschlichen Vernunft anhand der Schwachstellen der Argumente für die Existenz, die Güte und Vollkommenheit Gottes und für die Unsterblichkeit der Seele aufzuzeigen.

Leibniz schätzte Bayles Scharfsinn, Bayle seinerseits hatte Leibnizens System der prästabilierten Harmonie kritisiert, worauf Leibniz erwiderte. Bayle ergänzte darauf seinen Standpunkt in der 1702 erschienenen zweiten Auflage. Bayles Werk wurde viel gelesen. Es war also nicht verwunderlich, dass die Preußenkönigin Sophie Charlotte (die Pierre Bayle 1700 in Holland kennen gelernt hatte) Leibniz um Erläuterung bat, die dieser bereitwillig brieflich und mündlich gab: So entstanden jene Teile, die Leibniz zu dem einzigen philosophischen Buch zusammenstellte, das je von ihm zu Lebzeiten gedruckt wurde, die *Essais de Theodicée, sur la Bonté de Dieu, la liberté de l'homme, et l'origine du mal*, oder in Leibnizens Übersetzung des Titels: *Versuch einer Theodicäa oder Gottesrechts-Lehre, von der Gütigkeit Gottes, Freiheit des Menschen und Ursprung des Bösen*. Es erschien 1710 auf Französisch, 1716 in lateinischer und 1720 in deutscher Übersetzung. Die schnelle Folge zahlreicher Auflagen lässt seine breite Wirkung in Europa ermessen. Schon die äußere Form zeigt, dass das Werk keine systematische Abhandlung darstellt. Vielmehr handelt es sich um eine populäre Gelegenheitsschrift, manchmal weitschweifig ausholend, oft redundant, französisch, also in der Sprache des Hofes geschrieben, nicht im Latein der Wissenschaften.

Schon in der *Confessio philosophi* ist das Theodizeeproblem nicht nur klar formuliert, sondern es wird auch der Lösungsweg aufgezeigt, den Leibniz systematisch weiter verfolgen und ausbauen sollte: Gott ist die Ursache der Welt. Wie aber sind Sünden in der Welt mit dem göttlichen Willen verträglich? In seiner Antwort unterscheidet Leibniz zwischen dem, was Gott als Urheber *will*, und dem, was die *mittelbare Folge* dieses Willens ist.[276] Gott will das Beste, nämlich die Harmonie. Dies gelingt ihm nur um den Preis der *Zulassung des Übels* (denn wenn Gott nur etwas absolut Vollkommenes schaffen wollte, müsste er sich selbst noch einmal schaffen – und dieses Werk wäre mit ihm, dem Werkmeister, nach dem Prinzip der Identität des Ununterscheidbaren identisch). Oder nochmals mit Leibniz:

»Die Sünden geschehen, weil die Universalharmonie der Dinge, die das Licht durch Schatten hervorhebt, es so mit sich bringt. [...] Die Sünden gehören nicht zu den Dingen, die Gott entweder will oder macht, weil er sie ja, wenn er sie im einzelnen, d.h. für sich betrachtet, nicht gut findet; sie gehören vielmehr jenen Dingen an, bei denen Gott erkennt, dass sie als Folge in der ganzen besten, von ihm erwählten Harmonie der Dinge unterlaufen, und weil in der gesamten Reihe der Harmonie ihre Existenz durch größere Güter aufgewogen wird; daher duldet er die Sünden bzw. lässt sie zu, obwohl er sie ausscheiden würde, wenn es absolut möglich wäre, dies zu tun, d.h. eine andere, bessere Reihe der Dinge ohne sie zu wählen. Die ganze Reihe aber, so muss man sagen, erlaubt er nicht, sondern will er, und damit zugleich die Sünden, insoweit man sie nicht für sich allein, sondern in ihrer Verflechtung mit der ganzen Reihe betrachtet. Denn die Universalharmonie, die allein durch ihre Existenz Gott vollkommen erfreut, bewirkt dies nicht durch Teile, sondern durch die Gesamtheit der Reihe.«[277]

Der Grundgedanke wird jetzt sichtbar: Es gibt nicht etwa ein Gott entgegengesetztes Prinzip des Bösen, sondern das Böse oder Üble oder die Sünde ist der *Mangel an Gutem*. Dieser Mangel beruht auf einer *Zulassung des Übels*, weil ohne seine Zulassung eine Erschaffung der Welt nicht möglich gewesen wäre.

Soweit der Grundgedanke. Nun kommt es darauf an, ihn tragfähig auszugestalten und zu untermauern. Dies gelingt Leibniz durch die Einführung des Konzepts der möglichen Welten und insbesondere der besten aller möglichen Welten. Doch wieso löst diese metaphysische Konstruktion das Theodizeeproblem und beantwortet die Tertullian-Frage: Unde malum?

Die beste unter den möglichen Welten ist diejenige, die ein Maximum an Realität (d.h. an Wirkungsvermögen und Vielfalt) und an Ordnung besitzt, was zusammen ein Maximum an Harmonie und Vollkommenheit bedeutet. In ihr gelten also beispielsweise die einfachsten und universellsten Naturgesetze, die den größten Effekt mit der kleinsten Ursache erzielen; und sie ist diejenige mögliche Welt, in der die größte unter Bedingungen der Naturgesetzlichkeit mögliche Vielfalt von Arten herrscht. Eine solche Welt ist wegen der in ihr waltenden Ordnung zugleich eine vernünftige Welt. Das aber kann noch nicht ausreichen, denn eine Welt mit den einfachsten Naturgesetzen muss nicht die vollkommenste Welt im Sinne einer sittlichen Bewertung menschlichen Handelns sein.

Zunächst ist festzuhalten, dass der Begriff des Sittlichen nicht auf das Verhalten von Pflanzen und Tieren anwendbar ist; der Begriff der Vollkommenheit muss also, wenn er dem Vergleich aller möglichen Welten untereinander dienen soll, umfassend genug sein, um von den einfachsten bis zu den apperzipierenden Substanzen zu reichen. Zugleich muss er einer Abstufung fähig sein, damit das malum nicht als Negation des Guten, sondern als eine graduelle Entfernung von ihm aufgefasst werden kann. Die Brücke zum menschlichen Handeln lässt sich nun schlagen, indem seelische Harmonie als Vollkommenheit verstanden wird. Dieser Zusammenhang wird besonders in der Ethik Christian Wolffs durchsichtig, wenn Wolff, gestützt auf Leibniz, als »Naturgesetz« der Ethik formuliert: »Tue, was dich und deinen oder anderer Zustand vollkommener machet; unterlaß was ihn unvollkommener machet.«[278] Dies ist für Wolff ein mit der Vernunft einsehbares Prinzip, und deshalb ist die Moral unabhängig vom christlichen Glauben, weshalb auch, so Wolff in seiner *Sittenlehre der Sineser*, die Chinesen zu genau denselben moralischen Regeln kommen konnten wie das Abendland: Hier ist Kants Autonomiegedanke vorformuliert.

Doch zurück zu Leibniz. Die Wahl der besten Welt kann sich nicht auf bloße Naturgesetzlichkeit gründen, sondern muss wie alles Handeln auf Harmonie und Vollkommenheit abzielen. Nun halten wir Menschen oft etwas für vollkommen, was es gar nicht ist: Wir irren uns. Sittlich gutes Handeln verlangt also ein Wissen, während umgekehrt sündhaftes Handeln auf einem Irrtum, auf mangelndem Wissen (oder auf mangelnder Bereitschaft zur Reflexion) beruht. Die beste Welt ist deshalb zugleich diejenige, in der eine möglichst große Zahl von Individuen die Möglichkeit zu wissen und zu reflektieren hat.

Die Leibnizsche Behauptung, unsere Welt sei die beste unter den möglichen, besagt Folgendes: Mit der Voraussetzung, dass

Gott ein guter und vollkommener Gott ist, ist es verträglich, dass diese Welt Übel enthält, denn:

1. Diese Welt existiert. Der zureichende Grund hierfür muss außerhalb ihrer selbst liegen, er liegt in Gott.
2. Gott hat diese Welt in Freiheit erschaffen, denn:
3. In Freiheit etwas zu tun, heißt unter verschiedenen Möglichkeiten die auswählen, die man für die beste hält.
4. Gott überschaut alle Möglichkeiten, und was er für das Beste hält, ist das Beste, weil für ihn ein Irrtum ausgeschlossen ist.
5. Also ist diese die beste aller möglichen Welten.

Dass dies mit dem Vorkommen von Übeln verträglich ist, ja, dass Übel zugelassen werden müssen, folgt dabei aus der Feststellung, dass sich Gott zu verdoppeln hätte, wollte er etwas absolut Vollkommenes schaffen. Daraus ergibt sich:

6. Damit Gott überhaupt etwas von sich Verschiedenes schaffen kann, muss das Geschaffene im Vergleich zu ihm eine Einschränkung an Vollkommenheit erleiden; dies ist das Übel.

Das Ergebnis dieser Argumentation lautet für Leibniz mithin: Gott musste das Übel zulassen, um in Freiheit die beste der möglichen Welten zu schaffen.

Damit ist aber erst die Grundlage für eine Behandlung der Problematik des Übels gelegt. Eine genauere Ausarbeitung ist gefordert. Diese verlangt zu bestimmen, was denn überhaupt das Übel ist, das Gott zulässt, wenn er das Beste – also ein Gutes – verwirklicht. Aus der ganzen Anlage folgt, dass bonum und malum systematisch aufeinander bezogen sind. Zugleich können sie nicht selbst Essenzen sein, sondern sie müssen Eigenschaften sein – nicht erst von bereits verwirklichten, geschaffenen Dingen, sondern von Ideen, die Leibniz als Essenzen oder verwirklichungsfähige Möglichkeiten begreift.[279] Denn damit sich die göttliche Wahl eines Weltlaufes an bonum und malum orientieren kann, müssen diese Bewertungen schon den *möglichen* Dingen der möglichen Welten zukommen. Dazu setzt Leibniz voraus, dass die Idee des Guten selbst nicht von Gott geschaffen ist. Gott schafft allein die guten Dinge, während das Gute oder die Güte zu seinem Wesen zählt.

Worauf beruht dann das Gute als Grund allen Sollens? Leibnizens Antwort ist klar: auf vernünftiger Einsicht. Er sei der Auffassung, dass man »die unveränderlichen Regeln der Vernunft zum Maßstab der wahren Moral und der Tugend« nehmen müsse, betont er in den *Nouveaux Essais*.[280] Der Mensch muss darum das Gute vom malum zu unterscheiden lernen. Hat er aber etwas als gut erkannt, wird er es auch tun. Das Gute nicht zu tun beruht also auf einem Mangel an Einsicht.

Doch die Beziehung zwischen bonum und malum kann nicht eine Frage des besseren oder schlechteren Vernunftgebrauchs sein. Im Hinblick auf das Theodizeeproblem wird sie vielmehr vermöge folgender Gradabstufung hergestellt: »Wie das minder Üble den Charakter des Guten hat, so hat das minder Gute den Charakter des Üblen.«[281] Das Gute in der Welt ist also immer ein *relativ* Gutes. Weiter ist ein solches relativ Gutes durchgängig ein *Mittel* auf dem Weg zur Vollkommenheit, denn gut ist, »was zur Vollkommenheit beiträgt«[282]; Gottes Wahl aber zielt auf die Maximierung der Vollkommenheit.

An dieser Stelle ist eine weitere Differenzierung der Begriffe bonum und malum erforderlich. Dies geschieht definitorisch gesehen in vollkommener Parallelität: In der *Causa Dei*, deren Text Leibniz der *Theodicée* beigegeben hatte, formuliert er thesenhaft seine wichtige Unterscheidung:

»Jetzt gehe ich über zum *Grund des Willens*, oder zum *Guten und Üblen*. Beides ist dreierlei Art – ein metaphysisches, ein physisches und ein moralisches. Das *metaphysische* [Gut und Übel] besteht allgemein in der Vollkommenheit und Unvollkommenheit der Dinge, selbst der nicht mit Vernunft begabten [...]. Das *physische* wird besonders bezogen auf das Angenehme und das Unangenehme der vernünftigen Substanzen; hierher gehört das Übel der Strafe. Das *moralische* bezieht sich auf deren tugendhafte oder schlechte Handlungen; hierher gehört das Übel der Schuld.«[283]

In dieser Formulierung wird zugleich ein Teil der Voraussetzungen ablesbar, die Leibniz machen muss, um das Böse zu zähmen und zum Guten überhaupt in Beziehung setzen zu können: Dazu gehört erstens, dass alles in der Welt – also auch das Böse – in Begriffe gefasst werden kann. Denn bevor Gott die Welt schafft, existiert sie als mit vernünftigen Gründen zu bewertende Möglichkeit im ewigen Reich göttlicher Ideen. Zweitens wird das Böse als malum, als Übel, verstanden und als Attribut der Ideen von Anbeginn einer Substantialisierung entzogen. Eine Personalisierung – etwa in Gestalt des Teufels als einer Gegenmacht – ist damit ausgeschlossen. Drittens wird dieses malum in unmittelbarer Berufung auf Augustinus als Privation, als Absprechen des Guten aufgefasst[284] und konsequent in seiner begrifflichen Struktur parallel zum bonum entfaltet.

Wenden wir uns nun der Leibnizschen Differenzierung des malum zu. Das metaphysische Übel als Unvollkommenheit aller endlichen Wesen hinsichtlich ihres Seinsgehaltes (realitas, perfectio) ist unvermeidlich, denn jedes geschaffene Sein muss von geringerem Seinsgehalt als Gott selbst sein: Da sich der Seinsgehalt im Vermögen ausdrückt, etwas zu bewirken, findet das metaphysische Übel seinen Niederschlag in der Abstufung der seelischen Substanzen, also in der Abstufung der Lebewesen von den Menschen und Tieren über die Pflanzen zu den allereinfachsten Lebewesen. Wäre in dieser Hierarchie nur die oberste Stufe besetzt, so wäre dies ein Verlust an Vielfalt, der das Harmonieprinzip verletzen würde. Das metaphysische

Übel ist natürlich in keiner Weise ein moralisches Übel, sondern es beruht allein auf der unvermeidlichen Zulassung des graduellen Fehlens an realitas und perfectio.

Im Grundsatz ähnlich verläuft die Argumentation hinsichtlich des physischen Übels, also des Leidens. Gemäß Leibnizens Definition in der *Monadologie* wird der Monade *Tätigkeit* zugesprochen, wenn sie deutliche, *Leiden*, sofern sie verworrene Perzeptionen hat.[285] Die apperzipierende Monade ist aktiv, indem sie denkt. Hingegen ist das bloße Aufnehmen einer Wahrnehmung passiv und insofern ein Leiden. Versteht man also Leiden zunächst als eine der Tätigkeit entgegengesetzte Form von Passivität, dann trägt Leibnizens Argumentation von der Zulassung des Übels, denn in einer Welt, in der es überhaupt Tätigkeit gibt, also Dynamik und Veränderung, muss es auch etwas geben, das verändert wird. Leiden wäre deshalb nur auszuschließen, wenn Tätigkeit ausgeschlossen würde. Folglich erzwingt auf dieser Ebene die Schaffung einer dynamischen Welt die Zulassung des Leidens als Preis für das Tätigsein.

Analog verläuft die Rechtfertigung der Sünde, also des moralisch Bösen in der Welt. Sie wird uns aber auf ein weiteres Problem führen. Der Gedankengang ist folgender: Man stelle sich eine Welt vor, in der kein Mensch einem anderen Böses zufügt. Eine solche Welt ist, wie Leibniz hervorhebt, durchaus vorstellbar[286], denn sie ist eine logisch mögliche Welt. In einer solchen Welt müssten Menschen so beschaffen sein wie Tierarten, die niemals ihresgleichen schädigen. Das aber würde voraussetzen, dass das betreffende Verhalten instinktgesteuert, also keine freie Handlung ist. Das bedeutet nun, anders gewendet, dass eine Welt, in der Freiheit und Verantwortung des Menschen möglich sein sollen, zugleich eine Welt sein muss, in der der Missbrauch der Freiheit und die Verletzung von Moralität möglich sind. Vernunft, Selbstreflexion und verantwortliches Handeln verlangen also auf der Gegenseite die Zulassung des moralischen Übels!

Das Argument für die Zulassung des Übels wird ergänzt durch einen weiteren und unverzichtbaren Gedankengang: In kaum einem Falle ist es dem Menschen möglich, eine Bilanzierung des Übels in seinen drei Erscheinungsformen in dieser Welt vorzunehmen, noch gar mit dem Übel in anderen möglichen Welten zu vergleichen. Der Widerspruch, den es im Theodizeeproblem zu lösen und als bloß scheinbar zu erweisen gilt, beruht also auf der menschlichen Beurteilung des Übels in der Welt, die in Unkenntnis der Gründe für die Zulassung des Übels erfolgt. Diese Unkenntnis wurzelt darin, dass jede seelische Substanz, jede Monade, zwar das ganze Universum spiegelt, aber doch in seiner Gänze nur verworren. Deshalb kann ein Mensch den Weltlauf nicht überschauen und keine Glücks- oder Leidensbilanz des ganzen Weltlaufes erstellen, zu schweigen von einem Vergleich mit anderen möglichen Weltläufen. Leibniz verdeutlicht dies am Beispiel einer Zahlenfolge, die dem Unkundigen unregelmäßig und zufällig erscheint, während der Mathematiker das Bildungsgesetz zu erkennen vermag.[287] Es geht ihm also nicht darum zu beweisen, dass diese Welt die beste aller möglichen Welten ist, sondern zu zeigen, dass der Gedanke, Gott habe die beste aller möglichen Welten geschaffen, also der Gedanke eines weisen und guten Schöpfergottes, *verträglich* ist mit einer Welt, in der es fraglos Leiden gibt. Leibniz muss darum zwei Voraussetzungen aus der christlichen Tradition hinzunehmen: erstens die Überzeugung, dass das Übel, das zugelassen wird, im Gesamten des Weltlaufes seinen Ausgleich findet; und zweitens die Gewissheit, dass die göttliche Gnade, die Teil des Weltplans der besten Welt ist, die Sünde ausgleicht.

Damit ist das Übel, wie Marquard gesagt hat, »entübelt«: Es ist eigentlich gar keines. Die naturgesetzlich geordnete, verstehbare Welt mit ihrem scheinbaren Übel ist verträglich mit dem Gedanken der Allmacht und Allgüte Gottes.

Leibniz ist der Vorwurf gemacht worden, einen Deismus vertreten zu haben, weil die Konsequenz seiner rationalistischen Position mit den Prinzipien des zureichenden Grundes als zentralem Prinzip zwangsläufig zu einer Wahl Gottes führe, die ein späteres Eingreifen und damit das gnädige Wirken eines persönlichen Gottes ausschließe. Doch auch hiergegen lässt sich Leibniz verteidigen. Denn die vernünftigen Gründe der göttlichen Wahl schließen zwar Wunder als Verletzung der universellen Ordnungssätze aus, nicht aber die Gnade als Teil des Weltplans. Der entscheidende Punkt ist hier, ob Gottes Vorhersehen sich formaliter von einer Vorherbestimmung unterscheiden lässt, auch wenn sie materialiter zusammenfallen. Genau hier liegt seit alters die Kritik jeder Prädestinationslehre.

All diese Einwände sind wohl nicht von der Hand zu weisen, entheben uns aber nicht der Frage, warum Leibniz' Lösung mindestens mehrere Jahrzehnte annehmbar erschien. Betrachten wir zunächst die Gründe für den Erfolg. Was Leibniz entwirft, ist eine Folie, die es gestattet, Mathematik, Naturwissenschaften und Glaubensinhalte vermöge der alles durchwaltenden Vernunft aufeinander zu beziehen. In diesem Rahmen sind zwar die Glaubensinhalte – die Existenz Gottes, die Unsterblichkeit der Seele, die Gottgeschaffenheit der Welt – nicht beweisbar im Sinne des rigiden Leibnizschen demonstratio-Begriffs, wohl aber vermöge der Leibnizschen Prinzipien als widerspruchsfrei mit den Wissenschaften verträglich erweisbar: Es gibt hier keinen Gegensatz von Vernunft und Glaube. Das Übel wird in diese Konstruktion als zuzulassende Privation des Guten integriert, und zwar auf eine für das Leibnizsche Denken sehr kennzeichnende Weise: Dem Guten wird, einer platonistischen Tradition folgend, eine absolute Stellung eingeräumt, zu der es entsprechend seinem positiven Status als Idee keinen Gegenpol geben kann. Die Sünde, d.h. das Übel als malum morale, wird durch eine moderne Umdeutung der augustinischen Freiheitslehre von der augustinischen Erbsündendoktrin weitgehend abgekoppelt und zum Ermöglichungsgrund von Freiheit positiviert. Dasjenige, was jedoch vor allem eine Positivierung durch einen Gesamtschöpfungsplan erfährt, ist das malum physicum, ist das Leiden, das uns in kontingenten Ereignissen wie Naturkatastrophen, im zufälligen Zusammentreffen von Ereignissen mit negativem Ausgang etc. widerfährt: Hier, wo alle Wissenschaft deshalb an ein Ende zu gelangen scheint, weil uns zwar die Gesetze der Natur zugänglich sein mögen, nicht aber die komplexen Anfangsbedingungen von Kausalketten, hier verhieß die Leibniz-Lösung eine Perspektive, die es erlaubte, die Hiob-Antwort zu integrieren und gleichzeitig an einer Sinnhaftigkeit des Weltlaufs als Grundüberzeugung festzuhalten. (Den platten Optimismus, den Voltaire Leibniz zum Vorwurf machen sollte, hat jener nie vertreten.) Die Prämissen, die Leibniz hierbei anzunehmen genötigt war – die Existenz Gottes geradeso wie die Annahmen über die Logizität und die Güte Gottes als Teil seines Wesens; die Existenz absolut einfacher Begriffe im Reich der Ideen, das Prinzip des Widerspruchs, das Prinzip des Grundes und das Prinzip des Besten –, schienen annehmbar, gerade weil sie diese Lösung ermöglichten. Wenn wir einmal zurückstellen, was wir heute über die Reichweite der logischen Mittel und über die Nichtnachweisbarkeit einfacher Begriffe wissen oder zu wissen glauben, so zeigt doch die Leibnizsche Theodizee in aller Schärfe, wie umfassend ein Lösungsansatz beschaffen sein muss und welch starker Prinzipien es bedarf, um ihn überhaupt aufbauen zu können.

So weit Leibniz. In der zweiten Hälfte des 18. Jahrhunderts, vor allem nach dem Erdbeben von Lissabon, bei dem 55 000

Menschen ums Leben kamen, ließ sich Leibnizens Ansatz so nicht mehr aufrecht erhalten. Die breite Literatur der Physikotheologie, die die Existenz Gottes aus der Zweckmäßigkeit der Welt – der Insekten, der Steine, des Feuers, des Windes – erweisen wollte, erschien plötzlich suspekt. Voltaire konstatiert die Unmöglichkeit, Vernunft und Glaube miteinander zu vereinen, und empfiehlt Pangloss, statt zu räsonieren seinen Acker zu bestellen.

Bemerkenswert ist, dass nicht das malum morale der Stein des Anstoßes war, sondern dass eine Naturkatastrophe auf der Ebene des malum physicum als falsifizierende Instanz akzeptiert wurde. Da das malum morale als menschliche Verfehlung auf dem Missbrauch menschlicher Freiheit beruht, war Gott hier – wie schon bei Augustinus – nicht Rechenschaft schuldig. Dagegen zielt ja Leibnizens ganze Konstruktion mit der Ausdehnung des Begriffs der individuellen Substanz auf Tiere und Pflanzen und mit der Sicherung zugleich kausaler und finaler Begründetheit aller Ereignisse dieser Welt gerade auf das malum physicum. Eben wegen dieser Zentrierung konnte eine Naturkatastrophe als Widerlegungsinstanz gesehen werden!

Systematisch findet das Theodizeeproblem sein Ende mit Kant, denn in der Zuweisung eines Bereiches des »Glaubens innerhalb der Grenzen der bloßen Vernunft« wird das Problem nicht etwa gelöst, sondern gegenstandslos. Der Widerstreit von Vernunft und Glaube wird aufgehoben zugunsten einer Trennung beider Bereiche: Die Theodizee ist keine Angelegenheit der Wissenschaften, sondern sie hat es »mit einer Glaubenssache zu tun«, wie Kant lapidar vermerkt.[288] Gott wird zum regulativen Prinzip, zum *Als Ob*. Und Leibnizens Lösung stieß nicht etwa auf Ablehnung, sondern auf schieres Unverständnis. Dies aber lag an völlig veränderten Voraussetzungen. Denn nun galt es nicht mehr, eine naturgesetzlich erkennbare Welt und ihren kausalgesetzlich fassbaren Weltplan mit einer ebenso in ihr wirksamen Finalität als Folge göttlichen Schöpfertums zu versöhnen. Vielmehr wird Kants Welt die Kausalität, dank derer wir sie zu erkennen vermögen, als Kategorie vom erkennenden Subjekt aufgeprägt. Zugleich wird die Finalität in die Urteilskraft verlagert und, was die Frage einer Gottgeschaffenheit der Welt anlangt, gänzlich aus der philosophischen Diskussion ausgeklammert. Das Problem, das Leibniz für seine Zeit löste, gab es damit nicht mehr.

Dennoch ist Leibnizens Lösung geistesgeschichtlich ein entscheidender und wichtiger Schritt der Aufklärung, denn mit ihm wird vom menschlichen Denken der Anspruch erhoben, mit philosophischen Kategorien in den Raum des Glaubens einzudringen und das Abhängigkeitsverhältnis von Philosophie und Theologie vollends umkehren zu können: Eine solche Philosophie ist keine Magd der Theologie mehr, sondern eine mit dem Glauben rechtende Vernunft. Es ging Leibniz nicht um einen Aufstand der Vernunft gegen den Glauben, sondern um die Ermöglichung des Glaubens durch den Nachweis einer Vereinbarkeit mit der Vernunft. Eben darum erschien die Leibnizsche Lösung bis in die Mitte des 18. Jahrhunderts als tragfähig, gestattete sie doch, die Welt als harmonisch geordneten Kosmos zu begreifen, auch wenn sie sich kausal beschreiben lässt, und erlaubte sie es, das menschliche Individuum als freies Wesen und vernünftigen Spiegel dieser Welt eingebettet zu wissen in einen göttlichen Schöpfungsplan, auch wenn das Übel zugelassen werden musste.

Transformationen der Theodizee

Leibnizens *Theodizee* wird heute oft als Logodizee gescholten, und alle Schriften in der gegenwärtigen Flut an Untersuchungen zum Theodizeeproblem sind sich darin einig, dass Leibniz geradeso gescheitert sei wie jeder andere Versuch dieser Art[289]: Nach Auschwitz sei keine Theodizee mehr möglich. Mit ihrer Entlastung Gottes ist Leibnizens Theodizee als »Erweis seiner [Gottes] Ohnmacht« und als »Instrument der Einsicht seiner Hilflosigkeit« bezeichnet worden.[290] Ohnmächtig nämlich sei Gott, weil er sich der absoluten Notwendigkeit der ewigen Vernunftwahrheiten beugen müsse; und hilflos sei er, weil sich zwar sein Wille auf das uneingeschränkt Gute richte, aber nur das Bestmögliche dabei herauskomme. Diese Kritik an Leibniz geht aber historisch und in der Sache fehl. Historisch treffen die Vorwürfe nicht, weil sie aus einer Distanz von drei Jahrhunderten mehr verlangen, als damals erwartet wurde: Auch wenn die Theodizee Apologie ist (Leibniz verwendet diese Bezeichnung selbst)[291], so geht es doch allein um widerspruchsfreie Verträglichkeit damals ganz unbestrittener Glaubensinhalte mit der Vernunft. Auch wenn er sein System insgesamt als einen neuen Gottesbeweis (preuve) bezeichnet[292], so soll damit nicht bewiesen werden, was man vorher nicht gewusst hätte, sondern nur gezeigt werden, wie ein Offenbarungsinhalt mit Mitteln der Vernunft zugänglich wird. Wenn also Vernunft und Weisheit – die Logik und das Gute – zum Wesen Gottes gehören, dann ist dies mit der Gottgeschaffenheit der Welt trotz des faktischen Vorkommens des Übels vereinbar. Gott ist dabei so wenig ohnmächtig wie ich, wenn ich als ein der Arithmetik Kundiger 2 + 2 nur zu 4 addieren kann; und er ist so wenig hilflos wie Kants autonomes Subjekt, das seinem selbstgesetzten Sittengesetz folgt. Solange wir überhaupt argumentieren – für oder gegen die Theodizee –, haben wir längst schon vorausgesetzt, dass vernünftige Argumente bindend sind und sich Gutes vom Üblem unterscheiden lässt. Vernunft und Wille sind überdies kein »Gegensatz«, den Leibniz anerkennen müsste.[293] Darauf beruhte die Argumentation Descartes'. Für Leibniz sind beide, wenn auch zu unterscheiden, so doch aufeinander bezogen, denn frei ist der Wille nur, wenn er vernünftigen Gründen folgt.

Sicherlich trifft Marquards Kurzformel der Leibnizschen Theodizee zu: »Die Vernunft des göttlichen Verantwortungsschöpfers muss durch eine grenznutzenbewusste Optimierungskalkulation beim Schaffen der Sachzwänge Kompossibilitäten respektieren.«[294] Aber ist es vernünftig, die Vernunft als Allmachtsschranke zu begreifen – und sind wir besser dran, wenn wir die Vernunft weniger rigide deuteten?

In einer Diskussion über ökologische Probleme wurde jüngst ein Beispiel herangezogen, das dem Theodizee-Problem in jeder Hinsicht analog ist: Tiger sind dem Menschen gefährlich. Warum sollen wir sie dann schützen und nicht ausrotten? Weil wir die Vielfalt in der Natur als einen Wert annehmen, lautet heute in der Regel die Antwort, und sie provoziert die Frage, warum wir die Vielfalt als etwas Wertvolles ansehen sollen. Im 17. Jahrhundert wäre die Frage anders gestellt worden: Warum hat Gott, wenn er allmächtig und gütig ist, die so gefährlichen Tiere geschaffen? Leibniz antwortete im Kern: Das Übel ist um einer Maximierung der Harmonie der Vielfalt in der Ordnung willen in der besten der möglichen Welten unvermeidlich und darum zuzulassen – letztlich, um menschliche Freiheit und Verantwortung zu ermöglichen.

Freiheit gibt dem Menschen zugleich die Möglichkeit zur Umgestaltung der Welt, also in Leibniz' Sicht zur Fortsetzung der göttlichen Schöpfung durch menschliche Kreativität – eine

Fortsetzung, die selbst Teil des göttlichen Weltplans ist, um zu größerer Harmonie zu führen. Damit stellt sich aber die Frage, ob dazu die Ausrottung der Tiger, also die Verminderung der Vielfalt, zulässig oder gar erforderlich ist. In der erwähnten Diskussion zeigte ein Inder hierfür gar kein Verständnis: Für ihn war es selbstverständlich, dass Tiger ein Daseinsrecht haben wie wir (und nicht etwa bloß in einem Zoo). Er antwortete mit der Gegenfrage, warum denn die Autos nicht ausgemerzt würden, da sie doch pro Jahr alleine in Deutschland ein Vielfaches an Menschenleben fordern, verglichen mit allen Tigern der Erde: Das Theodizee-Problem wird so zum *Technodizee-Problem.*

Das Bemerkenswerte ist nun, dass das Technodizee-Problem strukturell vollkommen dem Theodizee-Problem entspricht. Der Mensch bedarf als Mängelwesen – so Platon wie Arnold Gehlen – der Technik, um überhaupt existieren zu können. Ein Mängelwesen zu sein ist gewiss ein malum, doch dieses Fehlen alles regelnder Instinkte zugunsten theoretischer und praktischer Vernunft macht Freiheit möglich! Technik als Mittel zum Überleben wird zur notwendigen Bedingung für ein Leben in Freiheit, wie umgekehrt die kreative Ausgestaltung des Gegebenen Freiheit voraussetzt. Zugleich aber wird Technik zur Gefahr, wenn sie als Kriegstechnik das Überleben Einzelner oder als heutige Großtechnik in ihren Spätfolgen möglicherweise das Überleben der Menschheit selbst in Frage stellt. Damit wird aber Technik – oder genauer: die sie hervorbringende Menschheit – angeklagt, statt menschliche Lebens- und Freiheitsbedingungen zu schaffen, eben diese einzuschränken oder gar zu zerstören.

Auch die Probleme, die Leibniz durch den Rekurs auf eine Gesamtharmonie zu lösen sucht, kehren wieder. Wird nämlich die erstrebte Harmonie dieser Welt wie im Leibnizschen Prinzip des Besten über ein Maximum an Ordnung bei einem Maximum an Vielfalt definiert, stehen wir unmittelbar vor der typischen Leibnizschen Frage, wie viel Menschenleben uns beispielsweise die Erhaltung der Tiger in der freien Natur wert ist; eine Frage, die sich überall dort stellt, wo als Antwort auf das malum technologicum die unversehrte Bewahrung der Natur in ihrem Artenreichtum verlangt wird – so bei Albert Schweitzer, so bei Hans Jonas: Die Verantwortung, die Menschen tragen, wird hier immer noch bezogen auf die eine zu bewahrende Schöpfung, die einen Wert in sich trägt. Das säkularisierte Pendant, das den Menschen zur Bewahrung verpflichten will, muss hierzu für eine wie immer geartete Begründung zusätzliche Voraussetzungen einführen. Die Theodizee-Argumentation macht also auf eine ernste Lücke in der Technodizee aufmerksam.

Leibnizens Ausweg bestand im Verweis auf den göttlichen Heilsplan und die göttliche Gnade. Dafür war in der Technodizee gesorgt, solange jede Technikentwicklung als Fortschritt verstanden wurde. Doch dafür ist heute kein Raum. So macht uns die parallele Struktur von Theodizee und Technodizee auf eine letzte, in der Technodizee ungelöste Schwierigkeit aufmerksam, denn die Technik kennt keine ausgleichende Gnade für menschliche Verfehlungen.

Weisheit und Gerechtigkeit

In einer großen Zahl von Schriften hat Leibniz seine Gedanken zur Ethik entwickelt, und viele Abhandlungen zeugen von Überlegungen zur Rechtstheorie, von Urkundensammlungen zur Rechtsgeschichte ganz zu schweigen. Die Überlegungen zur Ethik wurden hingegen bisher weniger beachtet, obwohl Leibniz gegenüber Locke bekennt: »Sie [Locke] hatten mehr Umgang mit den spekulativen Philosophen und ich mehr Neigung zur Moral.«[295] So finden sich über das ganze Werk verstreut viele systematische Aussagen, die es erlauben, ein zusammenfassendes Bild zu zeichnen, denn Ethik und Naturrecht (als das aus der Vernunft sich ergebende Recht im Gegensatz zu den Festlegungen des positiven Rechts) sind vereint in der *Justitia universalis*[296], in der die Ethik nach dem Wesen der Tugend, die Rechtslehre nach deren Nutzen für die Gesellschaft fragt.[297] Dabei lassen sich zwei Zugangsweisen beobachten – die eine, die in Definitionsketten eine Theorie des Guten und der Gerechtigkeit entwickelt, eine andere, die den erkenntnistheoretischen Überlegungen der *Nouveaux Essais* entspricht und sich die Frage stellt, welchen Status moralische Prinzipien, die doch zu den kontingenten Wahrheiten zählen, als eingeborene Ideen haben und in welchem Sinne sie eingeboren sind.

Moral und Vernunft

Die Frage der Begründetheit und Verbindlichkeit moralischer und naturrechtlicher Gebote stellt sich in mehrfacher Hinsicht und auf unterschiedliche Weise: Descartes hatte nicht nur die Prinzipien der Logik, Arithmetik und Geometrie, sondern auch die Ethik in den Raum göttlicher Festlegungen gerückt; andererseits hatte er eine allein auf Vernunft gegründete vorläufige Moral (morale par provision) entworfen. Deren Regeln erweisen sich jedoch als eher stoisch-pragmatisch denn fundierend. Solche bloße Pragmatik ist Leibniz fremd. Für ihn gilt auch hier, Theorie und Praxis zu vereinen. Die Theorie aber verlangt eine Begründung aus einer Vernunft, die, göttliche Willkür ausschließend, sich als besondere Form der moralischen Notwendigkeit erweist, der Gott und Mensch gleichermaßen als vernünftige Wesen von sich aus und damit frei und selbstbestimmt verpflichtet sind. Freiheit ist deshalb Voraussetzung der Justitia universalis.

Traditionell beanspruchte die Kirche, dass moralische Regeln sich auf die Theologie zu stützen haben. Noch Wolff wurde ein Jahrzehnt nach Leibniz' Tod des Atheismus verdächtigt, weil er die Auffassung vertreten hatte, das moralische Gesetz gelte, »wenn auch gleich kein Gott wäre«[298], weil es sich allein auf die Vernunft gründe. Zum Beleg verwies Wolff in seiner *Sittenlehre der Sineser* auf den Konfuzianismus, der keinen Gott kennt, aber zu achtbaren moralischen Regeln gelangt. Leibniz gerät nicht in eine solche Auseinandersetzung mit den Theologen, doch ist bei ihm die Engführung von Vernunft und Ethik gleichermaßen gegeben, allerdings vermittelt durch die Überzeugung, dass die natürliche Theologie als jener der Vernunft zugängliche und von ihr begründbare Teil der Religion zum Bestand des gesicherten Wissens gehört. Die Ethik bedarf also keiner Offenbarungsinhalte. So unterstützt Leibniz im Streit um die Deutung der konfuzianischen Riten die jesuitische Position, wonach es sich nicht um religiöse, sondern um weltliche Zeremonien handelt, so dass einer theoretischen Vertiefung der konfuzianischen (vernunftgegründeten) Ethik in der natürlichen Religion nichts im Wege steht. Er geht sogar so weit, in der Einleitung zu seinen *Novissima Sinica* die »praktische Philosophie« der Chinesen zu loben, in der »alles angelegt ist auf den öffentlichen Frieden hin und auf die Ordnung des Zusammenlebens der Menschen, damit sie so wenig Unannehmlichkeiten wie möglich verursachen«. Mehr noch: angesichts des »moralischen Verfalls« in Europa »scheint es beinahe notwendig, dass man Missionare der Chinesen zu uns schickt, die uns Anwendung und Praxis einer natürlichen Theologie lehren können«[299]. Diese Form der Missionierung betrifft allerdings ausdrücklich nur die Praxis. Den Vorzug Europas gegenüber China sah Leibniz generell und auch hier in der Theoriebildung. Damit wird zugleich sichtbar, wie weit gespannt Leibnizens Konzept der Justitia universalis ist, denn sie schließt nicht nur Ethik und Naturrecht ein, sondern steht in unmittelbarem Zusammenhang mit der natürlichen Theologie.

Mit der Unterscheidung von absoluter Notwendigkeit und Kontingenz entsteht für Leibniz die Schwierigkeit, dass moralische Prinzipien zwar einerseits kontingent, andererseits jedoch der Beliebigkeit oder einem dezisionistischen Willkürakt Gottes entzogen sind und eine eigene Art von Notwendigkeit besitzen müssen – die *moralische Notwendigkeit*, weil Gott in seiner Wahl durch *moralische* Gründe geneigt ist, die beste Welt zu wählen und zu erschaffen. Dies aber bezieht sich zunächst durchgängig auf alle wahren kontingenten Aussagen, weil Gottes Willensentschluss den Dingen »eine Gewissheit und Unfehlbarkeit, aber keine absolute Notwendigkeit«[300] verleiht. Das jedoch trifft noch nicht, worum es hier geht, nämlich die spezifische Art der Begründetheit moralischer Prinzipien. Denn gesucht ist eine Bestimmung von moralischer Notwendigkeit im engeren Sinne. Um Verwechslungen zu vermeiden, soll sie nachfolgend als *ethische Notwendigkeit* bezeichnet werden, auch wenn Leibniz einen solchen Terminus nicht verwendet.

Erschwerend kommt ein weiterer Punkt hinzu: Leibniz zählt die »moralischen [ethischen] Prinzipien« zu den eingeborenen Wahrheiten im Lockeschen Sinne – also zu denjenigen, die sich vernünftig begründen lassen, aber trotzdem nicht zu den Leibnizschen Vernunftwahrheiten zählen; denn die ethische Notwendigkeit impliziert nicht etwa, dass der Handelnde ihr zwanghaft folgt, sondern nur, dass ihr zu folgen eine Pflicht ist. Pflichten jedoch kann man verletzen – anders wäre Freiheit nicht gegeben. Das ist der tiefere Grund, warum die modale Implikation $Na \rightarrow a$ nicht auch in einer deontischen Logik gelten kann. Wenn Leibniz dennoch schreibt: »*Geboten* ist, was für einen guten Menschen zu tun notwendig ist«[301], so gilt dies allein für den vir bonus, der definitionsgemäß nur dann ein guter Mensch ist, wenn er auch vernünftig handelt; denn »Jeder Kluge ist ein guter Mensch.«[302] Die im modalen Schema gebrauchte deontische Notwendigkeit ist also gerade die ethische Notwendigkeit, die der obigen Implikation nur unter der hypothetischen Voraussetzung eines guten Menschen genügt. Doch ging es Leibniz an jener Stelle allein um die formale Struktur deontischer Modi als ein Element juridischer Logik, während das Problem einer inhaltlichen Begründung gerade ausgeklammert bleibt. Dazu ist es vielmehr erforderlich, sich der Weise des Vernunftgebrauchs bei moralischen Prinzipien zu nähern.

Im *Discours de Métaphysique* weist Leibniz die Auffassung zurück, »dass die ewigen Wahrheiten der Metaphysik und der

Geometrie und folglich auch die Regeln des Guten, der Gerechtigkeit und der Vollkommenheit nichts anderes als Wirkungen des göttlichen Willens« seien; »stattdessen scheint es mir, dass sie aus seinem Verstand (entendement) folgen, der ebenso wenig wie sein Wesen (essence) von seinem Willen abhängt.«[303] Diese kurze Passage gibt bereits einen entscheidenden Hinweis, weil sie den Verstand und das Wesen Gottes – und das heißt hier vor allem: die Güte und Weisheit Gottes – als seine essentiellen, also notwendigen Eigenschaften dem Willen vorordnet und so den (guten) Willen dem Verstand unterwirft. Nun unterscheiden sich für Leibniz göttliche und menschliche Vernunft nicht prinzipiell, sondern nur graduell. Folglich ist auch die menschliche moralische Einsicht nicht grundsätzlich, sondern nur graduell von der göttlichen Einsicht geschieden. Zugleich wird der eingangs skizzierte kirchliche Einspruch vermieden, weil Leibniz darauf verweisen kann, seine Ethik auf göttliche Vernunft und göttliche Güte zu bauen.

Moralische Prinzipien als eingeborene Ideen

In der Zurückweisung der Lockeschen These einer *tabula rasa* betont Leibniz das Vorhandensein eingeborener Ideen im Sinne der cartesischen Terminologie, wonach solche Ideen und vor allem solche Prinzipien als eingeboren bezeichnet werden, die als Vernunftprinzipien in ihrer Begründung nicht auf sinnliche Wahrnehmung bauen. Von der absoluten Notwendigkeit der Vernunftwahrheiten sind jedoch die ethischen Prinzipien als kontingente Wahrheiten stets ausgenommen. In diesem Kontext nun findet sich die unerwartete These, dass auch die ethischen Prinzipien eingeboren seien. Zunächst formuliert Leibniz vorsichtig, dass wir in den moralischen, juridischen und theologischen Aussagen nicht ohne die absolut notwendigen Wahrheiten auskommen[304]; das aber betrifft nur das gerade zur deontischen Logik Gesagte. Nun erklärt Philalethes als Sprecher Lockes, die Moral sei zwar eine »demonstrative Wissenschaft«, habe aber dennoch keine eingeborenen Prinzipien – worauf Leibniz erwidert, er gebe zu, »dass es Moralgesetze gibt, die keine eingeborenen Prinzipien sind, aber darum können sie doch eingeborene Wahrheiten sein, denn eine abgeleitete Wahrheit ist eingeboren, wenn wir sie aus unserem Geist schöpfen«[305]. Mehr noch: »Die Moralwissenschaft ist nicht anders eingeboren als die Arithmetik, denn auch sie hängt von Beweisen (demonstrations) ab, die das innere Licht darbietet.«[306] Moralische Regeln sind also, was deren Begründung in einer Wissenschaft anlangt, ableitbar mit unserer Vernunft!

Leibniz bleibt hierbei nicht stehen, sondern gibt seiner Darstellung eine weitere, gänzlich unerwartete Wende, indem er der Vernunft den Instinkt an die Seite stellt:

»Es gibt eingeborene Wahrheiten, die wir in uns auf zwei Arten finden, durch das Licht der Vernunft und durch Instinkt. Die ich soeben angeführt habe, werden aus unseren Ideen bewiesen (demonstrer), was Sache des natürlichen Lichtes ist. Doch es gibt Schlussfolgerungen des *natürlichen Lichts*, die in Bezug auf den *Instinkt* Prinzipien sind. So werden wir zu Handlungen der Menschlichkeit durch den Instinkt getrieben, weil uns dies angenehm, und durch die Vernunft, weil es gerecht ist. Es gibt in uns also instinktmäßige Wahrheiten, die eingeborene Prinzipien sind, welche man empfindet und anerkennt, auch ohne den Beweis (preuve) dafür zu haben, den man allerdings erhält, wenn man sich von diesem Instinkt Rechenschaft ablegt.«[307]

Dies gilt, meint Leibniz, auch für die Regeln der Logik, denn ohne uns jeweils davon Rechenschaft abzulegen, verknüpfen wir instinktmäßig Erfahrungen miteinander, die, wenn wir darauf reflektieren, sich als logisch verknüpfte oder mathematisch korrekte Aussagen erweisen würden.

Die Wende zum Instinkt und dessen Einbeziehung bedeutet erstens, dass es hier nicht um den Willen Gottes im Gegensatz zum Vermögen Gottes geht, denn Instinkte haben nur Menschen und Tiere, nicht aber Gott. Zweitens sind die moralischen Instinkte (wie die logischen) allen Menschen gemeinsam – »Orientalen und Griechen oder Römer, Bibel und Alkoran stimmen darin überein«[308]. Drittens werden Instinkte in einer erkenntnistheoretischen Überlegung in das Fundierungsproblem der Ethik einbezogen. Es gilt, diesen Zusammenhang auszuloten, denn in der *Théodicée* wird viel eher auf die rationale Seite gesetzt, wenn Leibniz dort die moralische und zugleich die ethische Notwendigkeit als »glückliche Notwendigkeit« bezeichnet, die »den Weisen« – also den vir bonus – »zwingt, gut zu handeln, während eine Indifferenz gegenüber dem Guten und Bösen einen Mangel an Güte oder Weisheit bezeichnen würde«[309]; wenig später wird dieser Zwang, diese ethische Notwendigkeit, gemäß dem Prinzip des Besten gekennzeichnet als »Verpflichtung, das Beste zu wählen«[310].

Zunächst ist zu klären, worin die moralisch relevanten Instinkte bestehen, die Leibniz als eingeboren betrachtet. So sei die goldene Regel »Füge keinem anderen etwas zu, von dem du nicht willst, dass es dir geschehe« weder eingeboren, noch beruhe sie auf Instinkt, denn sie verlange ein Verständnis ihres wahren Sinnes, der in der Forderung bestehe, sich in den anderen zu versetzen.[311] Auf Instinkt beruhen hingegen beispielsweise solche Handlungsweisen, »kraft derer wir die Lust suchen und die Unlust meiden«[312]. Gerade dieses sei »eines der ersten und praktisch bedeutsamsten«, aber »unerweisbaren Prinzipien« der Moral, denn, so fügt Leibniz hinzu, von dem, was *Lust und Unlust* ist, gibt es kein eigentliches Wissen; das

Prinzip gründet sich nicht auf Vernunft allein, sondern auf »innere Erfahrung« in Gestalt »verworrener Erkenntnis«[313]. Hier liegt der Schlüssel, bedeutet dies doch, dass Instinkte nicht als Affekte vom Bereich des Kognitiven geschieden werden, sondern als eine innere Erfahrung, mehr noch, als eine Form von *Erkenntnis*, nämlich als verworrene Erkenntnis, gedeutet werden. Damit wird es der Vernunft möglich, durch Klärung der verworrenen Erkenntnis einzugreifen und den Willen insofern zu lenken, als der Handlungsantrieb verschwindet, wenn klar oder gar deutlich wird, dass die erhoffte Lust sich nicht einstellen wird.

Dass solche moralische Prinzipien oder Regeln als Instinkte und nicht als Vernunfteinsichten eingeboren sind, rechtfertigt Leibniz mit ihrer Zweckmäßigkeit und Bedeutsamkeit für die »Selbsterhaltung und unser wahres Wohl«[314]: »Da die Moral wichtiger ist als die Arithmetik, hat Gott dem Menschen Instinkte gegeben, die ihn sofort und ohne Überlegung auf das Vernunftgemäße leiten.«[315] Zugleich aber betont er, dies sei zu deren Begründung nicht ausreichend, denn bloße Lust ist auf die Gegenwart gerichtet; erst eine beständige Lust – und das sei nichts anderes als das *Glück* – beziehe sich auf die Zukunft, das aber sei erst mit der Vernunft erreichbar: Durch sie geht die Neigung »in eine Vorschrift oder eine praktische Wahrheit über«[316]. So wird aus dem eingeborenen Instinkt eine Vorschrift, und diese wird zum moralischen Gesetz, wenn eine Vernunftbegründung hinzutritt. Damit gilt auch für moralische eingeborene Ideen wie für die eingeborenen Ideen der Vernunftwahrheiten, dass sie als Disposition, Virtualität und Potentialität angelegt sind und erst schrittweise ausgehend von einer verworrenen Erkenntnis zu einer klaren und deutlichen Erkenntnis geläutert werden.

Gerechtigkeit als Barmherzigkeit des Weisen

Dennoch kann das Erreichte noch nicht befriedigen, denn wäre nur das eigene Glück das oberste Ziel, bildete also ein egoistischer Eudaimonismus den Grund der Ethik, wäre Leibniz' Anliegen verfehlt und der Zugang zu einer umfassenden Harmonie versperrt. Darum gilt es, den Glücksbegriff auf eine Weise zu erweitern, wie dies in der Erläuterung zur goldenen Regel angedeutet ist. Tatsächlich ist es für Leibniz von entscheidender Bedeutung, »psychologischen Egoismus und altruistische Gesinnungsethik« zu einer Synthese zu bringen.[317] Dies erschließt sich über sein Konzept ethischer Notwendigkeit.

Der Weg von einer verworrenen zu einer deutlichen Erkenntnis besteht nur in einer Klärung der jeweiligen Erkenntnisinhalte; doch er sagt gar nichts über die Art der Notwendigkeit der betreffenden Prinzipien aus, ganz zu schweigen von einer Begründung. Die ethische Notwendigkeit ist nach Aussage der *Théodicée* immer eine »glückliche«, weil sie »verpflichtet, nach den Regeln der vollkommenen Weisheit zu handeln«[318]. Das aber ist eine »Verpflichtung der Vernunft, die ihre Wirkung auf den Weisen nicht verfehlt«[319] – nicht etwa als kausale Determination und schon gar nicht als logischer Zwang, sondern in Gestalt einer Wahl des stärksten Antriebs; genauer wird diese bestimmt als »Wahl des Besten«[320]. Auf solche Weise ist der Anschluss an die Leibnizsche Prinzipienlehre erreicht; doch damit ist erst wenig über die besondere Form der Notwendigkeit ausgemacht. In einem der Anhänge zur *Théodicée* erklärt Leibniz zur moralischen Notwendigkeit: »Jene Art Notwendigkeit, die keineswegs die Möglichkeit des Gegenteils ausschließt, trägt diese Bezeichnung nur im Sinne einer Analogie; sie wird wirksam nicht aufgrund des bloßen Wesens der Dinge, sondern durch das, was außer und über ihnen steht, nämlich durch den Willen Gottes. Jene Notwendigkeit wird moralisch genannt, weil Notwendigkeit und Pflicht für den Weisen gleichbedeutend sind.«[321]

Für einen Willen wie den des guten Menschen ist es im Sinne einer Pflicht notwendig, das Gute zu wählen; und je mehr die Geschöpfe dieser Notwendigkeit folgen, »desto mehr nähern sie sich dem Zustand vollkommenen Glücks«[322]. So ist es die ethische Notwendigkeit, welcher der gute Mensch folgt; dass dessen Wahl wie dessen Handeln immer den anderen einschließt, ist nun noch genauer zu umreißen. Gesucht sei eine nähere Bestimmung auf dem Weg einer Klärung, was Leibniz unter einem vir bonus versteht. Schon gegen 1679 heißt es: »Ein *guter Mensch* ist einer, der um Gerechtigkeit bemüht ist«, und »*Gerechtigkeit* ist die angemessen ausgerichtete Barmherzigkeit (caritas).«[323] Leibniz' Begriffsbestimmung, die sich durch sein ganzes Werk zieht, lautet: »Ein *guter Mensch* (vir bonus) ist, wer alle liebt, soweit es die Vernunft erlaubt«, und er fährt fort: »*Lieben* ist, sich am Glück des anderen zu erfreuen, oder auch, sich das Glück des anderen zu eigen machen«[324]. Diese Elemente werden zusammengefügt, wenn Leibniz definiert: »Gerechtigkeit ist die Barmherzigkeit des Weisen«, und: »Barmherzigkeit ist die Einstellung, alle zu lieben.«[325] Dass Leibniz hier auf den göttlichen Willen abzielt, ändert nichts an der Allgemeinheit der Begriffsbestimmung; sie gilt gleichermaßen auch für menschliches Handeln. Denn entscheidend ist der Leitgedanke, der Wille sei dann frei, wenn er vernünftigen Gründen folgt; darum auch ist Gerechtigkeit die Barmherzigkeit, welche der Weise befolgt. Hier, im neuen, umfassenden Gerechtigkeitsbegriff, liegt die gesuchte Verbindung zum Anderen, zum Nächsten. Leibniz hat dies komprimiert in einer Folge von Definitionen in einer sehr präzisen lateinischen und in einer spröderen deutschen Fassung niedergelegt, in der dieser neue Gerechtigkeitsbegriff als Grundlage der *Justitia universalis* vermöge einer vermittelnden Caritas entfaltet wird:

»*Gerechtigkeit* [justitia] ist eine brüderliche liebe [caritas] der Weisheit [sapientia] gemäs.
Brüderliche liebe ist eine guthwilligkeit [benevolentia] gegen jedermann.
Guthwilligkeit ist eine Liebensneigung [habitus amoris].
Liebe ist eine Lust [delectatio] in eines anderen Glücksehligkeit [felicitas] suchen.
Weißheit ist die wißenschafft der glücksehligkeit.
Glücksehligkeit ist eine beständige freude.
Freude ist wen das gemüth mit einigen Lustgedancken eingenommen.
Lust, Wollust ist eine empfindung einiger Vollkommenheit.
Vollkommenheit ist ein hoher grad des wesens oder der Krafft.«[326]

Abweichend von Leibniz wird im Folgenden caritas mit Barmherzigkeit, benevolentia mit Wohlwollen, felicitas mit Glück übertragen. – Entscheidend ist die Abwendung eines egoistischen Eudaimonismus durch die Liebe, die als Freude am Glück des anderen stets über den Einzelnen hinaus weist. Der Abschluss der Definitionskette deutet zugleich an, dass in der Dynamik des göttlichen wie des menschlichen Denkens der Antrieb gegeben ist, das Vollkommene als eine solche Freude nach Maßgabe der Möglichkeit aus innerer Selbsttätigkeit, also spontan, autonom und frei, anzustreben.

In der Definitionsabfolge sind Gerechtigkeit (justitia) und Barmherzigkeit als Nächstenliebe (caritas) eingebunden – antike Rechtstradition und christliche Nächstenliebe werden in dieser Verknüpfung die beiden Grundpfeiler, auf denen Leibniz' Rechtstheorie ebenso ruht wie seine Ethik, vereint in der Justitia universalis. Damit ist ein neuer Weg beschritten, der sowohl das Recht als auch die Ethik gegenüber der Tradition verändert; denn für beide bedeutet das Zusammenziehen der sonst allein stehenden Elemente eine Erweiterung, für die zugleich Vernünftigkeit in Anspruch genommen wird. Auch die Pflichterfüllung lässt sich einbinden, denn im Anschluss an die Kette von Definitionen kommt Leibniz zu der von ihm durchgängig verwendeten Formulierung: »Die *Gerechtigkeit* ist die Barmherzigkeit des Weisen, oder das, was dem guten und klugen Menschen nach bestem Wissen und Gewissen gemäß ist.«[327] Das aber, so zeigte bereits das deontische Modalitätenschema, ist zugleich Pflicht. So kann Leibniz in den *Juris naturalis principia* erläutern, der gute Mensch sorge notwendig für das gemeine Wohl.[328] Entsprechend heißt es in einem Brief an Arnauld:

> »Die Gerechtigkeit ist nichts anderes als die Barmherzigkeit des Weisen. Die Barmherzigkeit ist ein allumfassendes Wohlwollen, dessen Ausübung der Weise nach dem Maßstab der Vernunft vornimmt, um das größte Gut zu erlangen. Die Weisheit aber ist die Wissenschaft des Glücks oder der Mittel, zu einer dauerhaften Zufriedenheit zu gelangen, die in einer steten Annäherung an größere Vollkommenheit oder zumindest in der Abwechslung innerhalb desselben Grades der Vollkommenheit besteht.«[329]

Damit aber öffnet sich zugleich der Zugang zum Zentrum der Leibnizschen Rechtstheorie, die er selbst unter drei Prinzipien stellt:

Ehrenhaft leben; Niemandem schaden; Jedem das Seinige zuerkennen (Honeste vivere; Neminem laedere; Suum cuique tribuere).[330]

Das schließt ein, dass jeder das seinige tut – Prinzipien, die auf Platon, die Stoa und das römische Recht zurückgehen und die für alle vernünftigen Menschen gelten. Dieser Anteil der tradierten Rechtslehre, nun verstanden als natürliches Recht, wird in der Weisheit verschmolzen mit der christlichen Barmherzigkeit. Der gute Mensch ist nicht nur ein kluger oder weiser Mensch, sondern auch einer, dessen Affekte – und Affekte sind der Antrieb zum Handeln – auf die caritas gerichtet sind.

Die Geltung der moralischen Prinzipien hat nach allem Gesagten eine dreifache Grundlage[331] in der Bezugnahme

- auf die *Pflicht*, der zu folgen dem Weisen, also dem guten Menschen, ethisch notwendig ist,
- auf *ewige und allgemeine Gesetze*, die zwar zunächst durch den Instinkt nur verworren gegeben sind, aber im Zuge einer Reflexion allen vernünftigen Wesen einsichtig werden, und
- auf das *Glück*, das jeder Handelnde zu erreichen sucht, wobei der Nächste stets einbezogen ist, und das dann am höchsten ist, wenn es beständig ist.

Alle diese Elemente verbinden sich in der Ausrichtung des Handelns am Prinzip des Besten – und damit an einem Harmoniegedanken, dessen Leitprinzip die Vernunft ist. Solche Vernunft reicht entscheidend über die Vernunftwahrheiten hinaus, sie verfügt über weit mehr als bloße Kombinatorik, weil ihr auch die Inhalte auf eine Weise eingeboren sind, die Kant synthetisch a priori nennen sollte.

Die Pflicht zur Vervollkommnung

Fragt man, welches aus der Sicht der Leibnizschen Justitia universalis das letzte Ziel des Handelns ist, so wird man nicht nur auf das Prinzip des Besten verwiesen, das für das göttliche Handeln die Wahl der vollkommensten, harmonischsten Welt impliziert, sondern bezogen auf das menschliche Handeln auf die *Pflicht zur Vervollkommnung*, denn das »wahre Gute [...] ist nichts anderes als was der Vollkommenheit der verstandesbegabten Substanzen dient«[332]. Die Verbindung zwischen dem göttlichen Schöpfungshandeln und dem menschlichen Tun ist leicht herzustellen, denn immer wieder betont Leibniz, dass die

Erschaffung der Welt kein einzelner Augenblicksakt ist, sondern ein kontinuierlicher Prozess, eine creatio continua. Das bedeutet zugleich, dass die Vollkommenheit des Universums nicht als ein gegebener Zustand gesehen werden darf, sondern als eine Entwicklung zu immer größerer Vollkommenheit verstanden werden muss.[333]

Vervollkommnung gipfelt für den Menschen zwar in einem moralisch besseren Tun – doch sie beginnt viel früher und gründet sich vor allem auf den Vernunftgebrauch, der sich in den Wissenschaften und ihrer Verbindung zu einer *Scientia generalis* geradeso niederschlägt wie in der Politik, im Rechtswesen und der Sprachpflege. Die *Scientia generalis* ist nicht Selbstzweck; vielmehr dient sie weitreichenden praktischen Zielen – von der gemeinen Wohlfahrt, die durch die Verbindung von Theorie und Praxis gefördert werden soll, über das Rechtssystem bis zur Einsicht in die Universalharmonie. Stets befriedigt den Geist »die schöne Harmonie der Wahrheiten«, die sich in der *Scientia generalis* leicht finden lässt, mehr als die schönste Musik, und sie führt ihn zur Bewunderung dessen, der alles hervorgebracht hat.[334] Wissenschaft wird nicht um ihrer selbst willen getrieben, auch nicht eines vordergründigen Nutzens wegen, sondern beides, das Streben nach Erkenntnis und die Suche nach einer Verbesserung der Lebensbedingungen, muss ausgerichtet sein am letzten Ziel einer Einsicht in die Harmonie und ihrer Vervollkommnung. In einem der Entwürfe zur *Scientia generalis* fordert Leibniz, im Rahmen der Politik auch »die Harmonie der unterschiedlichen Gesetze und Statuten« zu behandeln.[335] Denn Gerechtigkeit ist, wie es an anderer Stelle unter Bezug auf Harmonie heißt, »nichts anderes als Ordnung und Vollkommenheit unter den Geistern«[336]. Hier lassen sich alle Leibnizschen Bemühungen um eine Erneuerung des Rechtssystems anführen, dienen sie doch der Verwirklichung der Harmonie im Zusammenleben auch dort, wo Dissonanzen, also Ungerechtigkeiten, auftreten. Von den Frühschriften bis zur *Monadologie* bringt Leibniz den Begriff des Universalstaates oder des Gottesstaates implizit oder explizit mit dem der Universalharmonie zusammen[337]; es ist deshalb nur folgerichtig, auch im Politischen die Aufgabe der Handelnden im Lichte des Harmoniebegriffs zu deuten.

Die Vervollkommnung der Wissenschaften lässt nicht nur eine Verbesserung der Lebensverhältnisse durch ihre praktische Anwendung erwarten, sondern sie führt in ihren theoretischen Resultaten zur Erkenntnis der Ordnung, Gesetzmäßigkeit und Harmonie des Universums – und darüber zur Einsicht in dessen Urheber. Dass es im Universum vernünftige Wesen gibt, die den Kosmos bewusst zu spiegeln, seine Gesetzmäßigkeit und Schönheit zu erkennen und auf sie zu reflektieren vermögen, hat für Leibniz sogar diesen Zweck: »Das Universum ist um der Seelen willen, und das Ziel der Welt ist die höchste Verherrlichung Gottes; die Wirkung hieraus ist das größtmögliche Glück der Seelen.«[338]

Vollkommenheit und Harmonie, so zeigte sich in allen Teilen der Leibnizschen Philosophie, sind aufeinander bezogen; die Forderung nach Vervollkommnung ist deshalb zugleich als Forderung nach Vergrößerung der Harmonie zu lesen. Sie wird am Ende der *Monadologie* beschworen als »vollkommene Harmonie« zwischen dem Reich der wirkenden Ursachen und dem der Zweckursachen – oder auch zwischen der physischen Welt der Natur und der Gnaden-Welt der Moral –, eine Harmonie, kraft derer »die Wege der Natur selbst zur Gnade führen«, nämlich zu einer »vollkommenen Regierung«: Sie lässt die vernünftigen Wesen als Untertanen dieses Gottesstaates »den Urheber alles Guten lieben und nachahmen, indem sie sich an der Betrachtung seiner Vollkommenheiten gemäß der Natur der wahren, reinen Liebe erfreuen, die uns über das Glück dessen, den man liebt, Freude empfinden lässt«[339].

Damit erweist sich Leibniz als Philosoph der frühen Aufklärung, der dem Gedanken einer Vernunftbegründetheit der Ethik, der Synthese von Gerechtigkeit und Nächstenliebe und schließlich eines im Wissen und in den Wissenschaften gegründeten Fortschritts eine theoretische Grundlage gab.

Leibniz heute

Leibniz hat nicht nur auf Christian Wolff und die deutsche Aufklärung gewirkt. Er wurde auch von den französischen Enzyklopädisten hoch geschätzt.[340] Doch obgleich im letzten Drittel des 18. Jahrhunderts Leibniz-Editionen aus dem Nachlass und eine erste große Werkausgabe verfügbar werden, schlägt die Bewunderung eher in Unverständnis um, weil die Problemlage sich vollkommen gewandelt hat. Ohne zu erkennen, wie viel sie ihm verdanken, sehen Kant und der deutsche Idealismus in Leibniz' Metaphysik keinen Ansatz mehr, den es fruchtbar fortzuführen gälte. Zwar lässt sich ein in mehreren umfangreichen, aber in der Auswahl begrenzten Werkausgaben dokumentiertes philosophiehistorisches Interesse des 19. Jahrhunderts beobachten, doch erst mit Couturat, Russell und Cassirer entsteht eine neue, aus systematischem Interesse gespeiste Sicht, die sich auf bis dahin gänzlich unbekannte Texte zur Logik und Methodologie stützen konnte.

Jene Bereiche, in denen Leibniz offensichtlich ungleich moderner wirkt als alle seine Nachfolger, scheinen außerhalb der Philosophie zu liegen – man denke an die Binärzahlen und die Darstellung allen Wissens in Zahlencodierungen, erinnert sei an die Relativität von Raum und Zeit, an den Energieerhaltungssatz und selbstregelnde technische Systeme oder die Theorien formaler und natürlicher Sprachen. Doch dieses Bild ist zu eng – denn sowohl die Theorie möglicher Welten als auch die Problematik des Individuums, das Leib-Seele-Problem geradeso wie das der Theodizee gehören zu zentralen Fragestellungen der Gegenwart. Die heutige Modallogik geht aus von der Wiederaufnahme Leibnizscher Konzepte durch Clarence I. Lewis und Cooper H. Langford in den 20er Jahren des vorigen Jahrhunderts, sie finden sich bei Nicholas Rescher wie bei Jaakko Hintikka in Konzepten der Möglichkeit. Doch während Leibniz hier vor allem Anreger war, geht es in der Auseinandersetzung mit der Monadologie um ein neues Verständnis von Individualität und Personalität, das sich in Edmund Husserls Phänomenologie ebenso findet wie in Alfred N. Whiteheads Prozessphilosophie. Dazu treten seit den 1920er Jahren unterschiedliche Ansätze einer neuen Monadologie verschiedenster Autoren. Daneben gibt es ein gänzlich anders geartetes Interesse an einer monadologischen Sicht. Es erwächst aus dem Verständnis der Welt mit allen ihren Individuen als eines harmonischen, evolutiv in wechselseitiger Abstimmung entstandenen dynamischen Systems und sieht in Leibnizens Betonung des Gesamtzusammenhangs eine aufzugreifende und zu vertiefende Position. Strukturelle Übereinstimmungen ließen sich am Verhältnis von Theodizee und Technodizee wie von Emanation und Emendation aufzeigen, die es erlauben, Gegenwartsprobleme an Leibniz zu spiegeln und dadurch in ihren metaphysischen Desiderata und Voraussetzungen deutlicher zu erkennen. So erweist sich das Leibnizsche Denken auch in der Gegenwart als überaus fruchtbar. Die fortschreitende kritische Edition bislang unbekannter Leibniz-Manuskripte wird darum keineswegs allein einem historischen Interesse dienen (so faszinierend schon die Ausleuchtung jener Zeit in der Perspektive dieser einzigartig ideenreichen Leibniz-Monade ist) – sie wird gewiss neue Ansichten und Einsichten auch zu unseren heutigen Fragestellungen vermitteln: Die Arbeit an und mit Leibniz wird auch in Zukunft fruchtbar sein.

Anmerkungen

1 Der vorliegende Band ist aus einer Vorlesung im Sommersemester 2004 hervorgegangen. Er stützt sich auf frühere Arbeiten von mir, die zum Teil eingearbeitet sind in meine Gesamtdarstellung (siehe Literatur, *Gesamtdarstellungen*). Die verwendeten deutschen Zitate lehnen sich, soweit vorhanden, an vorliegende Übersetzungen an.
2 René Descartes, *Principia philosophiae I*, § 7, AT VIII.7.
3 Zu Einzelheiten vgl. Kurt Müller/Gisela Krönert, *Leben und Werk von G.W. Leibniz*, Frankfurt a.M. 1969.
4 Vita Leibnitii, Klopp I, S. xxxiv.
5 A VI.4.265.
6 Zu Leibniz in Mainz und Paris vgl. Paul Wiedeburg, *Der junge Leibniz*, 4 Bde., Wiesbaden 1962/70.
7 A VI.4.2355-2455. Zur Gesamtproblematik vgl. Paul Eisenkopf, *Leibniz und die Einigung der Christenheit. Überlegungen zur Reunion der evangelischen und katholischen Kirche*, München 1975.
8 Siehe Leibniz, *Hauptschriften zur Versicherungs- und Finanzmathematik*, hg. v. Eberhard Knobloch u.a., Berlin 2000.
9 Reinhard Finster/Gerd van den Heuvel, *Gottfried Wilhelm Leibniz*, Reinbek 1990, S. 22f.
10 Vgl. Jürgen Gottschalk, »Technische Verbesserungsvorschläge im Oberharzer Bergbau«, in: Erwin Stein/Albert Heinekamp (Hg.), *Gottfried Wilhelm Leibniz. Das Wirken des großen Philosophen und Universalgelehrten als Mathematiker, Physiker, Techniker*, Hannover 1990, S. 62-71, sowie die Modelle und Pläne, S. 111-138.
11 Vgl. A I, Supplementband Harzbergbau 1692-1696.
12 Zu Leibniz als Historiker vgl. die Einleitung und die Auswahl von Malte L. Babin/Gerd van den Heuvel (Hg.), *G.W. Leibniz, Schriften und Briefe zur Geschichte*, Hannover 2004.

13 Zur Italienreise vgl. André Robinet, *G. W. Leibniz. Iter Italicum (Mars 1689 - Mars 1690)*, Florenz 1987.

14 Vgl. Hans-Stephan Brather (Hg.), *Leibniz und seine Akademie. Ausgewählte Quellen zur Geschichte der Berliner Societät der Wissenschaften 1697-1716*, Berlin 1993.

15 Klopp X.212.

16 Hubertus Busche, *Leibniz' Weg ins perspektivische Universum*, Hamburg 1997, S. 19 f. – Zur Harmonie-Probematik vgl. auch Francesco Piro, *Varietas identitate compensata. Studio sulla formazione della metafisica di Leibniz*, Neapel 1990. Otto Saame gibt in seiner Ausgabe der *Confessio philosophi*, Anm. 7 u. 8, S. 138 f., eine knappe, instruktive Darstellung der Entwicklung des frühen Leibnizschen Harmoniebegriffs.

17 *Elementa verae pietatis*, A VI.4.1358.

18 *Lemma de Dei voluntate*, A VI.4.2799.

19 GP III. 52.

20 *Confessio philosophi*, A VI.3.116. Ähnlich in *Elementa Juris Naturalis*, A VI.1.484, u. im Brief an Arnauld, Nov. 1671, A II.2.174 / GP I.73.

21 *Elementa verae pietatis*, A VI.4.1359.

22 *Confessio philosophi*, A VI.3.122 u. 126.

23 *Rationale fidei catholicae*, A VI.4.2322.

24 *Confessio philosophi*, A VI.3.124.

25 Ebd., A VI.3.130.

26 *Lemma de Dei voluntate*, A VI.4.2799.

27 *Principes de la Nature et de la Grace*, § 1, GP VI.598.

28 *Monadologie*, § 78 bzw. 56.

29 *Système nouveau*, GP IV.485.

30 *Elementa verae pietatis*, A VI.4.1359.

31 *Confessio philosophi*, A VI.3.122.

32 Ebd., A VI.3.116 f.

33 *Elementa verae pietatis*, A VI.4.1359.

34 Ebd., A VI.4.1359 f.

35 So *Confessio philosophi*, A VI.3.116, erstmals hervorgehoben von Alexandra Lewendoski, »Zu Leibnizens Verwendung der Begriffe ›amare‹ und ›sentire harmoniam‹, in: H. Poser (Hg.), *Nihil sine ratione*, Bd. 2, Hannover 2001, S. 708-714.

36 *La Felicité*, § 8, Grua II.580.

37 *Von der Weisheit*, Grua II.586.
38 *Théodicée*, Préf., GP VI.27.
39 *Confessio philosophi*, A VI.3.132. (Hervorhebung H.P.)
40 *Confessio naturae contra atheistos*, A VI.1.489 u. 492. Ähnlich *Discours de Métaphysique*, § 3, A VI.4.1534.
41 An Seckendorff, Mai 1685, A I.4.507.
42 *Discours de Métaphysique*, § 5, A VI.4.1537; vgl. § 36, A VI.4.1586.
43 Ebd., § 36, A VI.4.1586.
44 zentral für Leibniz seit der *Confessio philosophi*, A VI.3.124.
45 deutsche Fassung eines Briefs an Kurfürstin Sophie, August 1696, für Herzogin Elisabeth Charlotte von Orléans, A I.13.13.
46 An Herzog Rudolf August, 2./12. Januar 1697, A I.13.117. – »Einstimmung« ist Leibnizens deutscher Ausdruck für »Harmonie«.
47 die »Harmonia confessionum Evangelicarum«, Loca nonnulla Confessionum Reformatarum, A VI.4.2502.
48 Aristoteles, *Metaphysica* 1005b 19.
49 *Théodicée* I, § 44, GP VI.127.
50 *Monadologie*, § 31; vgl. Zweites Schreiben an Clarke, GP VII.355.
51 *Théodicée* I, § 44, GP VI.127. Vgl. *Nouveaux Essais* IV.2, § 1, A VI.6.362, sowie A VI.4.748.
52 A VI.4.529, vgl. *Monadologie*, § 35; bzw. C 186.
53 *Théodicée* I, § 37, GP VI.123; *Monadologie*, § 33.
54 A VI.4.530 / C 515.
55 *Monadologie*, § 32; Théodicée I, § 44, GP VI.127.
56 A VI.4.530 / C 515.
57 *Monadologie*, § 33.
58 *Primae veritates*, A VI.4.1645 / C 519.
59 *Nouveaux Essais* II.27, § 3, A VI.6.231.
60 Ebd.
61 *Monadologie*, § 9.
62 C 528.
63 *Principium quoddam generale*, GM VI.129 / GP III.52.
64 Ebd.
65 *Nouveaux Essais* III.6, § 12, A VI.6.307.
66 An de Volder, 24. März/3. April 1699, GP II.168; *Nouveaux Essais*, Préf., A VI.6.56 / A II.3.545.
67 Ebd.

68 *Théodicée*, Préf., GP VI.44, sowie *Théodicée* I, § 25, GP VI.117.

69 *Théodicée* I, § 8, GP VI.6.107; vgl. *Discours de Métaphysique*, § 6, A VI.4.1537.

70 *Théodicée* I, § 45, GP VI.128; vgl. *Théodicée*, Préf., GP VI.44; *Théodicée* I, § 25, GP VI.117.

71 Vgl. *Théodicée* III, § 311, GP VI.300 f.

72 *Unvorgreiffliches Bedencken*, Grua I, 433.

73 *Principia philosophiae* I, § 47.

74 A VI.4.151.

75 A VI.4.288 / C 243.

76 *Generales Inquisitiones*, A VI.4.744 / C 360.

77 A VI.4.157 / C 430.

78 Introductio ad Encyclopaediam arcanam, A VI.4.528 / C 513.

79 A VI.4.974 / C 220 f. bzw. A VI.4.270 / C 435; A VI.4.158, Erg. zu Z. 4 / C 430.

80 Vgl. Hide Ishiguro, *Leibniz' Philosophy of Logic and Language*, London 1972, Kap. V, u. Massimo Mugnai, *Leibniz' Theory of Relations*, Stuttgart 1992, Kap. 7.

81 A VI.4.1515 / C 16; vgl. C 1.

82 *Generales Inquisitiones*, § 16 u. § 198, A VI.4.751 u. 787 / C 366 u. 398.

83 Ebd.

84 Da im Logikkalkül $B = BB$ gilt, kann man von $A = XB$ zu $A = XBB$ übergehen und nun XB durch A substituieren.

85 *Generales Inquisitiones*, § 61, A VI.4.759 / C 372.

86 sehr radikal bei Bertrand Russell, *A critical exposition of the philosophy of Leibniz* (1900), London [7]1967.

87 *De Encyclopaedia nova*, A VI.4.341 / C 32 f.

88 *De Synthesi et Analysi universali*, A VI.4.539 f., bzw. *Nouveaux Essais* IV.2, § 1; A.VI.6.361 u. 367.

89 *Generales Inquisitiones*, § 134, A VI.4.776 / C 388.

90 A VI.1.539.

91 August Faust, *Der Möglichkeitsgedanke. Systemgeschichtliche Untersuchungen*, 2 Bde., Heidelberg 1931/32, Bd. 1, S. VIII.

92 KdrV, A 158.

93 Heinrich Schepers, »Zum Problem der Kontingenz bei Leibniz«, in: *Collegium Philosophicum*, Basel 1965, S. 326-350; Ingetrud Pape, *Tra-*

dition und Transformation der Modalität, 1. Bd.: Möglichkeit – Unmöglichkeit, Hamburg 1966.

94 A VI.1.465 f. u. 480 f., Ergänzungen in A VI.2.528.

95 *Summa Theologiae* I, q. 25,3.

96 *Generales Inquisitiones*, Zusatz zu § 2, A VI.4.749.

97 A VI.3.582.

98 *Unvorgreiffliches Bedencken*, Grua I, 429; vgl. *Dialogus inter theologum et misosophum*, A VI.4.2216 / Grua I, 21, sowie *De libertate fato gratia Dei*, A VI.4.1596, Zusatz zu Z. 2 / Grua I, 307.

99 A VI.4.1443. Vgl. *De rerum originatione radicali*, GP VII.303.

100 Vgl. *Generales Inquisitiones*, § 60, A VI.4.758; C 1 f.

101 *Monadologie*, § 33 u. 35.

102 *Monadologie*, § 45, sowie *Nouveaux Essais* IV.10, § 7, A VI.6.427.

103 Kurt Gödel: Ontological proof, in: ders., *Collected Works*, Vol. 3, Oxford 1970, S. 403-404. – Zum Verhältnis von Leibniz zu Gödel vgl. A. Fuhrmann, Existenz und Notwendigkeit. Kurt Gödels axiomatische Theologie, in: Logik in der Philosophie, hg. v. W. Spohn u.a., Heidelberg 2005, S. 349-374.

104 Leibniz spricht nicht von maximal konsistenten Mengen, jedoch vom Weltlauf mit einem Maximum von Möglichkeiten, C 534.

105 *Théodicée* I, § 9, GP VI.107.

106 A VI.4.1442 bzw. 1443 / GP VII.194.

107 GP VII.289 f.

108 Zu Spinoza, *Ethica II*, prop. XII, A VI.4. 1713, Anm. 21 / GP I.150.

109 An de Volder, 23. Juni 1699, GP II.184.

110 Diskussion mit G. Wagner, 3. März 1698, Grua I, 397 / A II.3.709.

111 *Théodicée* I, § 37, u. Anhang I, Obj. III, GP VI.123 bzw. 380.

112 *Théodicée*, Discours prél., § 2, GP VI.50.

113 An de Volder, 24. März/3. April 1699, GP II.170 / A II.3.547.

114 A VI.4.456.

115 Drittes Schreiben an Clarke, § 4, GP VII..

116 Henry More, *Enchiridion metaphysicum I.8*, London 1621, zit. bei Max Jammer, *Das Problem des Raumes*, Darmstadt 1960, S. 49.

117 Isaac Newton, *Philosophiae naturalis principia mathematica* (1686), Scholium; dt.: *Mathematische Prinzipien der Naturlehre*, übers. v. J. Ph. Wolfers, Berlin 1872, ND Darmstadt 1963, S. 25 f.

118 *Principia III.5*, § 61, *Scholium Generale*, S. 509.
119 *Optics*, Query 28, Dover-Ed., S. 370.
120 *Reponse aux reflexions de Bayle*, GP IV.568.
121 An de Volder, Juni 1704, GP II.268 f.
122 Fünftes Schreiben an Clarke, § 55, GP VII.404.
123 An de Volder, GP II.278.
124 Drittes Schreiben an Clarke, § 5, GP VII.364.
125 Ebenda, § 6.
126 Ebenda, § 5.
127 Viertes Schreiben an Clarke, § 10, GP VII.373.
128 *Specimen Dynamicum* II.2, hg. v. Hans G. Dosch u.a., Hamburg 1982, S. 42-44.
129 *Phoranomus*, C 590-593.
130 *Nouveaux Essais* II.1, §2, A VI.6.111.
131 Descartes, *Meditationes*, Objectiones Tertiae, responsio ad objectionem X, AT VII.189.
132 AT XI.655.
133 *Nouveaux Essais* II.21, § 5, A VI.6.173.
134 Ebd., Préf., A VI.6.51.
135 *Quid sit Idea*, A VI.4.1370.
136 *Nouveaux Essais* II.1, § 2, A VI.6.111.
137 Ebd., Préf., A VI.6.49 f.
138 Ebd., II.10, § 2 , A VI.6.140.
139 Ebd., I.1, § 5, A VI.6.79.
140 Zu Spinozas *Ethica*, A VI.4.1713, Fn. 21.
141 *Théodicée* I, § 87, GP VI.150 – dort als Entelechie aufgefasst. Vgl. *Nouveaux Essais* II.21, § 1, A VI.6.169.
142 *Nouveaux Essais* I.1, § 5, A VI.6.79.
143 Ebd., I.1, § 5, A VI.6.78.
144 *Meditationes de cognitione, veritate et ideis*, A VI.4.585 f.
145 Ebd., S. 586 f.
146 Ebd., S. 587.
147 A VI.4.918 f.
148 C 497.
149 A VI.4.916.
150 *Analysis Linguarum*, A VI.4.102.

151 A VI.4.918.

152 *Nouveaux Essais* III.1, § 2, A VI.6.355f; Brief an Tschirnhaus, Mai 1678, GM IV.460 f.

153 *Einige patriotische Gedanken*, Klopp VI.223.

154 An Arnauld, 9 Okt. 1687, GP II.112 / *Briefwechsel mit Antoine Arnauld*, hg. v. R. Finster (Arnauld-Briefwechsel), A II.2(2.Aufl.)253. Vgl. *Quid sit Idea*, A VI.4.1370.

155 C 15.

156 *Quid sit Idea*, A VI.4.1370.

157 *Discours de Métaphysique*, § 27, A VI.4.1572.

158 So schon 1677 im *Dialogus*, A VI.4.22.

159 A VI.4.916.

160 A VI.4.6.

161 An Herzog Ernst August, A I.4.315.

162 *Initia et Specimina Scientiae novae*, A VI.4.443; *Guilielmi Pacidii initia*, A VI.4.493.

163 Vgl. Hans J. Zacher, *Die Hauptschriften zur Dyadik von G.W. Leibniz*, Frankfurt a.M. 1973.

164 *Nouveaux Essais* IV.2, § 1, A VI.6.367.

165 *De Synthesi et Analysi universali*, A VI.4.544.

166 *De modo distinguendi phaenomena realia ab imaginariis*, A VI.4.1501 f.

167 *Praefatio ad libellum elementorum physicae*, A VI.4.2000.

168 Ebd., A VI.4.2000-2003.

169 *Specimen dynamicum*, GM VI.243.

170 A VI.4.70f; *Characteristica verbalis*, A VI.4.333-337. Vgl. auch 880-908.

171 *Otium Hannoveranum*, 427.

172 Ebd., 170.

173 *Ermahnung*, A IV.3.809.

174 *Epistolica* § 21.

175 *Dutens* IV.2, 187.

176 *Nouveaux Essais* III.2, §1, A VI.6.283; vgl. *Epistolica* §16.

177 *Epistolica* §22.

178 *Ermahnung*, insbes. A IV.3.812 u. 815.

179 Leibniz, *De l'horizon de la doctrine humaine*, éd. M. Fichant, Paris 1991.

180 *Nouveaux Essais* III.2, §1, A VI.6.281.

181 *Epistolica*, § 20; vgl. *De linguarum origine naturali*, A VI.4.59.

182 An Tschirnhaus, Mai 1678, GM IV.461.

183 *Unvorgreiffliche Gedancken*, § 61.
184 *Ermahnung an die Teutsche*, A IV.3.798.
185 *Generales Inquisitiones*, § 74, A VI.4.763, bzw. *Discours de Métaphysique*, § 13, A VI.4.1547.
186 GP IV.394.
187 An de Volder, 24. März/3. April 1699, GP II.169 f.; ebenso *Discours de Métaphysique* § 17 f., A VI.4.1556-1559.
188 – der sich bei Leibniz allerdings nur auf die Summe von potentieller und kinetischer Energie bezieht.
189 Vgl. die Briefe an Huygens, 16./26. Sept. 1692 u. 10./20. März 1693, GM II.145 f. bzw. 155-158.
190 An de Volder, GP II.276.
191 *Primae veritates*, A VI.4.1646, C 520.
192 *Discours de Métaphysique*, § 14, A VI.4.1551.
193 Vgl. an de Volder, 21. Jan. 1704, GP II.263.
194 Vgl. Fabrizio Mondadori, »Reference, essentialism, and modality«, in: *Studia Leibnitiana* 5 (1973), S. 74-101.
195 *Primae veritates*, A VI.4.1646 / C 521.
196 *Discours de Métaphysique*, § 9 u. § 14, A VI.4.1541 bzw. 1550; *Principes de la Nature et de la Grâce*, § 3; *Monadologie*, § 56.
197 *Discours de Métaphysique*, § 14, AVI.4.1550.
198 deutlich etwa in der *Monadologie*, § 58.
199 *Monadologie*, § 51.
200 *Système nouveau*, GP IV.482 bzw. 478.
201 *Monadologie*, § 13 bzw. § 17.
202 so an Arnauld, 9. Okt. 1687, GP II.121/*Arnauld-Briefwechsel*, A II.2 (2.Auf.)253.
203 *Monadologie*, § 69.
204 *Monadologie*, § 1.
205 An des Bosses, 29. Mai 1716, GP II.520.
206 *Système nouveau*, GP IV.482, bzw. *Monadologie*, § 14.
207 *Monadologie*, § 5 f.
208 *Théodicée* I, § 90, GP VI.152; *Nouveaux Essais*, Préf., A VI.6.55.
209 *Monadologie*, § 14, 15, 18 u. 48. Vgl. *Système nouveau*, GP IV.479.
210 An de Volder, 24. März/3. April 1699, GP II.171; an de Volder, 21. Jan. 1704, GP II.264.
211 *Système nouveau*, GP IV.484.

212 *Monadologie*, § 14, 19, 29 u. 30; *Principes de la Nature et de la Grâce*, § 4 f.
213 *Nouveaux Essais* II.1, § 13 f.
214 *Monadologie*, § 24 bzw. 47.
215 Hegel, *Vorlesungen über die Geschichte der Philosophie*, Abschnitt »Leibniz«, in: *Vorlesungen*, Bd. 9, Hamburg 1986, S. 134.
216 *Monadologie*, § 56.
217 *Principes de la Nature et de la Grâce*, § 2.
218 *Monadologie*, § 49.
219 Ebd., § 2.
220 Ebd., § 64.
221 Ebd., § 63-70.
222 Ebd., § 72.
223 An de Volder, 1705, GP II.276.
224 *Pacidius Philalethi*, A VI.3.565 / C 622.
225 *Monadologie*, § 7.
226 Ebd., § 51.
227 *Théodicée* I, § 9, GP VI.107.
228 *Monadologie*, § 78.
229 Ebd., § 79.
230 *Théodicée* II, § 118, GP VII.168. Vgl. *Théodicée* II, § 112 u. III, § 340, GP VI.163 u. 316.
231 Peter F. Strawson, *Individuals* (1959), dt.: *Einzelding und logisches Subjekt*, Stuttgart 1972, Kap. 4: Monaden.
232 Karl Otto Apel, »Das Leibapriori der Erkenntnis. Eine Betrachtung im Anschluß an Leibnizens Monadenlehre«, in: *Archiv f. Philos.* 12 (1963), S. 152-172, S. 156.
233 Vgl. Literatur, *Neue Monadologien.*
234 Vgl. Daniel Garber, »Leibniz and Idealism«, in: H. Poser (Hg.), *Nihil sine ratione.* Nachtragsband, Hannover 2002, S. 19-28.
235 An Rémond, Juli 1714, GP III.622.
236 An Bierling, 12. Aug. 1711, GP VII.501.
237 An de Volder, 20. Juni 1703, GP II.252.
238 An Arnauld, 23. März 1690, GP III.135.
239 Robert M. Adams, Leibniz, Oxford 1994, S. 264.
240 *De primae philosophiae Emendatione, et de Notione Substantiae*, GP IV.469.
241 *Specimen dynamicum* I, GM VI.236.

242 *Discours de Métaphysique*, § 14, A VI.4.1549. Vgl. an Coste, 30. Mai 1712, GP III.429 ff.

243 *Monadologie*, § 47.

244 Peter Bieri, »Einführung«, in: ders., (Hg.), *Analytische Philosophie des Geistes*, Bodenheim ²1993, S. 1-28, S. 5.

245 *Ethica* I, Def. 7.

246 Vgl. W. Warnach, »Freiheit 1«, in: *Historisches Wörterbuch der Philosophie*, Bd. 2, Basel-Stuttgart 1972, Sp. 1064 ff.

247 *De libertate*, A VI.4.1654. Zum Freiheitsproblem vgl. die Literatur im Anhang.

248 An Basnage, 19. Februar 1706, GP III.143.

249 A VI.1.537.

250 Vgl. die Texte A VI.4, Nr. 268, 271, 273, 274, 303, 305, 308, 309, 326.

251 Du Franc Arbitre, v.a. A VI.4.1407-9.

252 *Nouveaux Essais* II. 21, § 15, A VI.6.179.

253 A VI.4.1455.

254 Ebd., A VI.4.1409. Vgl. *Nouveaux Essais* II. 21, § 50, A VI.6.199. Leibniz referiert hier zustimmend Locke.

255 A VI.4.1592.

256 GP VII.108, ebenso 109; vgl. A VI.4.1380 / C 25.

257 An Jacquelot, GP VI.571 f.

258 *Confessio Philosophi*, A VI.3.133; ebenso *Théodicée*. I, § 34; GP VI.122.

259 Vgl. Albert Heinekamp, *Das Problem des Guten bei Leibniz*, Kantstudien Erg.-H. 98, Bonn 1969, S. 206.

260 GP VII.110.

261 *Unvorgreiffliches Bedencken*, Grua II, 432 f.

262 A VI.4.1458.

263 *Nouveaux Essais* II.21, § 49, A VI.6.199; vgl. § 13, A VI.6.178 f.

264 A VI.4.1521 f.

265 A VI.1.540 f.

266 *Théodicée* I, § 43, GP VI.126.

267 *Théodicée* I, § 52, GP VI.131.

268 Ebd.

269 A VI.4.1522.

270 *Confessio philosophi*, A VI.3.117.

271 Epikur, *Von der Überwindung der Furcht*, hg. v. O. Gigon, Zürich 1949, S. 80.

272 Tertullian, *De Praescriptione Haereticorum*, c. 7, 5, Frankfurt 1918, zit. bei Peter Koslowski, »Der leidende Gott. Theodizee in der christlichen Philosophie und im Gnostizismus«, in: Willi Oelmüller (Hg.), *Theodizee – Gott vor Gericht?*, München 1990, S. 33-66, S. 38.

273 *Théodicée* I, § 20, GP VI.6.114.

274 Odo Marquard, »Schwierigkeiten beim Ja-Sagen«, in: W. Oelmüller (Hg.), *Theodizee*, S. 87-102, S. 91.

275 Koslowski, *Der leidende Gott*, a.a.O., S. 35.

276 *Confessio philosophi*, A VI.3.121.

277 Ebd., A VI.3.122 u. 124.

278 Christian Wolff, *Vernünfftige Gedancken von der Menschen Thun und Lassen* (sog. Deutsche Ethik), § 41-43, Frankfurt 1720.

279 An Fabri, Ende 1676, GP IV.259. Vgl. *Théodicée* II, § 176, GP VI.

280 *Nouveaux Essais* II.28, § 5, A VI.6.250.

281 *Discours de Métaphysique*, § 3, A VI.4.1533.

282 A VI.4.405 – nämlich zur Vollkommenheit des Handelnden wie des Ganzen der Welt.

283 *Causa Dei*, § 29-32, GP VI.443; vgl. *Théodicée* I, § 21, GP VI.115.

284 *Théodicée* I, § 30, GP VI.120.

285 *Monadologie*, § 49.

286 *Théodicée* I § 10, GP VI.108.

287 *Théodicée* III, § 242, PG VI.261 f.

288 I. Kant, *Über das Mißlingen aller philosophischen Versuche in der Theodizee*, Akad.-Ausg. Bd. 8, S. 267.

289 Einen Überblick bietet Carl-Friedrich Geyer, *Die Theodizee. Diskurs, Dokumentation, Transformation*, Stuttgart 1992, sowie als Kurzfassung: ders., »Das Theodizeeproblem – ein historischer und systematischer Überblick«, in: Oelmüller (Hg.), *Theodizee*, S. 9-32.

290 Geyer, *Das Theodizeeproblem*, S. 16.

291 Grua I, 495.

292 so im *Système Nouveau*, GP IV.486; doch zugleich bezeichnet Leibniz sein System als »Hypothese«!

293 Geyer, *Das Theodizeeproblem*, S. 16.

294 Marquard, »Schwierigkeiten«, in: Oelmüller (Hg.), *Theodizee*, S. 94.

295 *Nouveaux Essais* I.1, A VI.6.71.

296 GP III.389.

297 An Kestner, 24. Okt. 1709, Grua II, 688.

298 *Sog. Deutsche Ethik*, § 30.
299 *Novissima Sinica*, § 3 bzw. § 10.
300 Fünftes Scheiben an Clarke, § 9, GP VII.390.
301 A VI.1.465; ebenso 480 u. A VI.4.2758.
302 A VI.4.2758. Vgl. auch 2759, wo dieser Bezug modal weiter entfaltet wird.
303 *Discours de Métaphysique*, § 2, A VI.4.1533.
304 *Nouveaux Essais* Préf., A VI.6.50.
305 Ebd., I.2, §1, A VI.6.88 bzw. I.2, § 4, A.VI.6.91.
306 Ebd., I.2, § 9, A.VI.6.92.
307 Ebd., I.2, § 4, A.VI.6.91.
308 Ebd., I.2, § 9, A VI.6.93.
309 *Théodicée* II, § 175, GP VI.219.
310 Ebd., II, § 230, GP VI.255. – Zur Entfaltung der Gründung des Rechts auf die Konzeption des vir bonus vgl. Patrick Riley, *Leibniz' Universal Jurisprudence. Justice as the Charity of the Wise*, Cambridge/Mass. 1996, S. 144 ff.
311 *Nouveaux Essais* I.2, § 9, A VI.6.91 f.
312 Ebd., I.2, § 9, A.VI.6.92.
313 Ebd., I.2, § 1, A.VI.6.88.
314 Ebd., I.2, § 2, A.VI.6.89.
315 Ebd., I.2, § 9, A.VI.6.92.
316 Ebd., I.2, § 3, A.VI.6.90.
317 so Michael-Thomas Liske, *Leibniz*, München 2000, S. 185.
318 *Théodicée* III, § 344, GP VI.319.
319 *Reflexions sur l'ouvrage de M. Hobbes*, § 3, GP VI.390.
320 *Théodicée* III, § 367, GP VI.333.
321 *Abregé de la Controverse reduite à des Argumens en forme, 3eme Objection*, GP VI.386.
322 Ebd.
323 *Modalia Juris*, A VI.4.2758.
324 *Codex juris gentium diplomaticus*, Vorrede, GP III.387 / *Schriften und Briefe zur Geschichte*, S. 166 f.
325 A VI.4.2890 bzw. 2891.
326 A VI.4.2806; lateinisch 2803, vgl. auch 2798.
327 A VI.4.2777; vgl. 2837.
328 A VI.4.2810, Anm. zu Z. 16 f., Variante (4).

329 An Arnauld, 23. März 1690, GP II.136 / *Arnauld-Briefwechsel*, S. 362.

330 A VI.4.2851-2853.

331 Albert Heinekamp, *Das Problem des Guten bei Leibniz* (= Kantstudien Erg. H. 98), Bonn 1969, S. 98.

332 *Méditation sur la notion commune da la justice*, § 15, Mollat, S. 52 f.

333 Vgl. *De rerum originatione radicali*, GP VII.308.

334 *Methode de la Certitude et l'Art d'Inventer*, A VI.4.959.

335 *Initia et Specimina Scientiae Generalis*, A VI.4.438.

336 GP VII.290.

337 So *Confessio philosophi*, A VI.3.140, bzw. *Monadologie*, § 85.

338 A VI.4.1402.

339 *Monadologie*, § 87, 88 u. 90.

340 Vgl. Ursula Winter, »Diderot und Leibniz«, in: *Nihil sine ratione. Vorträge III*, Hannover 2001, S. 1377-1384.

Literatur

1. Werkausgaben

A = Sämtliche Schriften und Briefe, Akademie-Ausgabe, Darmstadt (dann: Berlin) 1923 ff. (Geplant über 100 Bde, erschienen 40. In Vorbereitung befindliche Bände sowie einige bereits edierte Bände sind mit umfangreicher Recherchemöglichkeit zugänglich unter www.leibnizedition.de.)
Reihe I: Allgemeiner politischer und historischer Briefwechsel
Reihe II: Philosophischer Briefwechsel
Reihe III: Mathematischer, naturwissenschaftlicher und technischer Briefwechsel
Reihe IV: Politische Schriften
Reihe V: Historische Schriften (noch nicht begonnen)
Reihe VI: Philosophische Schriften
Reihe VII: Mathematische Schriften
Reihe VIII: Naturwissenschaftlich-medizinisch-technische Schriften

C = Opuscules et fragments inédits, hg. v. L. Couturat, Paris 1903, ND Hildesheim 1961.

Discours sur la Theologie naturelle des Chinois, hg. v. W. Li / H. Poser, Frankfurt a.M. 2002.

Dutens = Opera omnia, hg. v. L. Dutens, 6 Bde, Genf 1767, ND Hildesheim 1990.

Epistolica = Epistolica de historia etymologica dissertatio, in: St. Gensini, Il naturale e il simbolico. Saggio su Leibniz, Roma 1991.

GM = Mathematische Schriften, hg. v. C.I. Gerhardt, 7 Bde., Berlin 1849-63, ND Hildesheim 1962.

GP = Die philosophischen Schriften, hg. v. C.I. Gerhardt, 7 Bde., Berlin 1875-1880, ND Hildesheim 1973.

Grua = Leibniz, Textes inédits, hg. v. G. Grua, 2 Bde., Paris 1948.

Klopp = Die Werke von Leibniz, hg. v. O. Klopp, 11 Bde., Hannover 1864-1884.

Mollat = Mittheilungen aus Leibnizens ungedruckten Schriften, hg. v. G. Mollat, Leipzig [2]1893.

Otium = Otium Hannoveranum, hg. v. J.F. Fellner, Leipzig 1718.

2. Zweisprachige Ausgaben

Allgemeine Untersuchungen über die Begriffe und Wahrheiten, hg. v. F. Schupp, Hamburg 1993.

Briefe über China (1694-1716), hg. v. M.L. Babin, R. Widmaier, Hamburg 2017.

Confessio philosophi, hg. v. O. Saame, Frankfurt/M. 1967.

Der Briefwechsel mit Antoine Arnauld, hg. v. R. Finster, Hamburg 1997.

Der Briefwechsel mit den Jesuiten über China (1689-1714), hg. v. R. Widmaier, Hamburg 2006.

Die Grundlagen des logischen Kalküls, hg. v. F. Schupp, Hamburg 2000.

Frühe Schriften zum Naturrecht, hg. v. H. Busche, Hamburg 2003.

Generales Inquisitiones/Allgemeine Untersuchung über die Analyse der Begriffe und Wahrheiten, hg. v. F. Schupp, Hamburg 1982.

Metaphysische Abhandlung, hg. v. H. Herring, Hamburg 1958.

Monadologie und andere metaphysische Schriften, hg. v. U.J. Schneider, Hamburg 2002.

Monadologie, hg. v. H. Hecht, Stuttgart 1998.

Novissima Sinica – Das Neueste von China, hg. v H.G. Nesselrath/H. Reinbothe, Köln 1979.

Philosophische Schriften, hg. v. W. v. Engelhardt/H.H. Holz/H. Herring, 4 Bde. in 6 T., Wiesbaden/Frankfurt a.M./Darmstadt 1986 ff.

Schriften und Briefe zur Geschichte, hg. v. M.-L. Babin/G. van den Heuvel, Hannover 2004.

Schriften zur Syllogistik, hg. v. W. Lenzen, Hamburg 2019.

Specimen dynamicum, hg. v. H.G. Dosch u.a., Hamburg 1982.

Vernunftprinzipien der Natur und der Gnade – Monadologie, hg. v. H. Herring, Hamburg 1956.

3. Deutschsprachige Schriften

Unvorgreifliche Gedanken, betreffend die Ausübung und Verbesserung der deutschen Sprache, hg. v. U. Pörksen, Stuttgart 1983.

4. Übersetzungen

Briefwechsel G.W. Leibniz – Kurfürstin Sophie von Hannover, hg. v. W. Li, Göttingen 2017.

Der Briefwechsel mit Bartholomäus Des Bosses, hg. v. C. Zehetner, Hamburg 2007.

Der Leibniz-Clarke-Briefwechsel, hg. v. V. Schüller, Berlin 1991.

Samuel Clarke, Der Leibniz-Clarke-Briefwechsel mit G.W. Leibniz, hg. v. Ed Dellian, Hamburg 1990.

Die philosophischen Schriften und Briefe 1683-1687, hg. v. U. Goldenbaum, Berlin 1992.

Die Theodizee, hg. v. A. Buchenau, Leipzig 1925, Hamburg 1996.

Fragmente zur Logik, hg. v. F. Schmidt, Berlin 1960.

Fünf Schriften zur Logik und Metaphysik, hg. v. H. Herring, Stuttgart 1966.

Hauptschriften zur Grundlegung der Philosophie, übers. v. A. Buchenau, hg. v. E. Cassirer, 2 Bde., Leipzig 1904/06, Hamburg 1996.

Neue Abhandlungen über den menschlichen Verstand, hg. v. E. Cassirer, Leipzig 1915, Hamburg 1996.

Neue physikalische Hypothesen, hg. v. O. u. E. Schönberger, Würzburg 2017.

Politische Schriften, hg. v. H.H. Holz, 2 Bde., Frankfurt a.M. 1966/67.

Schöpferische Vernunft. Schriften aus den Jahren 1668-1686, hg. v. W. v. Engelhardt, Münster [2]1955.

5. Bibliographien, Hilfsmittel

www.leibnizedition.de enthält alle neueren Bände der Akademie-Ausgabe mit Recherchemöglichkeiten, dazu Hilfsmittel (Editionskatalog, Personen- und Korrespondenz-Datenbank, Ausgewählte Briefe in HTML, kumuliertes Sachverzeichnis aller Bände, kumuliertes Schriftenverzeichnis aller Bände, Konkordanzen zu anderen Leibniz-Werkausgaben).

LeibnizCentral (www.leibnizcentral.de) der Gottfried Wilhelm Leibniz Bibliothek – Niedersächsische Landesbibliothek (www.gwlb.de/Leibniz) mit Leibniz-Bibliographie (www.leibniz-bibliographie.de), Leibniz-Forschungsbibliothek, Leibniz-Archiv etc.

Die Leibniz-Handschriften d. königl. öffentl. Bibl. zu Hannover, hg. v. E. Bodemann, Hannover 1895.

Müller, K./G. Krönert, Leben und Werk von G.W. Leibniz. Eine Chronik, Frankfurt/M. 1969.

Heinekamp, A., Leibniz-Bibliographie. [Bd. I:] Die Literatur über Leibniz bis 1980; Bd. II: 1989-1990, Frankfurt/M. 1984 u. 1992. [Weiterführung durch die Leibniz Bibliothek Hannover, http://leibnizcentral.de].

Dutz, K., Zeichentheorie und Sprachwissenschaft bei G.W. Leibniz. Eine kritisch annotierte Bibliographie der Sekundärliteratur, Münster 1983.

Leibniz Lexicon. A dual concordance to Leibniz's Philosophische Schriften, hg. v. R. Finster u.a., Textband u. 65 Microfiches, Hildesheim 1988.

Leibniz im Volltext. Werke in den Originalsprachen auf CD-ROM [v.a. GP], Karsten Worm InfoSoftWare, Berlin 2002.

6. Sekundärliteratur in Auswahl

Studia Leibnitiana mit *Sonderheften* und *Supplementa*; seit 1966, bisher ca. 120 Bde.

Akten der ca. alle 5 Jahre abgehaltenen Internationalen Leibniz-Kongresse, hg. v. d. Gottfried Wilhelm Leibniz Gesellschaft, Hannover.

Biographien

Aiton, E.J., Gottfried Wilhelm Leibniz. Eine Biographie, Frankfurt a.M. 1991.

Antognazza, M.R., Leibniz. An Intellectual Biography, Cambridge 2019.

Hirsch, E.Chr., Der berühmte Herr Leibniz. Eine Biographie, München 2000.

Einführungen

Finster, R./G. van den Heuvel, Gottfried Wilhelm Leibniz, Reinbek 1990.

Holz, H.H., Leibniz, Stuttgart 1958, Leipzig [2]1983.

Holz, H.H., Gottfried Wilhelm Leibniz, Frankfurt 1992.

Liske, M.-Th., Gottfried Wilhelm Leibniz, München 2000.

Rescher, N., On Leibniz [erw. Neuauflage], Pittsburgh 2013.

Gesamtdarstellungen

Adams, R.M., Leibniz. Determinist, Theist, Idealist, Oxford 1994.

Cassirer, E., Leibniz' System in seinen wissenschaftlichen Grundlagen, Marburg 1902, ND Darmstadt 1962.

Fischer, K., Gottfried Wilhelm Leibniz. Leben, Werk und Lehre (Gesch. d. neueren Philos., Bd. 3), Mannheim 1855, [5]1920.

Gurwitsch, A., Leibniz. Philosophie des Panlogismus, Berlin 1974.

Holz, H.H., Leibniz. Das Lebenswerk eines Universalgelehrten, Darmstadt 2013.

Holzhey, H., u.a., Leibniz, in: Grundriss der Geschichte der Philosophie, begr. v. Fr. Ueberweg: Die Philosophie des 17. Jh., Bd. 4, 2. Halbband, Basel 2001, S. 995-1159.

Martin, G., Leibniz. Logik und Metaphysik, Köln 1960, Berlin [2]1967.

Poser, H., Leibniz' Philosophie. Über die Einheit von Metaphysik und Wissenschaft, Hamburg/Darmstadt 2016.

Robinet, A., Architectonique disjonctive, automates systémiques et idealité transcendantale dans l'œuvre de G.W. Leibniz, Paris 1986.

Russell, B., A critical exposition of the philosophy of Leibniz, Cambridge 1900, London [7]1967.

Rutherford, D., Leibniz and the Rational Order of Nature, Cambridge 2008.

Wilson, C., Leibniz's Metaphysics. A Historical and Comparative Study, Princeton 2015.

Sammelbände

Antognazza, M.R. (ed.), The Oxford Handbook of Leibniz, Oxford 2018.

Frankfurt, H.G. (ed.), Leibniz. A collection of critical essays, Garden City, N.Y. 1972.

Heinekamp, A., / F. Schupp (Hg.), Leibniz' Logik und Metaphysik, Darmstadt 1988.

Jolley, N. (ed.), The Cambridge Companion to Leibniz, Cambridge 1995.

Der junge Leibniz

Beeley, Ph., Kontinuität und Mechanismus. Zur Philosophie des jungen Leibniz in ihrem ideengeschichtlichen Kontext, Stuttgart 1996.

Busche, H., Leibniz' Weg ins perspektivische Universum. Eine Harmonie im Zeitalter der Berechnung, Hamburg 1997.

Kabitz, W., Die Philosophie des jungen Leibniz, Heidelberg 1909.

Moll, K., Der junge Leibniz, 3 Bde. Stuttgart 1978-1996.

Zur Logik und Sprachphilosophie

Burkhardt, H., Logik und Semiotik in der Philosophie von Leibniz, München 1980.

Couturat, L., La logique de Leibniz d'après des documents inédits, Paris 1901, ND Hildesheim 1969.

Dascal, M., Leibniz. Language, Signs and Thought, Amsterdam 1987.

Gensini, St., Il naturale e il simbolico. Saggio su Leibniz, Roma 1991.

Heinekamp, A., Ars characteristica und natürliche Sprache bei Leibniz, in: Tijdschrift voor Filosofie 34 (1972), S. 446-488.

Ishiguro, H., Leibniz' philosophy of logic and language, London 1972, Cambridge ²1990.

Lenzen, W., Calculus universalis. Studien zur Logik von G.W. Leibniz, Paderborn 2004.

Mates, B., The Philosophy of Leibniz. Metaphysics and Language, Oxford 1986.

von der Schulenburg, S., Leibniz als Sprachforscher, Frankfurt a.M. 1973.

Zur Metaphysik allgemein

Mahnke, D., Leibnizens Synthese von Universalmathematik und Individualmetaphysik, Halle 1925.

Parkinson, G.H.R., Logic and reality in Leibniz's metaphysics, Oxford 1965.

Schepers, H., Leibniz. Wege zu seiner reifen Metaphysik, Berlin 2014.

Serres, M., Le Système de Leibniz et ses Modèles Mathématiques, 2 Bde., Paris 1968.

Wilson, C., Leibniz's Metaphysics. A historical and comparative study, Manchester 1989.

Zur Erkenntnislehre

Pape, I., Leibniz. Zugang und Deutung aus dem Wahrheitsproblem, Stuttgart 1949.

Kaehler, K.E., Leibniz' Position der Rationalität, Freiburg/Br. 1989.

McRae, R., Leibniz: Perception, Apperception, and Thought, Toronto 1976.

Kulstad, M., Leibniz on Apperception, Consciousness, and Reflection, München 1991.

Zur Monadenlehre

Busche, H. (Hg.), Leibniz, Monadologie [abschnittsweise Interpretation versch. Autoren], Berlin 2009.

Dillmann, E., Eine neue Darstellung der Leibnizischen Monadenlehre auf Grund der Quellen, Leipzig 1891, ND Hildesheim 1974.

Gaber, D., Leibniz: Body, Substance, Monad, Oxford 2009.

Horn, J.H., Die Struktur des Grundes. Gesetz und Vermittlung des ontischen und logischen Selbst nach G.W. Leibniz, Ratingen 1971.

Monadologie heute

Bonk, S. (Hg.), Monadisches Denken in Geschichte und Gegenwart, Würzburg 2003.

Mahnke, D., Eine neue Monadologie, Berlin 1917.

Poser, H., Monadologien des 20. Jahrhunderts, in: A. Heinekamp (Hg.), Beiträge zur Wirkungs- und Rezeptionsgeschichte von G.W. Leibniz (= Studia Leibnitiana Supplementa 26), Stuttgart 1986, S. 338-345.

Poser, H., Leibniz heute: Monadologien des 21. Jahrhunderts, in: Studia Leibnitiana 49, 2017, S. 224-241.

Tarde, G., Monadologie und Soziologie [frz. 1895], Frankfurt a.M. 2009.

Whitehead, A.N., Prozess und Realität [amerik. 1929], Frankfurt a.M. 1987.

Zur Theodizee und Freiheit

Axelos, Chr., Die ontologischen Grundlagen der Freiheitstheorie von Leibniz, Berlin 1973.

Holze, E., Gott als Grund der Welt im Denken des Gottfried Wilhelm Leibniz, Stuttgart 1991.

Liske, M.-Th., Leibniz' Freiheitslehre, Hamburg 1993.

Parkinson, G.H.R., Leibniz on Human Freedom, Wiesbaden 1970.

Zur Ethik und Rechtsphilosophie

Grua, G., Jurisprundence universelle et théodicée selon Leibniz, Paris 1953.

Grua, G., La justice humaine selon Leibniz, Paris 1956.

Heinekamp, A., Das Problem des Guten bei Leibniz, Bonn 1969.

Hostler, J., Leibniz's moral philosophy, London 1975.

Riley, P., Leibniz' universal jurisprudence: justice as the charity of the wise, Cambridge/Mass. 1996.

Schiedermair, H., Das Phänomen der Macht und die Idee des Rechts bei G.W. Leibniz, Wiesbaden 1970.

Schneider, H., Justitia universalis. Quellenstudien zur Geschichte des ›christlichen Naturrechts‹ bei G.W. Leibniz, Frankfurt a.M. 1967.

Zur Naturphilosophie

Costabel, P., Leibniz et la dynamique, Paris 1960.

Duchesneau, Fr., Leibniz et la méthode de la science, Paris 1993.

Gueroult, M., Leibniz. Dynamique et métaphysique, Paris 1934, [2]1967.

In kulturgeschichtlicher Perspektive

Bredekamp, H., Die Fenster der Monade. Gottfried Wilhelm Leibniz' Theater der Natur und Kunst, Berlin 2004.

Deleuze, G., Die Falte. Leibniz und der Barock, Frankfurt a.M. 2000.

Zeittafel

1647	Leibniz wird am 1. Juli (21. Juni alten Stils) 1646 in Leipzig geboren.
1661	Studium der Philosophie, Mathematik und Jura in Leipzig.
1663	Ein Semester bei dem Mathematiker und Philosophen Erhard Weigel in Jena.
1666	*De arte combinatoria* (^{2}1690). Wechsel an die Universität Altdorf bei Nürnberg.
1667	Herausragende Promotion in Jura in Altdorf, Angebot einer Professur. *Nova methodus discendae docendaeque jurisprudentiae.*
1668	Vermittelt von Baron Boineburg, erhält Leibniz eine Stelle am Kurmainzischen Hof.
1670	Revisionsgerichtsrat am Oberappellationsgericht des Reiches in Mainz.
1671	*Hypothesis physica nova, Theoria motus abstracti, Consilium Aegyptiacum.*
1672-76	Parisaufenthalt. Bekanntschaft mit den führenden Geistern Frankreichs.
1673	*Confessio philosophi* (publ. 1915). Aufnahme in die Royal Society nach Vorführung des Modells der Rechenmaschine. Grundlegung zur Infinitesimalrechnung.
1676	Bibliothekar, ab 1677 Hofrat bei Herzog Johann Friedrich in Hannover.
1678-86	Engagement für den Harz-Bergbau: Neuerungen u.a. zur Grubenentwässerung.
1680	Tod Johann Friedrichs. Sein Bruder Ernst August wird Nachfolger; dessen Gemahlin Sophie fördert Leibniz.
1684	*Nova Methodus pro maximis et minimis*, erste Schrift zur Infinitesimalrechnung. *Meditationes de cognitione, veritate et ideis*, einflussreicher Aufsatz zur Erkenntnistheorie.
1685	Als Hofhistoriograph beauftragt mit der Abfassung der Geschichte des Welfenhauses.
1686	*Discours de Métaphysique* (publ. 1846); *Generales Inquisitiones* (publ. 1903): Erste systematische Darlegung der Metaphysik

und ihres logischen Fundaments. Sog. *Systema Theologicum* (publ. 1820).

1687-90 Reise nach Süddeutschland, Österreich und Italien: Quellenforschung zur Welfengeschichte. Treffen mit Kaiser Leopold, Angebot der Stelle eines Kustos der Vatikanischen Bibliothek.

1693 *Codex juris gentium diplomaticus*: v.a. Völkerrechtsurkunden 12.-15. Jh.

1695 *Specimen Dynamicum* (Teilveröffentlichung); *Système nouveau de la nature et de la communication des substances.*

1697 *Novissima Sinica historiam nostri temporis illustratura*: Berichte aus China (^{2}1699).

1697 Tod Ernst Augusts. Schwierigere Beziehung zu dessen Nachfolger, Sohn Georg Ludwig.

1700 Aufnahme in die Académie des sciences von Paris. Gründung der Sozietät (Akademie) der Wissenschaften zu Berlin, Leibniz' Berufung zu deren erstem Präsidenten. Für Königin Sophie Charlotte, Tochter Sophies, wird Leibniz zum vertrauten Gesprächspartner.

1703-05 *Nouveaux Essais sur l'ententement humain* (publ. 1765).

1705 Tod von Königin Sophie Charlotte, Abbruch der Arbeit an den *Nouveaux Essais.*

1710 *Essais de Théodicée sur la bonté de Dieu, la libérté de l'homme et l'origine du mal* (weitere Aufl. 1712, 1714 u. öfter)

1711/12 Treffen mit Zar Peter dem Großen in Torgau, Karlsbad, Teplitz und Dresden.

1712/13 Aufenthalt in Wien am Hof Karls VI. Verbindung zu Prinz Eugen von Savoyen.

1714 *Principes de la nature et de la grâce, fondés en Raison* für Prinz Eugen (publ. 1718); *Monadologie* (publ. dt. 1720, frz. 1840). Georg Ludwig wird als Georg I. König von England; Leibniz muss in Hannover zurückbleiben, um die Welfengeschichte weiterzuführen.

1715/16 Streitschrift mit Samuel Clarke mit Newton im Hintergrund (publ. 1717); *Discours sur la Theologie naturelle des Chinois* (publ. 1734).

1716 Leibniz stirbt am 14. November in Hannover, unbeachtet von den Höfen und den Gelehrten.

Hans Poser, geb. 1937, Studium der Mathematik, Physik und Philosophie in Tübingen und Hannover. 1964 Staatsexamen in Mathematik und Physik, 1968 Promotion in Philosophie, 1971 Habilitation. Seit 1972 Professor für Philosophie an der TU Berlin. 1977–2014 Vizepräsident der Leibniz-Gesellschaft in Hannover. – Publikationen: Zahlreiche Artikel zur Philosophiegeschichte des 17. bis 19. Jahrhunderts, zur Wissenschaftstheorie und Technikphilosophie. Buchpublikationen: *Zur Theorie der Modalbegriffe bei G.W. Leibniz* (1969); *Wissenschaftstheorie* (2001); *Descartes* (2003); *Homo creator – Technik als philosophische Herausforderung* (2016); *Leibniz' Philosophie. Über die Einheit von Metaphysik und Wissenschaft* (2016). – Herausgeber und Mitherausgeber u.a. von *Leibniz in Berlin* (1990); *Wissenschaft und Weltgestaltung. Zum 350. Geburtstag von G.W. Leibniz* (1999); *Das Neueste über China. G.W. Leibnizens Novissima Sinica* (2000); *Nihil sine ratione. Mensch, Natur und Technik im Wirken von G.W. Leibniz*, 4 Bde. (2001/2).